国际原油价格波动及预测方法

于 楠　孙仁金　秦曼曼　王文文 • 编著

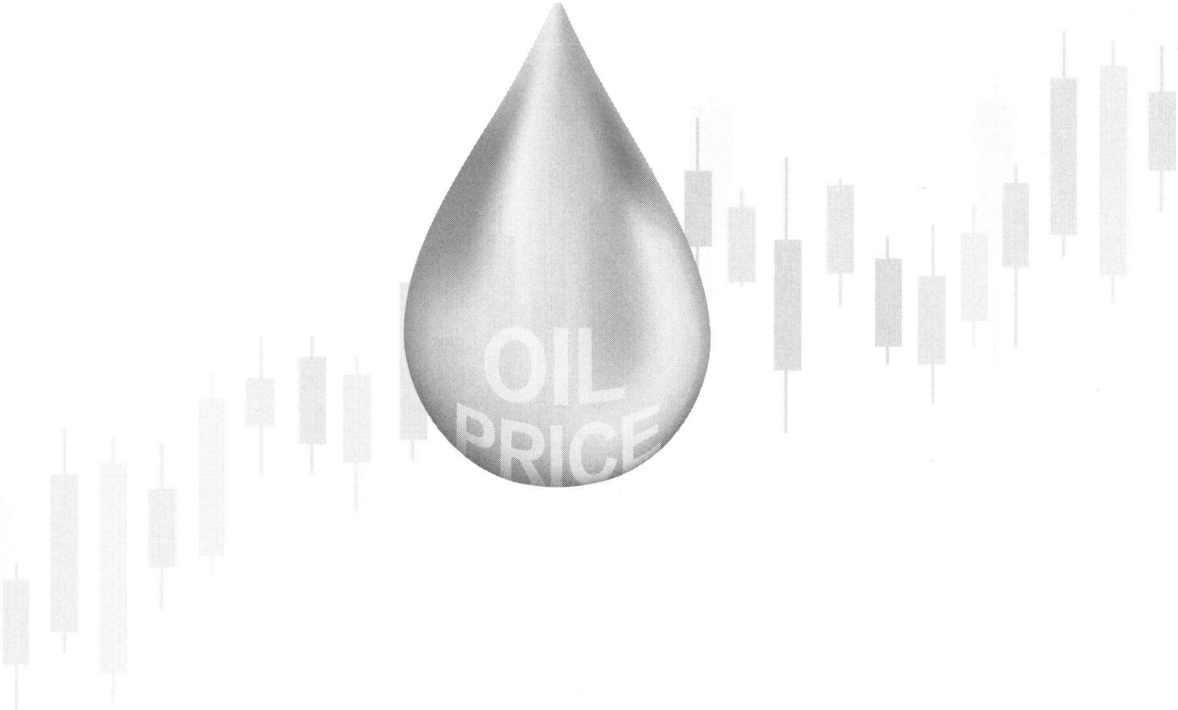

中国经济出版社
CHINA ECONOMIC PUBLISHING HOUSE
·北 京·

图书在版编目（CIP）数据

国际原油价格波动及预测方法/于楠等编著. --北京：中国经济出版社，2024.12

ISBN 978-7-5136-7781-3

Ⅰ.①国… Ⅱ.①于… Ⅲ.①国际市场-石油价格-物价波动-预测技术 Ⅳ.①F416.22

中国国家版本馆 CIP 数据核字（2024）第 105668 号

责任编辑　李玄璇
责任印制　马小宾
封面设计　任燕飞

出版发行　中国经济出版社
印 刷 者　北京富泰印刷有限责任公司
经 销 者　各地新华书店
开　　本　710mm×1000mm　1/16
印　　张　16.5
字　　数　240 千字
版　　次　2024 年 12 月第 1 版
印　　次　2024 年 12 月第 1 次
定　　价　68.00 元
广告经营许可证　京西工商广字第 8179 号

中国经济出版社　**网址** http://epc.sinopec.com/epc/　**社址** 北京市东城区安定门外大街 58 号　**邮编** 100011
本版图书如存在印装质量问题，请与本社销售中心联系调换（联系电话：010-57512564）

前言
Preface

石油既是重要的化石能源，也是重要的化学原料，被称为“工业血液”“黑色金子”，在保障国家能源安全的过程中具有十分重要的作用和地位。20世纪60年代以来，石油的广泛应用促进了世界能源革命和现代化工的变革，许多国家大规模弃煤用油，使石油在世界能源消费结构中的比例大幅提高，成为推动工业和经济快速发展的主要动力。石油在国民经济中占有重要地位并发挥重要作用，尽管有“双碳”目标的控制，但是在未来相当长时间内，石油的地位不可撼动。

自发生第一次石油危机以来，国际原油价格（以下简称国际油价）就处于不断震荡的变化之中。1973年，中东战争爆发后，阿拉伯国家减少了石油供应量，导致国际油价全面上升，涨幅高达4倍多。1978年底，由于伊朗与伊拉克爆发战争，第二次石油危机出现，伊朗石油产量急剧下降，随后国际油价暴涨。1990年，伊拉克对科威特发动战争，伊拉克遭受经济制裁，引发第三次石油危机。由于石油供给中断，国际油价仅在3个月内就由14美元/桶迅速攀升至40美元/桶，两个月后又下跌到20美元/桶。直到2003年伊拉克战争爆发，国际油价再次冲破30美元/桶。2005年后，国际油价逐渐进入高位阶段，并在2008年7月升至147美元/桶的新高点。之后，由于国际金融危机爆发，世界石油需求大幅减少，国际油价大幅下跌至30美元/桶左右。自2009年2

月以来，国际油价经历了短期低位波动后持续反弹。至2010年底，国际油价再次上升到100美元/桶。2012年后，随着世界经济的不断复苏，国际油价相对稳定。从2014年下半年起，国际油价下跌。直到2016年末石油输出国组织（Organization of the Petroleum Exporting Countries，OPEC）与非OPEC国家初次达成减产协定，国际油价下跌走势才得到缓和。2017年，地缘政治事件多发，中东地缘政治时不时出现紧张局势，给国际油价走势带来一定震荡，但持续时间较短。2020年初，国际油价开始于60美元/桶水平，随后遇上百年一遇的新冠疫情，令市场需求大减。2020年3月的“OPEC+”（由OPEC成员国和非OPEC产油国组成）大会未能达成减产协议，引起沙特阿拉伯及俄罗斯增加石油产量争夺市场份额，美国页岩油产量增加，导致油管输送能力及油库爆满，引致美国西得克萨斯轻质低硫原油（West Texas Intermediate，WTI）史上首次负油价的出现，WTI跌至－40美元/桶水平。2022年，受“OPEC+”实际增产数量不及预期、美国页岩油产量恢复缓慢、新冠病毒变异引发的需求担忧逐步消退，叠加哈萨克斯坦骚乱、利比亚油田生产中断、也门胡塞武装袭击阿联酋美军驻地等多种因素影响，国际油价大幅攀升。2020年2月乌克兰危机全面升级后，欧盟国家开始对俄罗斯原油进口采取多轮限价措施，引发全球市场震荡，其中，以能源和粮食领域波动最为剧烈，国际油价7年来首次突破100美元/桶大关，一度飙升至近130美元/桶，创下自2011年以来的新高。2023年，巴以冲突的爆发给国际油价带来较大影响，若巴以冲突升级扩大，将严重影响全球原油供应，从而造成国际油价上涨。从以上分析可以看出，历年来国际油价呈现“过山车”走势。

作为基础能源与战略资源，石油在全球经济、政治局势和军事实力中发挥着重要作用，故国际油价的变化会引起全世界的广泛关注。从石油的商品属性来看，国际油价的波动取决于石油市场的基本供需关系，影响因素包括石油需求、石油供应和石油库存等。从石油的经济属性来看，国际油价受到全球经济形势、投机行为、汇率变化和股票期货市场等因素影响。此外，石油还承载着国家之间的利益博弈。因此，国际油价也受地缘政治、突发事件和战争等因素影响。受多重复杂因素影响，国际油价呈现非线性、高复杂性与非平稳性等特点，这也给国际油价预测带来了巨大挑战。诸多研究表明，国际油价的波动往往会引起经济衰退和通货膨胀。此外，国际油价波动对天然气等化石燃料的生产也有重大影响。通过设计合理的预测方法准确地把握油价变化走势，对国家宏观经济政策调控、国家能源安全等具有重要作用。因此，在已有的模型理论研究基础上，挖掘国际油价变动影响指标，深入分析并预测原油价格，在理论和现实层面都具有重要意义。

国际油价的每次波动都会对世界各国的经济产生不同影响。影响国际油价变动趋势的因素复杂且庞大。长期来看，国际油价的波动主要取决于供给和需求，短期内的价格波动会受到石油库存变化、汇率变动、期货价格波动、突发事件、政治事件、技术指标等诸多因素的影响。然而，大多数文献一般只考虑单一或极个别维度的因素或指标，尚未有文献将机构言论、关键事件和交易情绪纳入预测体系并将指标整合在同一框架中，构建一个信息丰富全面的指标集。随着市场的发展，原油市场逐步呈现出新的结构特征，过于简单的供需基本面因素已经不足以解释原油市场的复杂性，新的影响因素对国际原油市场的影响和冲击逐渐凸显。本书构建了涵盖供给、需求、库存、金融、机构言论、关键事件和交易情绪等七个不同维度的多元国际油价预测分析指标框架，将尽可能多的预测因子纳入指标集，采用多元回归方法更完整、更全面地预测半年或一年的国际油价趋势，对国际油价的异常波动更具解释性。

全球预测国际油价的机构有上百家，但是如何准确预测国际油价仍有待完善。本书开发了一种预测国际油价的新思路，可以为相关单位深入认识国际油价演化规律、分辨国际油价变动背后的主导因素提供参考，同时为投资者指明应该着重关注的预警指标。本书在国际油价呈现剧烈跳跃式波动的背景下，紧紧围绕国际油价展开相关研究，内容全面深入。即使对于能源行业以外的读者，本书也具有很强的可读性。

本书各章节参与写作人员如下：

第 1 章国际原油价格预测理论基础：毕希、荆璐瑶。第 2 章石油地缘政治、石油美元及国家石油储备：贺美、曾露。第 3 章世界石油发展格局及特点：魏诗惠、孙悦、杨溯。第 4 章国际原油价格体系演变及形成机制：褚方静、李慧慧。第 5 章国际原油价格波动规律及特点：于楠、赵振。第 6 章国际原油价格影响因素分析：石红玲、张心馨。第 7 章国际原油价格预测数据库建立：钟化鑫、于楠、邓钰暄。第 8 章国际原油价格预测模型构建及预测：于楠、邓钰暄、刘绪康。第 9 章中国能源结构、原油储备及运行机制：曾露、贺美。第 10 章“双碳”目标下国际油价波动趋势：周昕洁、于楠、胡启迪。第 11 章中国应对国际原油价格波动的建议：安珍妮、于楠、廖云星。

孙仁金、于楠统领本书的框架设计，并负责组织全书编写；秦曼曼和王文文参与编写工作；于楠负责稿件收集和统稿工作；特别感谢中国经济出版社李玄璇编辑的审稿编校以及对外经济贸易大学董秀成教授对本书的建议。此外，本书所引用资料未能在书中全部注明，在此向所引用资料作者表示感谢。本书国际油价预测模型正在申请专利，在此说明。值此付梓之际，谨向所有关心支持本书编写的朋友致以诚挚谢意！由于时间仓促、编者水平有限，书中难免有疏漏不妥之处，恳请读者批评指正。

编者

2024 年 10 月

目录
Contents

第1章　国际原油价格预测理论基础

第2章　石油地缘政治、石油美元及国家石油储备

第3章　世界石油发展格局及特点

第4章　国际原油价格体系演变及形成机制

第5章　国际原油价格波动规律及特点

第7章 国际原油价格预测数据库建立

第8章 国际原油价格预测模型构建及预测

第9章 中国能源结构、原油储备及运行机制

第1章　国际原油价格预测理论基础

1.1　石油供求理论

按照马克思主义的基本思想，需求理论的基本内涵为具备支付能力的社会需要，通常情况下，与不同阶级的彼此影响以及相应的经济地位有关。决定需求的因素主要有五个，即市场价格，平均收入水平，市场规模，该商品替代品的数量、品种和价格，消费者的选择偏好。供给理论主要指供给市场的相关产品，主要体现为市场提供的使用价值量。决定供给的因素有市场价格、生产成本、生产要素的价格、其他商品价格的变化。另外，自然灾害、战争等突发事件也会影响供给[1]。石油供给的影响可分为长期影响、中期影响和短期影响。长期影响来自资源储量。中期影响来自产量波动，产量波动又受 OPEC 和非 OPEC 影响和控制。短期影响主要来自库存，库存和价格波动相互影响，在价格波动时，适时调整库存，进而影响价格。随着开采技术的成熟，产量逐渐趋于稳定，之后随着储量的减少而减少。

供求理论是微观经济学的基本理论，甚至是整个经济学的基本理论。供求定理不是供给定理和需求定理的综合，而是指在其他条件不变的情况下，需求变动分别引起均衡价格和均衡数量同方向变动，且供给变动分别引起均衡价格反方向变动和均衡数量同方向变动。供需关系也是影响油价的主要因素之一。

特殊的国际石油市场供给曲线和短期石油需求缺乏弹性是油价长周期波动的基础。国际石油市场的供给曲线由近似的水平线和近似的垂直线两段构成，如图1－1所示。原因在于，石油生产的前期勘探开发（包括输油设施）投入非常大，作为原油生产边际成本的操作成本占全部成本的比例较低，且在一定产量范围内基本保持不变；当原油产量达到或接近产能极限时，操作成本（包括为保持油田稳定的油田维护费用）即边际成本急剧上升，同时由于新建产能需要一定周期，产能在短期内不可能显著增加，因此，供给曲线接近垂直线。

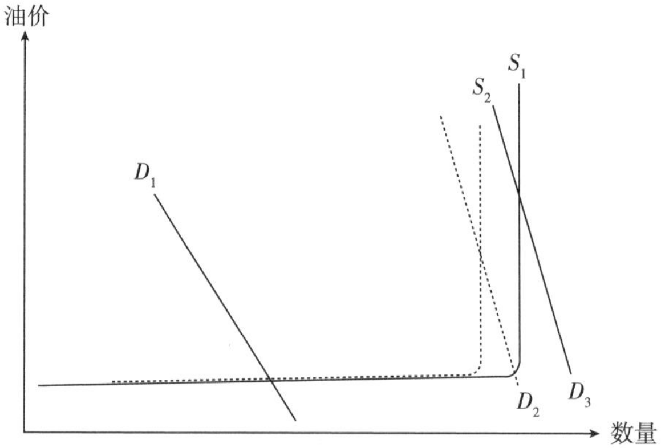

图1－1　国际油价长周期波动的供求模型

注：图中S_1代表初始供给曲线，S_2代表变动过的曲线，D_1代表初始需求曲线，D_2、D_3代表变动后的需求曲线。

在供给给定的条件下，当需求较低或需求在供给曲线的水平区域变动时，油价在相当时期内处于低水平均衡，由石油生产边际成本决定；当需求增长达到供给的极限水平时，油价会迅速上升，并由于短期内石油需求和石油供应都缺乏弹性，高油价均衡将在较长时期得到保持，此时，油价由需求决定。除此之外，在高油价时期，由于供给和需求缺乏弹性，供给或需求的较小变动都会引起油价的较大波动；而在低油价时期，油价对供给变动或需求变动的敏感性要较高油价时期低得多。这与历次油价变动长周期中短期波动的经验相一致。

1.2 市场经济理论

20世纪资本主义社会爆发的经济危机致使美国经济进入大萧条，随后此次经济危机的浪潮蔓延至全球。西方资本主义经济上遭遇的危机，亟待寻求一种新的理论政策。亚当·斯密提出“看不见的手”原理，之后新古典派经济学坚持“供给会自动创造需求”的“萨伊定律”。而在经济危机浪潮中，也有一些瑞典及美国经济学家逐渐与古典经济学理论相对立，开始主张需要政府调控，增加政府干预。凯恩斯的市场经济理论是在亚当·斯密等古典经济学派的传统市场理论之后，在市场经济理论史上的一个开创性研究。他一方面保留了古典经济学派市场中自由放任、自由竞争的优点；另一方面克服其缺点进行了改造和补充，在市场中引入政府调控，结合市场调节和政府调节即“看不见的手”和“看得见的手”，市场与政府两方面相结合，兼顾了市场效率与社会公平。凯恩斯主义的市场经济理论由此逐渐发展，并形成了比较成熟、完善的现代市场经济理论体系[2]。

市场经济，又称“自由市场经济”或“自由企业经济”，是一种经济体系。在这种体系下，产品和服务的生产及销售完全由自由市场的自由价格机制引导，而不是像计划经济一般由国家引导。在市场经济里并没有一个中央协调的体制来指引其运作，但是在理论上，市场将会透过产品和服务的供求产生复杂的相互作用机制，通过竞争机制、价格机制、供求机制等市场机制实现社会资源的有效配置，进而达到自我组织的效果。

国际石油市场的主导力量有OPEC、国际能源署（International Energy Agency，IEA）、美国、欧盟国家和日本、非OPEC国家、跨国石油公司。OPEC是主要产油国组织，全球超过70%的原油是OPEC开采并出售的，是影响油价的绝对因素之一，其产量变化对全球的油价有非常大的影响。比如，美国大量使用页岩油技术，使得油价大跌，OPEC会议宣布不减产，国际油价立马止住跌势，开始反弹。IEA拥有大量的石油储备，IEA和OPEC能在短时间内改变市场供求格局。美国是世界上最大的石油消费市场，最大限度地影响着世界石油市场。除直接与中东国家对话外，美国对世界石油市场的影响比较间接，具体表现为：美国拥有世界上最发达的石油现货市场和期货市场，其市场形势对世界石油市场有很大的影响。除此之外，美国政府注意加强与非 OPEC 产油国的合作，开辟新的海外石油供应地，以削弱 OPEC 国家对市场的影响，同时加强对 OPEC 国家的分化瓦解，运用石油储备影响石油市场。跨国石油公司对国际石油市场的影响力是不容忽视的，大的跨国石油公司均为西方国家的公司，是这些国家石油政策的执行者，如海外经营、商业储备等，甚至在特殊时期，能得到政府的支持。这些公司是石油工业的龙头，占据着销售市场的大部分份额，再加上一体化的经营机制，具有较强的抵御市场风险和削弱 OPEC 政策冲击的能力。欧盟国家和日本作为石油的消费国，同美国相比，对世界石油市场的影响力较弱，因此，在采取直接对话、加强与美国合作的同时，主要在国内加强代替能源和节能技术的开发，支持和鼓励本国石油公司进行海外石油合作，增加石油供应渠道等，减少对进口石油的依赖。从历史上看，非 OPEC 产油国在世界石油市场上的作用有限。

1.3 市场预期理论

市场预期理论，又称“无偏预期理论”，它认为利率期限结构完全取决于对未来利率的市场预期。如果预期未来利率上升，则利率期限结构会呈上升趋势；如果预期未来利率下降，则利率期限结构会呈下降趋势。

在市场预期理论中，某一时点各种期限的债券收益率虽然不同，但是在特定的时期内，市场上预计所有债券都取得相同的即期收益率，即长期债券是一组短期债券的理想替代物，长、短期债券取得相同的利率，即市场是均衡的。

在资本市场的投资活动中，为了利益，投资者逐渐形成了自己的预期，于是出现了资本市场的预期问题。经济学家对这一问题进行了研究，逐渐形成了一系列预期理论。对资本市场预期问题的研究始于凯恩斯，凯恩斯在《就业、利息和货币通论》一书中运用心理预期方法研究厂商的投资和决策行为，其对货币需求、投资、就业等的分析，完全建立在经济行为主体对未来的投资预期上。凯恩斯的主要贡献在于，将预期引入对货币投机需求的研究，对未来利率变化的预期成为各经济行为主体在货币与债券之间进行投资选择的依据。不过，凯恩斯的预期是指经济行为主体的主观情绪和心理状况，是一种典型的非理性预期[3]。

尤金·法马是运用信息和预期因素将股票市场效率理论分析得最完善、最严谨的代表人物之一。他主张货币理论的分析必须与微观经济学的理性原则一致，并首先将理性预期应用于资本市场，修正了战后初期广为流行的“市场是非理性的、效率十分低下”的观点，提出“有效市场”假说。该假说假设资本市场上的证券价格完全反映所有可知信息，价格的任何变动都是对未预料到的信息的反映。信息的占有程度决定了投资者对股票的投资决策，由于市场上新信息的出现会改变投资者对股票价值的预期，从而促使投资者掌握和充分利用各种经济信息。一旦预期到价格和收益的变化情况，投资者就会抛售或抢购股票，从而使资本市场发生波动。由于新信息的获得和利用是不可预测的，股票价格呈现出连续的随机波动。有效市场假说是理性预期学说在资本市场上的应用，所以，市场有效性也称“市场理性”。有效率的资本市场就是理性市场，无效率的资本市场就是非理性市场[3]。

资本市场产生以后，有了预期理论，也就有了对资本市场预期问题的研究，进而逐步产生了各种不同的资本市场预期理论。在西方国家，形成了比较成熟的资本市场预期问题研究体系，主要包括对资本市场上投资者预期收益、风险预期、预期收益率、均衡的预期收益率、资本市场有效性、资本市场博弈预期分析等。

预期在资本市场中有着广泛的应用。对预期理论在资本市场投资活动中的检验和运用，更是当代预期理论研究的重要内容。在理论探索和实际应用中，国外已经发展出了一整套分析工具，尤其在资本市场预期问题研究中，对预期理论的应用更是建立和发展了多种分析模型。

1.4 机构言论影响理论

机构言论对国际油价的影响一般基于突发事件对国际油价产生影响的时间，可分为预期性言论和分析性言论。预期性言论是在事件未发生前，机构对于未来石油价格走势进行预测，可以在一定程度上影响石油出口商对于石油价格的预期。如当经济高速发展、石油市场交易活跃时，机构对于未来石油价格可能会做出好的预测，从而增强市场信心，国际油价高位运行，主要体现在石油期货价格上。分析性言论是在事件发生后，一般是突发事件的副产物，机构可通过分析事件影响将油价推向自己预期的结果。如IEA可通过言论信息放大关键事件对石油市场的影响，从而在投机市场制造混乱信息，影响投资者对于关键事件本身的判断和石油价格预期，进一步造成油价波动，从投资者行为角度建立机构言论与石油价格波动的联系。

研究机构言论和关键事件对油价的波及效应，首先需要明确油价的指向。从市场格局来看，国际石油市场历经上百年的发展，形成了五大现货市场和三大主要期货市场。五大现货市场包括西北欧市场、地中海市场、加勒比海市场、新加坡市场和美国市场。三大主要期货市场包括纽约商业交易所（New York Mercantile Exchange，NYMEX）、洲际交易所（Intercontinental Exchange，ICE）和迪拜商品交易所（Dubai Mercantile Exchange，DME）。在国际石油贸易中，应用最广泛的原油价格包括现货市场价格和期货交易价格。由于石油属于大宗贸易，较少从事实际现货交易，现货市场价格还包括机构根据石油市场交易记录、供需基本面等对市场价格应有水平做出的估价。因此，现货市场价格不仅更能反映市场对原油的供需情况，还包括石油生产成本、炼制成本和销售利润等。期货交易价格依托于石油的金融属性，受到因素影响产生的波动较大，如市场的投机行为、期货套利、炒作信息等因素，都可以直接推高或打压油价，因此，原油期货价格还起到发现价格的作用，以引导现货价格。

美国能源信息署（Energy Information Administration，EIA）、OPEC、IEA、美国石油协会（American Petroleum Institute，API）等国际能源资讯机构通过发布原油市场月度报告，表明对未来原油产量增长的预期及对原油需求增速的预期。国际油价除了供需基本面外，对于价格的预期主要来自国际上权威的能源资讯机构，机构对于国际油价的预期很大程度上参考库存因素，因此，库存数据格外重要，应用最广泛的是EIA的原油库存数据、API的库存数据。原油库存或储备是通过机构言论影响油价变动的因素之一。在机构言论的引导下，投资者对市场库存的预期受到影响，同时原油库存对价格产生影响，主要是期货价格和现货价格价差影响供应商行为，导致市场原油现货数量变动而引起价格变化。当现货价格与期货价格价差达到一定标准时，原油供应商或公司倾向于购买原油，增加库存，导致市场原油现货数量减少，现货价格降低。

1.5 关键事件影响理论

关键事件主要是指那些对石油价格产生重大影响、引起油价大幅波动的突发事件，包括战争、国际地缘政治环境、石油工人罢工、瘟疫、飓风、地震等。影响油价波动的重大突发事件，可以按照事件自身的性质和事件影响的性质进行分类。

按照事件自身的性质，影响国际油价波动的重大突发事件可以分为社会性重大突发事件和自然性重大突发事件。

1.5.1 社会性重大突发事件

社会性重大突发事件，是指由社会生活中的人为等不可控因素导致的，突然发生并且造成或者可能造成严重社会危害的事故灾难、公共卫生事件和社会安全事件。社会性重大突发事件主要包括战争、石油工人罢工、瘟疫、国际地缘政治环境等。

（1）战争

此处所述的战争，是指交战国至少一方是石油消费或生产大国。战争影响国际油价主要体现在两个方面：一是战争影响石油的供给和需求，二是战争影响人们的心理预期。如果战争发生在石油生产国，那么该国的石油生产设备会受到损毁，影响石油的生产量及出口量，从而影响国际油价。如果交战双方有一方是石油消费大国，那么战争会使其增加成品油消耗，增大原油的需求量。而其因战争激增的军费开支，也会刺激经济其他方面的消费，从而影响国际油价。除了供给和需求，战争还会影响人们的心理预期。不论是未战前造成的心理恐慌，还是即将停战时对人们的心理慰藉，都会影响国际石油期货价格。

（2）石油工人罢工

重要的石油生产及出口国家，如伊朗、委内瑞拉、尼日利亚等，石油工人罢工事件时有发生。早到1979年的伊朗石油工人罢工，晚到2009年3月的巴西石油工人罢工，每次罢工事件，均使国际油价发生幅度不一的涨跌，因此，石油工人罢工事件成为影响国际油价的重要因素。

石油工人罢工的原因主要有两种。一种是要求改善条件的维权手段。2004年6月18日起，挪威石油工人举行罢工活动，要求增加退休金，改善工作条件。这种罢工形式比较温和，以静坐、游行为主。另一种是反抗政府当局的革命运动。1978年中期，伊朗人民掀起了反对国内独裁专制政权和反对外来殖民的革命运动。1978年12月，伊朗石油工人举行了大罢工。这种罢工多作为全民斗争的一股势力，有时形式较为激烈，具有破坏性。尽管罢工原因不同，但是均可导致石油停产，出口受阻，造成石油市场恐慌，国际油价剧烈波动。

现代的石油工人罢工运动多采用有计划、有组织的形式。因此，在罢工进程中，一些重要事件的发生，如宣布罢工计划、罢工开始、罢工升级、罢工结束等不同阶段，对油价的影响程度可能显著不同。

（3）瘟疫

多年来，尤其是近几年，口蹄疫、禽流感、SARS、甲型H1N1、新冠病毒（Corona Virus Disease 2019，COVID－19）等严重传染病不断流行。有关部门调查显示，与恐怖袭击、飓风、水灾、地震等灾难相比，瘟疫对宏观经济的影响更严重。这是因为，瘟疫不但会造成生产停滞，使实体经济受到直接损害，而且会给人类带来心理恐慌。恐慌情绪对实体经济危害甚至大于灾难本身。瘟疫对国际油价造成影响的途径有以下三个：第一，瘟疫的大规模暴发会带给人们恐慌心理，通过影响消费者的心理预期影响原油价格。第二，瘟疫的暴发会影响社会生活诸多方面，旅游、运输、交通等需求大幅缩减，直接导致成品油消费量减少，从而减缓原油的需求增长，对国际油价造成影响。第三，瘟疫的暴发和蔓延，对会议和展览产生重大负面影响，直接导致一些重要的石油化工行业会议推迟或取消。

近年来，石油开采技术和创新能力不断提升，全球石油的供应能力发展飞快，加之替代能源的出现，绿色转型的助力使得全球石油市场持续出现供大于求的局面，而新冠疫情的暴发更使得原本疲软的油市雪上加霜。新冠疫情对石油供、需两侧均产生了一定影响。

对供给侧的冲击。石油的商品属性决定了供需关系是影响其价格变动的源头，疫情对石油供给侧的冲击以 OPEC“减产计划”的到期事件为导火线展开。2018 年底，OPEC 成员国开始实施的“减产计划”于 2020 年 3 月到期，本应进一步商讨“减产计划”的下一步举措，但新冠疫情的暴发加剧了国际油价下跌趋势。针对此负面影响，OPEC 召开了以进一步扩大减产规模和期限为主题的会议，最终因俄罗斯的反对意见没有通过。对此沙特阿拉伯和俄罗斯展开了石油“价格战”，沙特阿拉伯宣布在下调国际油价的同时扩大产量，进一步加剧了国际油价的下跌。

对需求侧的冲击。疫情直接削弱了石油的市场需求，波及整个石油化工产业的下游，具体表现为燃料与化工需求大幅下降。燃料需求主要包括交通运输方面，涉及客运、货运、航空。疫情期间，中国采取了严格的交通管制，而中国是世界第一大石油进口国，以上举措无疑是对全球石油市场的重创。2020 年，中国成品油需求量下降 6.55%；旅行需求的下降和车辆受限政策的实施使得汽油需求量下降 7.11%；由于复工的延期，建筑、物流运输、工程的柴油需求量降低 3.93%；在严格的入境管控政策下，航空煤油的需求量更是急剧下降 14.64%。对国际油市来说，国外疫情的暴发更是雪上加霜。化工需求主要包括零售行业和纺织与服装行业。零售行业多应用于一次性包装，国内假期间的一次性包装需求量有所下降，而假期的延长加之全球疫情的暴发，致使零售量持续下降，对化工材料聚烯烃的需求也随之下降。国内纺织与服装行业属于劳动密集型产业，开工的受阻对聚酯生产商也造成了压力。

（4）国际地缘政治环境

自 2014 年进入低油价期间以来，国际地缘政治环境已经成为影响国际原油市场及油价变动的重要因素。2023 年，国际地缘政治环境呈现显著的复杂性与动态变化。第一，地缘政治的紧张局势对全球稳定产生了深远影响。乌克兰危机的持续和战事的胶着状态，使得东欧地区的地缘政治格局发生较大变化，对欧洲及其他相关国家造成了显著影响，同时美国和北约在该地区影响力也有所增强。巴以冲突的激化给全球供应链和物流体系的稳定性带来了挑战。第二，亚欧大陆的地缘政治板块活跃，新的冲突在西部、东部、中部地区显现。西部地区俄罗斯与北约之间的紧张关系，东部地区“印太同盟体系”的动态，以及中部地区阿拉伯世界与美国及其地区代理人之间的对抗，均标志着地缘政治竞争的加剧。美国将更多的战略关注投向亚太地区，并在东海和南海地区与日本、菲律宾等国加强合作，反映了亚太地区日益增长的地缘政治重要性。第三，中美关系在经历波折后，通过两国领导人的对话与交流，实现了关系缓和，并达成五大共识，在多个领域寻求合作。在欧洲，社会和经济的挑战促使该地区与美国的战略协作更加紧密，美欧之间的合作日益机制化。同时，发展中国家通过团结与合作，如伊朗加入上海合作组织以及金砖国家组织的扩容，推动了全球向多极化发展。这些发展不仅塑造了国际关系的新版图，也对国际原油市场及全球经济产生了重要影响。

不同政治因素导致的突发事件会对国际油价的波动性产生不同的影响，应该结合事件性质和当时的总体经济环境具体分析。如伊拉克闪电入侵科威特事件，由于参战两国都是世界石油出口大国，又处于有“火药库”之称的中东地区，自然会加剧国际油价的波动。而在“9·11”事件发生前，美国经济已处于衰退周期，“9·11”事件的发生更是加剧了石油需求的减少，使国际油价下跌。战乱等突发事件通常通过破坏石油钻井等基础设施影响石油的供求，从而影响石油价格。由于石油钻井设备和管道等基础设施的恢复重建需要一定的周期，当这些设施受到严重破坏时，将会对石油的供给产生一定影响，从而引起国际油价剧烈波动。但随着国际石油市场的日益完善，特别是国家石油战略储备的建立与普及，突发性事件对国际油价的影响有限。

1.5.2 自然性重大突发事件

自然性重大突发事件，是指由自然界不可控因素导致的、突然发生并且造成或者可能造成严重社会危害的自然灾害。随着人们对石油依赖性的加强，飓风、暴风雪、地震等自然灾害对石油工业的破坏力也越来越大，石油工业的脆弱性更加明显。近几年，对石油工业影响巨大的当数2005年肆虐墨西哥湾的“卡特里娜”飓风。2005年8月29日，风速高达每小时233千米的“卡特里娜”飓风从路易斯安那州东南沿海登陆后，横扫了路易斯安那州和密西西比州，造成1800多人死亡，数百万人无家可归，直接经济损失达1000亿美元。“卡特里娜”飓风还造成大约500万户居民停电，在两个月内无法全部恢复。

墨西哥湾地区的石油产量占美国石油生产总量的13.3%，而该地区又是飓风频发区，所以，每次飓风来临都会引起人们对国际油价上涨的担忧。这种担忧并非没有道理，石油企业被称为“没有围墙的工厂”，开采和冶炼石油的设施都暴露在室外，使其更容易受到飓风的袭击。而飓风袭击的直接结果就是停产、停运。原本脆弱的石油供应链条突然中断，给人们造成严重的心理恐慌，国际油价上涨顺理成章。

按照突发事件对国际油价影响的性质，可以将突发事件分成三类：一是台阶式事件，会造成国际油价的短期内暴涨或暴跌，并且随着时间的推移价格不再恢复到事件之前。台阶式事件往往造成国际油价进化中的结构性断点，对国际原油期货价格的影响是长期的。二是脉冲式事件，是指国际油价受事件影响发生突然的上升或下降，但随着时间的推移很快恢复到事件之前。脉冲式事件引起的往往是短期的影响。三是混合式事件，是指国际油价受到事件影响之后上升或下降，在之后较长一段时间逐渐回落或回升。混合式事件的影响会持续一段时间。

1.6 波及效应理论

波及效应，是指在某条供应链上，某个成员因某种行为的发生，导致其他变量（如价格、时间、需求等）在数量上发生了变动，而这种变量的变化又会作用于某种联系，如产业链供应链成员之间或不同产业链供应链之间的联系，对整条产业链产生较大影响的一个时刻变动的过程。产业链各部分、各环节之间联系得越紧密，这种波及的影响就越强烈。例如，原材料价格、市场价格、时间、营销策略、库存策略等变化都会引起波及效应。

以原油价格变化为例，原油价格上涨将导致汽油、柴油、航空煤油等产品的价格连续上调，并引发其他商品的价格和运输费用轮番上涨，从而带来全面的通货膨胀压力。日本能源研究中心的研究表明，若原油加工成品油的效益为1，则生产成化工产品的效益为1.58，进一步加工成轻纺化纤产品的效益为5.28。从侧面来看，石油价格的上涨对下游产品成本的影响是非常大的。以乙烯生产为例，每吨乙烯约需石脑油3.3吨、燃料油0.7吨，若每桶原油价格上涨10美元，则每吨乙烯的成本增加近300美元。原油价格大幅上涨对各行业影响不尽相同，以原油开采为主的行业是油价上涨的最大受益者[4]。

在波及效应下，石油产业链各石油主体之间、供给端和需求端之间的联系越密切，国际油价变化引起的波动就越大。因此，可以分析在关键事件发生后，石油贸易主体将如何应对国际油价的变化。分析在国际油价变化后，石油贸易主体（包括国家、组织或企业）根据自身利益和对未来国际局势的判断，提出的应对政策和措施。一般可以分为三种情况：第一种是石油贸易主体顺应关键事件的产生，并且只能使这种行为延续，无法做出改变；第二种是石油贸易主体可以通过自身调整结束关键事件带来的影响，使其沿其他方向发展；第三种是石油贸易主体无法做出改变，持观望态度。

随着全球经济一体化的发展，以及以石油为基础来源的相关产业在经济中的地位日益重要，受国际油价波动影响的产业链条也日益增多。因此，研究国际油价波动对国内外相关产业的影响有重要作用。

1.7 国际原油价格波动

研究石油市场和国际油价波动的文献颇多，Hotelling 提出的可耗竭资源模型是最早研究该领域的文献之一[5]。他认为，随着时间的推移，有限的资源由于持续开采开始枯竭，国际油价可能会继续上涨。在 20 世纪 70 年代爆发的两次石油危机期间，国际油价的剧烈波动给全球经济造成了巨大的负面影响。许多学者认为[6-7]，在爆发的两次石油危机期间，国际油价上涨的主要原因是供给减少。

20 世纪 80 年代初以来，关于研究国际油价波动原因的文献有了很大的发展。最初，大部分学者认为，国际油价波动的主要原因是外部政治事件（如 OPEC 成员国的战争和革命）导致全球石油生产流动中断[8]。随后的研究表明，这只是国际油价诸多影响因素中的一种，而且没有最初认为的那么重要。事实上，1973 年以来，大部分国际油价波动在很大程度上是由原油需求的变化造成的[9-10]。进入 21 世纪以来，许多学者认为，国际油价波动的影响因素有很多且是多重因素的累积效应，其主导因素有石油供需、美元价格、石油期货、市场投机[11-12]。

在研究影响国际油价波动因素的基础上，一些学者对国际油价造成影响的因素进行了定量分析及重要性排序。Perron 引进相关参数，建立模型对国际油价波动的原因进行分析[13]。Gong 等认为，石油库存和投机对国际油价波动的影响比石油供需更为显著[14]。Chai 等认为，国际油价对石油供应变化更加敏感[15]。Dees 等发现，石油需求和非 OPEC 国家供应对国际油价的影响很小，而 OPEC 的生产决策对国际油价的影响很大[16]。Caldara 等认为石油供给和石油需求是国际油价波动的重要驱动因素[17]，而 Wu 等认为石油供给和石油需求是低频因素[18]。李建和赵继强发现，国际油价与美元汇率高度相关，突发事件对国际油价具有较大的影响[19]。此外，研究国际油价波动对经济的影响也是学者的热门话题，比如，国际油价波动对新加坡、尼日利亚、科威特、印度经济的影响[20-23]。

随着相关研究成果的累积和研究的深入，多种模型方法被引入国际油价波动规律的研究中，其中，包括被诸多学者使用的时间序列方法。时间序列方法以 GARCH 族模型为主进行相关研究，如采用广义自回归条件异方差（GARCH）族模型预测短期的国际油价[24-25]。丁静之等建立回归综合移动平均（ARIMA）预测模型预判了国际油价未来的走势[26]。Kang 等对四个 GARCH 族模型的样本外预测进行了评估，这四个 GARCH 族模型分别是 GARCH、IGARCH、CGARCH 和 FIGARCH，经研究发现，原油市场的长记忆波动性可以被 CGARCH 模型和 FIGARCH 模型捕捉到，并获得比 GARCH 模型和 IGARCH 模型更优越的性能[27]。在此基础上，Hou 和 Suardi 进一步研究发现，在对国际油价进行样本外波动率预测时，非参数 GARCH 族模型要优于参数 GARCH 族模型[28]。在国际油价波动跳跃性特征方面，梁琳琳发现，EGARCH－Jump 模型比普通 GARCH 族模型更优越[29]。Narayan 和 Narayan 使用 EGARCH 模型研究国际油价每日数据的波动特征[30]。

由于在国际市场上原油贸易是以美元结算的，诸多学者对汇率与国际油价之间的关系进行了相关研究。Benhmad 采用小波分析方法对国际油价与美元汇率之间的线性和非线性格兰杰因果关系进行了研究[31]。彭澎采用小波多分辨率和 Hurst 指数方法研究了国际油价波动和美元指数之间的动态联动机制[32]。Xu 等利用二元正态混合模型，从数量和结构两个角度探讨了国际油价与汇率之间的非线性关系[33]。Mensi 等采用连续小波和交叉小波方法研究了国际油价与利率之间的关系[34]。Hameed 等检验了国际油价对汇率的波动溢出效应[35]。Zhou 等采用经验模态分解（Empirical Mode Decomposition，EMD）后的高频国际油价，将原油库存与美元指数结合起来，采用多重结构断点法构建波动阈值网络[36]。

与其他工业大宗商品一样，从 20 世纪 90 年代末到 2012 年前后国际油价持续攀升，甚至 2008 年发生的国际金融危机也没有打断其猛增的趋势，该现象激发了诸多学者研究国际油价波动周期的兴趣。蒲志仲和管清友通过观察国际油价历史数据划分其周期[37-38]。Özbek 和 Özlale 采用不可观察成分模型（Unobserved Components Model，UCM），对实际国际油价进行趋势和周期分解[39]。Naccache 应用小波分析方法测定国际油价周期[40]。何小明等利用 HP 滤波方法对国际油价进行实证研究[41]。Zellou 和 Cuddington 比较了石油和其他金属大宗品的周期相关性[42]。雷闪和殷进垠采用 ACF-BP 滤波方法测度国际油价周期[43]。谢慧运用 HP 滤波和谱分析方法测度国际油价的周期性[44]。这类研究通常使用严格的计量模型测度国际油价波动的周期，学者的研究目标是选择模型方法并不断弥补模型缺陷，以获得更真实、更准确的结果。然而，这种类型的研究多采用单一或传统的模型方法分析国际油价序列。

1.8 国际原油价格预测方法

石油作为重要的工业原料、大宗商品和战略储备物资，其价格波动对全球经济发展具有重大影响，对石油价格进行预测是能源经济领域的热点研究课题。国际上关于国际油价预测的方法有很多，影响较大的主要包括传统计量模型方法、机器学习方法、组合预测方法等。

1.8.1 传统计量模型方法

在国际原油价格预测中，传统计量模型应用广泛。其中，常用的模型方法有自回归（AR）模型、ARIMA 模型、GARCH 模型、向量自回归（VAR）模型以及其他线性回归模型。AR 模型主要是利用过去的原油价格数据预测未来的原油价格。Gupta 和 Wohar 在进行原油价格预测时考虑使用 AR 模型，然而其预测精度并不理想[45]。吴玉梅使用单一预测模型（ARIMA 模型）和组合预测模型（ARIMA－SVM 模型）对 Brent 原油现货价格进行了预测。结果表明，使用 ARIMA 模型不能很好地刻画原油价格序列的所有信息，具有一定的局限性，而 ARIMA－SVM 模型具有更高的预测精度[46]。张跃军等考虑原油价格波动率的特征，采用 GARCH 族模型和 MMGARCH 模型对 WTI 和 Brent 油价波动率进行预测建模。研究发现，考虑结构变化和长记忆性特征的预测框架能够更好地刻画波动率的变化规律，预测效果更具优越性和稳健性[47]。虽然在预测精度上这些传统计量模型预测表现一般，但是它们在预测原油价格的文献中非常流行，常应用于与其他模型组合预测[48－49]。VAR 模型是一个线性回归方程组。Gupta 和 Wohar 使用定性 VAR 模型对 WTI 价格进行预测。结果表明，定性 VAR 模型的原油价格预测值较随机游走、AR 模型以及传统 VAR 模型更加准确[45]。此外，许多学者在进行国际油价预测研究时，也采用了简单的线性回归模型[50－51]。总体来说，传统计量模型无法捕捉原油市场的非线性等特征，对原油价格的预测存在一定的局限性[52]。

1.8.2 机器学习方法

随着计算机软硬件的发展以及机器学习算法的日渐成熟，机器学习方法逐渐成为原油价格预测方法的主流。机器学习方法主要有降维方法、变量选择、神经网络模型等。常用的降维方法包括 PCA（PCA）、偏最小二乘法（PLS）以及缩放 PCA（SPCA）等。Yin 和 Yang 运用 PCA 对原油价格进行预测。结果显示，PCA 可以有效地在预测指标中提取信息，对原油价格的预测较为准确[53]。与 PCA 的无监督降维方法相比，PLS 和 SPCA 是有监督的降维方法[54]。Wen 等使用 PLS 对原油价格进行预测[55]；He 等基于 SPCA 预测原油实际价格，通过识别对原油价格预测能力强的技术指标，达到良好的预测效果[50]。变量选择是另一种适合多变量环境的预测方法，在原油价格预测中也经常被使用[56]。Lasso 和弹性网是常见的变量选择方法。Zhang 等利用变量选择模型对原油价格预测进行研究，结果表明，Lasso 和弹性网的预测表现优于组合预测和 PCA 等竞争模型[57]。此外，Wen 等也利用 Lasso 和弹性网等模型对原油价格进行预测研究，分析认为变量选择模型能够准确地预测原油价格，且在考虑经济约束的前提下，预测性能更好[55]。神经网络模型能够捕捉预测指标与原油价格之间的非线性关系，对原油价格预测具有优越的性能。因此，众多学者选择神经网络模型对原油价格进行预测。例如，范丽伟等为了提高油价预测的精度，运用 PCA、小波分析以及 BP 神经网络构建 PCA－WNN 预测模型，并利用该模型对原油价格进行预测。结果表明，该模型的预测精度高、稳定性好，是一种出众的油价预测方法[58]。范秋枫等运用参数优化的模糊神经网络系统对 Brent 原油价格进行预测，结果表明，模糊神经网络系统提高了原油价格的预测精度[59]。此外，除了上述用于原油价格预测的机器学习方法，学者也探索了其他可提高预测精度的方法，如支持向量机（SVM）[60－62]、小波分析[63]、混合方法[64]等。

1.8.3 组合预测方法

在原油价格预测方面，由于存在不确定性特征，单个模型的预测性能往往具有局限性，预测精度不高。针对这一问题，国内外众多学者展开了研究，通过构建合适的组合预测方法代替传统的原油价格预测方法，降低预测误差方差，进而提高预测精度[65－68]。随后，Zhang 等考虑了一种新的迭代组合方法对原油价格进行预测。研究发现，迭代组合预测和传统的组合预测方法都能提供优于基准模型的原油价格预测[69]。赵兴等建立了 CEEMDAN－ARIMA－GARCH 组合预测模型，分析预测 WTI 原油期货价格。分析表明，CEEMDAN－ARIMA－GARCH 模型在准确度和灵敏度上都具有显著优势，预测精度高[70]。此外，周浩等基于多种特征选择技术，结合多元线性回归、人工神经网络和支持向量回归预测模型，构建一种改进的原油价格组合预测模型。实验结果表明，这种动态组合预测模型能大大降低计算复杂度，提高原油价格预测性能[71]。杨静凌等基于 CEEMD – Elman – Adaboost 组合模型对 Brent 原油价格序列进行预测，发现该组合模型是一种精度更高、更有效的预测方法[72]。高海翔等提出一种基于 EEMD 分解、小波阈值去噪、Fine – to – Coarse 法重构和 LSTM 神经网络的组合预测方法对油价进行预测，在水平预测和趋势预测上，该方法能有效地预测原油价格[73]。

上述文献表明，组合预测方法能够解决原油价格预测中的参数及模型不确定性问题，是一种有效提高原油价格预测精度的方法。该方法不仅表现优异且十分稳定可靠，在原油价格预测的研究中被广泛使用。

第2章　石油地缘政治、石油美元及国家石油储备

2.1　石油地缘政治

石油地缘政治与国际石油市场的安全和稳定息息相关，分析石油地缘政治不仅有利于进一步了解石油进出口国之间的贸易关系，也有助于分析和预测国际油价的走势并采取相应措施。

2.1.1　乌克兰危机引发的石油地缘政治

2013年11月，乌克兰政府对外宣布暂停与欧盟签署联系国协定的准备工作，并将加强与俄罗斯等其他独联体国家的经贸关系。与此同时，乌克兰国内局势逐渐动荡起来。2014年2月，乌克兰首都基辅持续动乱造成多人伤亡，随后乌克兰反对党主导议会并通过了解除亚努科维奇总统职务等一系列决议，亲西方政府在乌克兰掌权。4月，乌克兰东部的顿涅茨克州、卢甘斯克州和哈尔科夫州数千名反政府群众举行抗议集会。随后，在东部顿巴斯地区，乌政府军和民间武装发生大规模武装冲突。此后，民间武装自行成立“顿涅茨克人民共和国”和“卢甘斯克人民共和国”。9月5日，经国际社会斡旋，乌克兰政府代表和乌克兰东部民间武装代表在白俄罗斯首都明斯克达成停火协议，但此后冲突仍时有发生。

2014年12月23日，乌克兰议会通过了放弃不结盟地位法案，并决定

深化与北约的合作。2015 年 2 月 12 日，德国、法国、乌克兰、俄罗斯四国领导人在白俄罗斯首都签订新明斯克协议，规定乌东地区实现军事停火、恢复地区间社会经济联系。2019 年 2 月 7 日，乌克兰议会通过宪法修正案，把乌克兰加入欧盟和北约作为国家基本方针写入宪法。2021 年 9 月 1 日，乌克兰总统泽连斯基访问美国，其间，美国总统拜登签署了两份防务方面的合作协议并批准向乌克兰提供6000 万美元的军事援助。对此，12 月 10 日，俄罗斯外交部就与美国和其他西方国家开展安全保障对话发表声明，要求美国和北约就排除进一步东扩的可能性提供法律保障。针对该问题，2022 年 1 月 10—13 日，俄罗斯分别与美国和北约就安全保障问题开展对话，但均未取得实质性进展。俄乌之间的冲突逐渐显现。1 月 22 日，乌克兰国防部发表声明：美国援助乌克兰的一批军火已抵达基辅，此后，英国、波兰、加拿大等国也陆续向乌克兰提供军火援助。1 月 26 日，美国、北约分别向俄罗斯递交关于俄方所提安全保障建议的书面答复，但双方在诸多关键议题上均未让步，同时俄乌边境地区局势也越发紧张。2 月 2 日，美国国防部宣布将向欧洲增派部队以应对俄乌边境地区紧张局势。对此，俄外交部副部长格鲁什科表示，美方这一决定是“破坏性决策”，将加剧军事紧张。17 日，乌克兰政府与民间武装发生武装冲突，乌克兰东部地区紧张局势持续升级。18 日，乌克兰东部民间武装自行成立的“顿涅茨克人民共和国”所在地发生爆炸，随后乌克兰东部民间武装宣布，因存在乌克兰发起军事行动的危险，自即日起向俄罗斯大规模集中疏散当地居民[74]。

近年来，乌克兰采取的外交政策偏向于借北约来抗衡俄罗斯，不利于俄罗斯未来的生存和发展。2022 年 2 月 21 日，联合国秘书长古特雷斯通过发言人发表声明，敦促各方优先开展外交活动，和平解决乌克兰东部问题，同时，俄罗斯联邦安全会议成员就乌克兰东部顿巴斯地区局势举行会议，俄罗斯总统普京签署承认顿涅茨克和卢甘斯克的自建政治实体的法令，并与这两个“共和国”签署友好合作互助条约。然而，2 月 24 日，普京授权俄军在顿巴斯地区展开军事行动，并表示对乌克兰实施“非军事化”。此后不久，乌克兰首都基辅和哈尔科夫发生爆炸，俄军对乌克兰发动“特别军事打击”，乌克兰危机爆发。但双方仍未停止交谈，3 月 1 日、3 日、7 日，俄乌进行了三轮谈判，乌克兰均称未取得期望结果；8 日，美国、英国先后宣布禁止进口俄罗斯石油及相应的石油产品，欧盟也宣布计划在 1 年内减少 2/3 对俄罗斯的天然气进口；10 日，俄乌外长在土耳其举行会谈，乌方表示正趋向于签署全面和综合协议达成妥协；14 日，第四轮谈判启动。受乌克兰危机的地缘政治冲击，欧美国家（地区）政策收紧进程加快，国际石油市场动荡，油价出现剧烈高位波动，进一步增加了国际市场和油价走势的不确定性。

受乌克兰危机的地缘政治冲击，欧美国家（地区）对俄罗斯能源、金融等领域的制裁不断升级[75]，大部分欧美贸易商逐渐削减与俄罗斯有关的现货交易。在市场经济低迷以及欧美国家（地区）制裁的共同影响下，俄罗斯原油价格一直处于深度折价的状态。同时，为在制裁中获得部分依赖管道进口俄罗斯原油的国家的支持，欧盟在第六轮制裁中决定暂时豁免通过管道进口俄罗斯原油，但仍然无法改变欧洲对俄罗斯原油依赖性降低的趋势。乌克兰危机后，随着海运贸易流不断调节，俄罗斯逐渐降低原油出口至欧洲，增加出口至亚洲尤其是印度，中国也是俄罗斯原油的潜在买家之一[76]。在成品油方面，俄罗斯出口的下降对柴油市场影响较明显，美国 3—4 月的柴油出口量大幅增加，但 5 月出现较大降幅，而中东地区、韩国的出口量均有较明显的上升。此外，欧洲释放战略石油储备，以及炼厂开工率呈回升趋势，促使区域内的贸易量呈上升趋势。随着欧洲对俄罗斯能源等领域的依赖性降低，欧洲需要增加多元化的进口以弥补俄罗斯的缺口，而欧洲海运原油到货量环比持续回升，暂未受到俄罗斯供应下降的影响，但欧洲国家在寻找其他原油来源替代俄罗斯的同时，也导致一些区域的油种溢价显著上升。此外，随着俄罗斯原油到货量减少，轻质油更多流入西北欧地区，使得该地区的石油及石油产品密度（API 度）明显上升，而俄罗斯原油进口的增加降低了地中海地区的 API 度；美国原油的价格相对于同品质等级的西、北非原油具有一定优势，将有利于美国原油向欧洲市场流动，同时欧洲市场可能需要更高的溢价吸引足够的进口。

2.1.2 中美关系的石油地缘政治

从2015年起，美国页岩油开采空前繁荣。据EIA统计，2023年，美国原油日均产量达到创纪录的1290万桶，同比增长5.4%，是全球第一大产油国。随着中国石油需求量不断增加和油气产量下滑，中国原油对外依存度上升。2023年，中国原油进口量为5.6亿吨，同比增长11.0%，成为全球最大的原油进口国。

中国已成为美国原油的重要出口国。2015年，中国从美国进口原油约42万桶；2016年，中国从美国进口原油约800万桶；2017年，中国从美国进口原油迅速增长至8000万桶，超过了美国第三、第四大进口国英国、荷兰的总和；2018年，中国从美国进口原油约8400万桶，虽在美国出口量中占比较少，但中美原油贸易比重在不断提升。

2018年2月至2019年5月，中美两国共进行了1次元首会晤和10轮高级别的经贸磋商。美国先后于2018年7月6日、8月23日和9月24日对中国输美商品加征了关税，合计2500亿美元。对此，中国被迫做出了相应的反击。2018年，中国对美国出口比上年增长11.3%，而中国从美国进口仅比上年增长了0.7%，中国对美国贸易顺差比上年增长17.2%，超过了2017年10%的增幅。从2019年5月起，美国总统特朗普加大对中国的打压力度。5月8日，美国政府正式宣布，从5月10日开始，把价值2000亿美元的中国输美商品关税从10%提高到25%。5月13日，中国宣布从6月1日起对价值600亿美元美国商品的关税从10%分别提高到15%、20%和25%[77]。

2020年1月，中美双方签署《中华人民共和国政府和美利坚合众国政府经济贸易协议》。协议规定，在能源产品方面，在2017年基数之上，中国2020—2021年自美采购和进口规模分别不少于185亿美元和339亿美元。中美第一阶段经贸协议的签订标志着中美双方朝着解决问题的正确方向迈出重要一步。然而，疫情全球肆虐给中美第一阶段经贸协议的执行带来了严峻挑战。受疫情影响，供给端美国、需求端中国的经济均遭遇严重冲击，供需受到严重削弱。此外，虽然中美第一阶段经贸协议进入落地执行阶段，中美贸易战“休兵”，但美国仍对中国价值2500亿美元产品保持25%关税，超过1000亿美元商品保持7.5%的关税。作为被动回应，中方也保持对美国商品的一定高关税。这在某种程度上影响了美国商品在中国市场的竞争力。

2023年，美国和中国货物贸易总额达到46694.66亿元。其中，中国向美国出口总额达到35194.99亿元，中国自美国进口11499.67亿元。美国成为中国第一大贸易伙伴，且是最大外贸国。但相比2022年，中美贸易额涨幅由正转负，贸易总额同比增速从3.8%转为-6.6%。2023年6月，联合国贸易和发展会议发布《全球贸易最新动态》。报告显示，中国和美国之间的贸易相互依存度下降。2022年第二季度至2023年第一季度，美国对中国的贸易依存度同比下降2%，中国对美国的贸易依存度同比下降0.9%。中美石化行业双边贸易金额呈现快速上涨态势，美国成为中国最大石化行业出口目的国、第四大进口来源国。2019年，中美石化行业贸易总额为348亿美元；2021年中美石化行业贸易总额为623亿美元，比2019年增长79%。

2.1.3　中东地区的石油地缘政治

中东不仅是世界上石油储量最丰富的地区，也是世界上政治格局最复杂的地区之一。其石油安全风险主要有两点：一是民主化进程带来的社会动荡；二是一战等长期遗留的国家、民族和宗教矛盾争端。随着全球信息化发展，中东地区局势出现新变化，具体分析如下。

沙特阿拉伯、阿联酋、卡塔尔、科威特等多个君主制国家，民主化程度较低，政局较稳定[78]，无激变风险，原因在于制度优势以及丰富的石油资源为人民带来的高福利缓和了社会矛盾。此外，在国际上，沙特阿拉伯除维系与美国的良好关系外，还积极构建与亚太国家，如中国、日本的合作关系，其国际环境稳步向好，但沙特阿拉伯与周边国家的摩擦仍未停止。2015 年起，沙特阿拉伯领导的联军和也门的胡塞武装分子摩擦不断；2022 年 1 月中旬，胡塞武装的无人机和导弹袭击了阿联酋首都阿布扎比，导致其国家石油公司的穆萨法油库的油罐车发生爆炸，原油设施遭到破坏。与此同时，伊拉克向外运输石油至欧洲的输油管道发生爆炸，对国际油价的稳定性造成了一定影响。历史上，伊拉克和利比亚的情况也比较复杂，两国受国内不安全因素影响局势不稳定，其丰富的石油资源引来众多西方国家争夺，英国、美国、法国等国参与了利比亚石油资源的争夺，伊拉克石油资源争夺情况相对较简单[79]。因此，两国石油利益与西方国家牵扯较深。随着国内不安全因素的消除以及西方国家的参与，两国石油行业逐步走向正轨。伊朗的地缘政治情况更加复杂多变，其石油资源丰富，扼守原油运输交通要塞霍尔木兹海峡，但因其重要的地理位置及对美国的强硬姿态，国内外形势均不太乐观：国内政治斗争日趋激烈，其安全隐患可能影响石油的连续生产；国际上原油生产端最大的风险在于核问题，核问题的不断升级导致引发军事争端的可能性加大，以美国为首的日本、印度等国对伊朗石油实施禁运会带来一定负面影响。此外，虽然伊朗与美国的核谈判暂未取得实质性进展，但 2021 年中伊签署的 25 年合作协议不仅达成了政治、战略及经济等多方面合作，也在一定程度上削弱了美国制霸的负面影响，有利于双方实现合作共赢。

2021 年，美国—伊朗、伊朗—沙特阿拉伯、沙特阿拉伯—卡塔尔等多组地区开始积极摆出求和的态度，美伊的紧张关系得到缓解，伊朗和沙特阿拉伯重启对话，卡塔尔基本结束断交危机；同时，利比亚、叙利亚内战也告一段落，阿拉伯国家与以色列的关系得到进一步缓和及巩固，其主要原因是美国政府对中东地区采取突出“战略收缩”的政策、“碳中和”大背景下各国纷纷致力于绿色能源转型，以及中东地区的各国势力已达饱和，预计中东地区对国际石油市场的影响力和干预度将会逐渐下降。

2.1.4　非洲的石油地缘政治

非洲尤其是北非、西非地区是国际石油市场的重要组成部分，其丰富的石油资源促进了世界经济的发展，但也引来多方势力的争夺。受过去西方殖民统治的影响，其石油生产主要由欧美国家（地区）控制。欧美国家（地区）常用军事打压和经济援助“双管齐下”或挑起部族纷争以操控内战的手段延续其在非洲的利益。此外，近年来，以中国、日本为代表的亚太地区石油需求国也持续向非洲产油国渗透力量。多方势力的争夺不仅未推动当地经济的发展，还损害了非洲人民的利益，成为社会动荡的根源。

截至2013年底，约有5亿加仑①的石油被注入尼日尔三角洲，主要原因是基础设施不完善、维护不及时、军阀混战、石油偷盗、政府管理疏忽、权力腐败等，其导致的社会动乱成为影响非洲石油安全的重要原因。位于西非地区的尼日利亚联邦共和国（以下简称尼日利亚），是非洲第一人口大国，其南部的尼日尔三角洲地区常出现政治谋杀、武装抢劫、走私、街头帮派冲突等危机，对尼日利亚的安全形势造成重大威胁。一些不法商人和无力承担高油价的贫民乘机大肆盗截输油管偷油，造成大量经济损失，还经常发生爆炸、伤亡等恶性事件。奥巴桑乔和亚拉杜瓦执政期间，调整内外政策，完善政治体制，倡导民族和解，缓和社会矛盾，政局逐步稳定，南部产油区安全问题得到缓解，国际社会认可度增强。预测尼日利亚未来局势向好，虽存在安全隐患，但政局急剧变动概率不大，对石油生产造成的影响较小。

阿尔及利亚主要的政党民族解放阵线与许多当地居民抵抗民族解放阵线中央集权的统治存在矛盾。2010年末，西亚和北非地区多个国家局势发生动荡，曾一度波及阿尔及利亚，但在20世纪流血动乱的教训下，阿尔及利亚政府采取了经济让利、政治让步等平和的应对政策，动乱很快平息。此后，多届政府的努力使得阿尔及利亚的局势逐步走向稳定，对石油生产和经济的发展具有促进作用。

综上所述，外国势力的渗入以及非洲主要产油国内部社会动乱等问题较为严重，不利于石油生产安全。然而，随着大国势力和技术的发展，非

① 1加仑约等于0.0038立方米。

洲各国企业已基本实现直接投资的对外开放，有助于在非石油生产的稳定。同时，非洲产油大国尼日利亚和阿尔及利亚虽属于 OPEC，但与中东地区的联系不紧密，意识形态和宗教信仰上存在差异，受 OPEC 统一行动的牵制较小。虽然国家政局不稳，但新探明的主要石油储存地远离冲突地区，位于深海区域，且这些国家彼此有摩擦，联合抵制石油供应的可能性较小，故该地区开采石油的效益高，相对安全性好，政治阻力小，预计未来非洲石油安全形势局部动荡，但整体向好，有利于国际石油市场供需平衡。

2.1.5 中亚里海地区的石油地缘政治

环里海地带、俄罗斯西伯利亚及远东地区蕴藏着丰富的未开发石油资源，美国在该地区拥有领导势力，俄罗斯和中国也在积极争取中亚里海地区的石油资源，大国博弈成为该地区石油安全的重要影响因素。中国积极寻求与俄罗斯在能源贸易上的合作，而美国表面宣称与俄罗斯在能源领域建立合作关系，但实际上暗中支持格鲁吉亚和乌克兰，挤压俄罗斯在该地区的发展空间。哈萨克斯坦和阿塞拜疆等国受大国博弈影响较大。

作为苏联加盟共和国之一，哈萨克斯坦与俄罗斯的民族和文化习惯有众多相似之处，两国关系比较密切。同时，哈、中两国也一直保持友好的睦邻关系。哈萨克斯坦是西方原油的重要出口国，自 2001 年美国对阿富汗开展军事行动起，哈萨克斯坦不仅向美国开放全部领空，并且在维护里海海上安全方面与美国积极合作。此外，哈萨克斯坦南、北分别与中、俄接壤，地理位置极其重要[80]，并且俄罗斯很大一部分石油出口需要借助哈萨克斯坦的石油管道，中、俄两国的石油管道借道哈萨克斯坦可降低修建和运输成本。借助丰富的油气资源以及独特的地理位置，哈萨克斯坦拥有一定程度的能源市场议价权。2022 年 1 月，哈萨克斯坦南部曼格什套州的液化天然气突然涨价近 1 倍，引起当地民众极度不满以致发生动乱。其主要原因是，长期驻扎当地的多家国外非政府组织和媒体煽动，以及哈萨克斯坦独立以来国民贫富差距的增大。但这次动乱在俄罗斯集安组织出兵下成功平息，预计未来一段时间，俄罗斯在哈萨克斯坦乃至中亚地区的话语权将得到进一步提升。

阿塞拜疆石油储量较少，但作为里海地区油气产品向西运输的重要通道之一，其运输枢纽作用非常重要[81]。阿塞拜疆贫困情况较严重且国内情势险情不断，在西方力量支持下政局得到稳定，未来短期内政治动乱发生的可能性较小。但随着社会矛盾深化以及政治风险加码，阿塞拜疆或将成为里海地区与西方发达国家石油贸易的隐患。

中亚里海地区的能源利益和战略地位十分重要，此处大国博弈必将长期持续，但该地区发生激烈冲突的可能性较小，所以，石油生产前景比较乐观。

2.1.6 美洲地区石油地缘政治

美洲地区形势较安全且地缘政治因素稳定，其主导力量是美国，且墨西哥、加拿大等是美国稳定的石油供应商，但巴西的净供给国地位难以维持以及委内瑞拉的国际关系僵化对美洲石油出口造成了不利影响，具体分析如下。

巴西是拉丁美洲最大的国家，1974 年进入并长期处于中等收入国家行列，2002 年经济重新开始高速发展，但受过去影响仍延续了制造业的发展模式，对石油的需求量长期处于高位，难以维持未来的净供给国地位。

委内瑞拉石油安全面临国内开采技术不成熟以及国际政治方面打压的威胁，其东部奥里诺科河流域地区原油资源丰富，以重油为主，但充分开采对资金、技术要求较高。查韦斯上台后，由于致力于推行石油国有化遭到国内从业人员的反对和罢工，以及对西方的强硬姿态使其难以与西方公司取得合作，导致国内石油开采受到资金、技术等方面的极大限制[82]。同时，委内瑞拉与美国关系不和谐，导致其石油生产遭受了来自国际政治领域的压力。为摆脱对出口石油至美国的依赖，2005 年，委内瑞拉与伊朗签订了“三角贸易协定”；之后，委内瑞拉最大的国有企业、拉丁美洲最大的石油企业——委内瑞拉国家石油公司（Petroleo De Venezuela S. A.，PD-

VSA)，在加勒比石油组织、南美石油组织和安第斯石油组织的框架下，与拉丁美洲20多个国家签订了承诺投资总额超过200亿美元的能源合作协议，即委内瑞拉以优惠价向这些国家出口石油并投资于其基础设施建设或用石油收入开展相应的地区援助，以换取对方的政治支持，然而，周边国家由于不愿因此疏远与美国的合作关系，对条款反应比较冷淡，这对委内瑞拉的石油政策实施造成一定困难[83]。

但委内瑞拉与美国之间的关系恶化程度远不止于此。2019年1月10日，委内瑞拉总统马杜罗开启为期6年的第二任期，但反对党控制的国民议会并不承认其合法性。与此同时，以美国为首的美洲一些国家指责马杜罗操纵选举并同时承认委内瑞拉国会议长瓜伊多的临时总统身份，美国与委内瑞拉两国之间的冲突进一步激化。23日，马杜罗在群众集会上宣布与美国中断外交与政治关系[84]，并要求美国驻委内瑞拉使馆所有外交人员在72小时内撤离，两国关系越发紧张，对委内瑞拉的原油政策造成一定负面影响。因此，预计未来委内瑞拉可以通过缓和与西方国家紧张关系，在石油领域加强国际合作，或将极大程度地释放其产油能力。

2.2 地缘政治对国际油价的影响

原油与一个国家的经济增长、失业率、通货膨胀率、贸易政策、外交政策、能源安全等密切相关。从原油与国际地缘政治格局的历史发展来看，原油储量丰富的地区如中东地区，作为国际重要的原油生产和出口地，是众多原油进口国和消费国竞争角逐的政治、军事、外交中心，地缘政治不仅影响各国原油能源安全，也对稳定国际油价起着至关重要的作用。然而，这种地缘政治因素一定会抬升国际油价的朴素观点看似有理，其实并不完全正确。市场也开始注意到，虽然2010年以来（特别是2014年）地缘政治事件频发，但对于国际油价的影响没有预期中的大，国际油价的变动似乎不总是跟随地缘政治事件而上涨，有时甚至会出现反向变动的情况，这也与过往的认知不符，如图2－1所示。

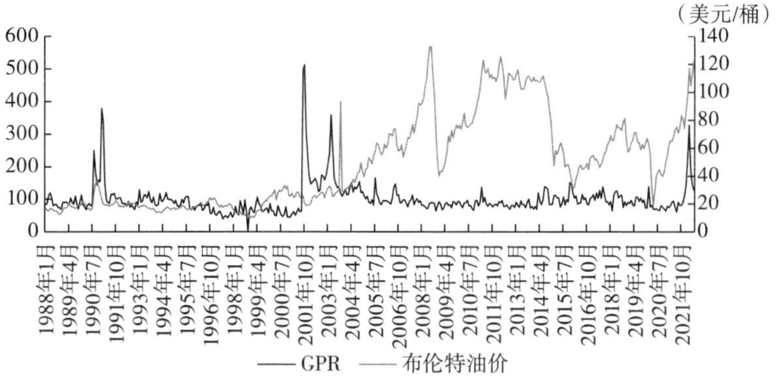

图 2-1　1988 年 1 月至 2021 年 10 月地缘政治风险指数与布伦特油价

资料来源：CALDARA D，IACOVIELLO M. Measuring geopolitical risk［J］. American economic review，2022，112（4）：1194-1225；EIA。

Caldara 和 Iacoviello 在用行业和企业层面的地缘政治风险指标补充总体地缘政治风险的衡量标准下，提出使用地缘政治风险指数（GPR）衡量基于新闻的负面地缘政治事件和相关风险。1985 年 1 月至 2022 年 7 月地缘政治风险指数及重要事件情况如图 2-2 所示。图 2-2 将地缘政治风险指数分解为潜在威胁（GPR-Threats）和实际发生（GPR-Acts）两个指标。虽然 GPR、GPR-Threats、GPR-Acts 三个指标的变化趋势基本一致，但是 GPR-Acts指数的波动更加剧烈，对 GPR 指数的影响更明显，如 1991 年的海湾战争。2006 年以来，虽然地缘政治事件频频发生，但 GPR 指数的波动相

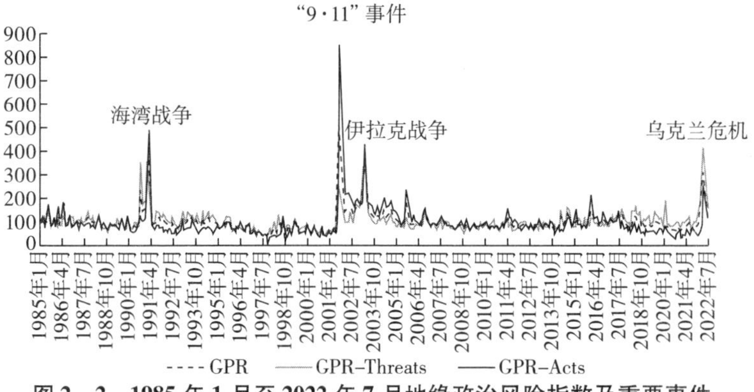

图 2-2　1985 年 1 月至 2022 年 7 月地缘政治风险指数及重要事件

资料来源：Measuring Geopolitical Risk。

对比较稳定；到2022年上半年，乌克兰危机导致GPR指数猛增[85]。

通过对比1986年1月至2022年4月的GPR指数与油价的变化可以发现两者的变化趋势并不完全相同。从2006年起，虽然地缘政治事件频频发生，但其对油价产生的影响并不完全与预期相符，即全球油价并不一定会随着GPR指数的增加而增加，甚至会出现反向变动[85]，如图2-3所示。

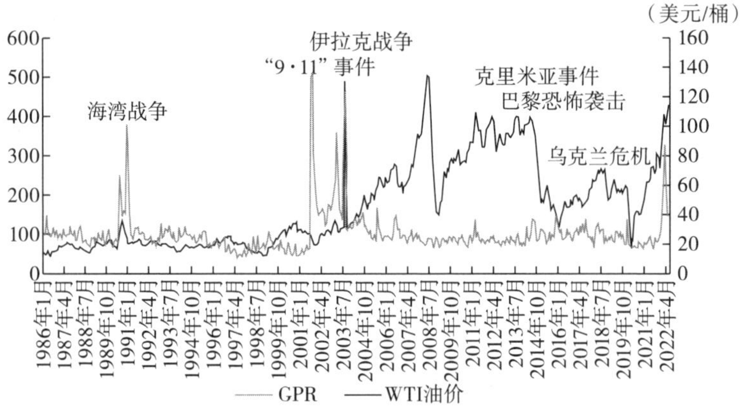

图2-3　1986年1月至2022年4月地缘政治风险指数与WTI油价

资料来源：Measuring Geopolitical Risk、EIA。

当地缘政治事件仅对全球原油供给存在潜在威胁时，其对原油供给不会构成实质影响。从2004年以来，地缘政治事件发生的频率明显有所提高，但这些地缘政治事件更多是一种潜在威胁，并不会对原油供应的稳定性造成太大影响，虽然可能会在短期内影响供求双方以及中间方的预期，从而拉升或降低全球原油价格，但当市场意识到这种地缘政治事件对原油供给仅存在潜在威胁且不会实际发生时，市场担忧的状况会得到有效缓解，从而使油价回落到正常水平，如图2-4所示。因此，原油价格对这种仅有潜在威胁的地缘政治事件并不敏感，但是否真的不敏感还需要进一步证实[85]。

然而，即便是地缘政治事件真实发生，油价也不一定随之变动，一方面是部分地缘政治事件与全球原油供需并无太大关系，如2015年的巴黎恐怖袭击和2017年的朝鲜事件，此类事件的发生不会对全球原油供需构成实质影响，因而对油价的实质性扰动比较少；另一方面是从2003年的伊拉克战争起，有实际行动并产生影响的地缘政治事件发生频率在逐渐下降，此外，部分地缘政治事件的发生不仅不会拉高全球油价，反而会导致全球油价下行，如2001年的“9·11”事件以及2014年的克里米亚事件，前者导致美股下跌影响了美国经济增长的预期，后者则是美国等西方国家为压制俄罗斯采取增加原油产量等措施压低了全球油价[85]，如图2-5所示。

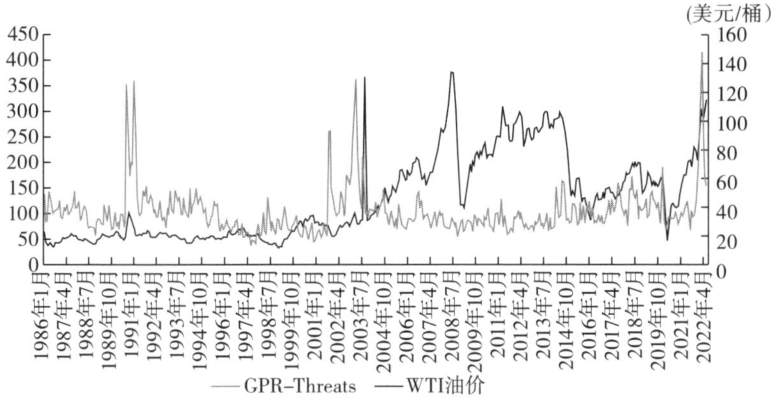

图2-4　1986年1月至2022年4月地缘政治风险指数（潜在威胁）与WTI油价

资料来源：Measuring Geopolitical Risk、EIA。

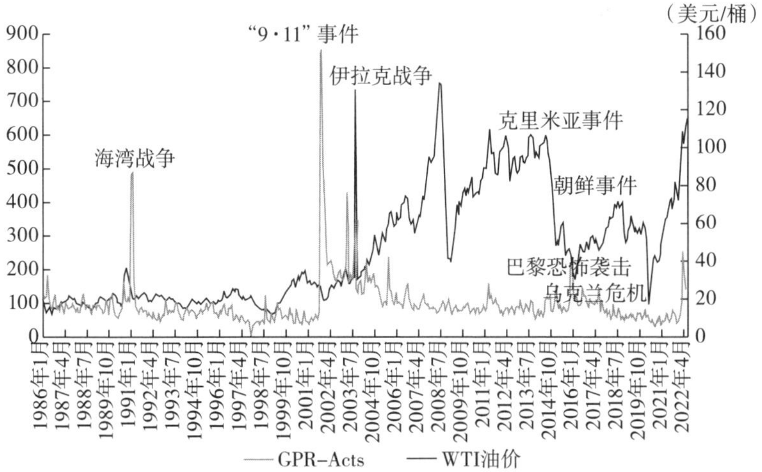

图2-5　1986年1月至2022年4月地缘政治风险指数（实际发生）与WTI油价及重要事件

资料来源：Measuring Geopolitical Risk、EIA。

原油是不可再生能源，资源稀缺与能源需求之间的矛盾使其在国民经济中处于重要地位。当前，原油已成为产油国外交的一种重要权力资源。1960 年 9 月 14 日，中东、拉美、北非等地区的一些产油国为抵抗西方国家的剥削，成立了 OPEC，通过协调各国原油政策、商定原油产量和价格维护原油收入，并且在第四次中东战争中，阿拉伯国家通过对欧美等西方国家实行原油禁运和对以色列施压的方法取得胜利。在战后世界现代工业的发展中，原油成为各国谋求经济发展、政治强大、维护国家能源安全、发挥国际影响力的重要筹码。剑桥能源研究协会（CERA）董事长、国际原油界的知名人士丹尼尔·尤金（Daniel Yergin）曾说："原油，10% 是经济，90% 是政治。"他认为："原油与地缘政治之间的密切关系，是其他任何工业原料都无法企及的。这一点在中东、俄罗斯、中国、拉美乃至全世界任何地区都可以得到证实。"由此可见地缘政治对原油的影响之大。一国原油的供需平衡不仅能保证该国生产持续健康发展，也能侧面反映该国的实力和地位，原油地缘政治则能通过影响各国之间原油的运输及供需状况影响国际油价的变动，其主要通过直接控制原油供需，或通过控制原油运输管道、参与并制定国际原油机制、增加市场影响力等间接控制原油供需的方式影响国际油价，具体分析如下。

中东、里海、非洲等油气资源丰富的地方是强国的战略重点区域，油气消费国通过资本运作以控制油田的份额获得油气资源，从而实现对原油产地的控制，即满足本国原油供给以及控制原油输出，而原油消费国为避免原油危机，通过制定一系列国际原油机制建立战略能源储备，或发展新技术、替代能源并推广节能循环技术减少对原油的过分依赖。世界原油分布的极不平衡性，使得原油生产国和消费国在地理上处于分离状态，原油与地理因素特别是交通枢纽相结合，形成了原油地缘政治，因此，原油消费国必须考虑如何保障原油运输的安全，而原油运输主要有管道和海运两种方式，控制运输线，特别是海陆的交通枢纽便成为控制原油输入、输出的重要手段，当交通枢纽受限时，或将导致原油出口国原油大量积压进而造成国内油价下跌，原油需求国供小于求则导致国内油价上升，依据马歇尔的均衡价格理论，只有当原油供给方与需求方的最优价格相等时，才能确定维持国际市场均衡的原油供需量及对应的市场均衡价格，而只有市场上的交易双方使用均衡价格进行交易，才能实现市场“出清”以达到最优资源配置的状态。国际地缘因素不稳定使得部分国家原油供需差量增加以及投资者降低对原油供应的预期，进而导致国际油价出现大幅波动。同理，国际原油行为体如原油输出国组织和国际能源组织可以通过参与和制定国际原油机制，对国际能源体系产生影响，国际原油市场由原油供应、原油需求和国际油价机制构成，原油供需又极大地影响了原油价格变动。因此，油价控制权以及原油定价权成为各国争夺的焦点。

综上所述，地缘政治因素的波动将影响原油的正常输送，当产油区出现冲突和战争时，可能会损毁原油生产设施，也可能影响油轮和输油管道安全，从而改变国际原油市场上供求双方、中间方对原油供应的预期，特别是会加剧市场对原油供应短缺的担忧，从而抬高国际油价，迫使各方对原油产量、库存等做出相应调整，因此，地缘政治因素对国际油价的稳定起着至关重要的作用[86]。

2.3　石油美元

石油美元的概念最早由经济学家易卜拉欣·奥维斯在1973年提出，根据盈收范围有广义和狭义之分。广义上的石油美元是指通过石油贸易以及相关附属品交易获取的全部外汇收入；狭义的石油美元是指石油输出国的国际贸易收支项下经常项目的盈余资金，也可以理解为扣除石油勘探、开采、运输等相关产业链的服务成本后，石油贸易的全部外汇和商品收入[87]。

石油美元产生于第一次工业革命尾声阶段，彼时石油正式取代煤炭，成为工业生产和经济运行发展中重要的动力能源。石油贸易最早采用包括英镑在内的多币种计价。第二次世界大战后，美国通过布雷顿森林体系确立了美元的霸权地位后，又通过与主要石油输出国签订一系列协议，确定了石油和美元的锚定关系。由于石油对世界上所有国家的经济发展起着举足轻重的作用，石油进口国需要先通过兑换美元以持有外汇储备才能拥有购买石油的资格。自1973年石油大幅提价后，主要石油输出国在历年国际收支顺差积累的石油盈余资金中美元占比最大，故称为“石油美元”[88]。

1972—1974年，美国为实现自身在中东的石油安全，与沙特王室达成的相关协议，形成一系列相互依赖的机制化的经济制度，来实现绝对控制中东石油的目的，这种制度安排被称为“石油美元体系”。广义上的石油美元体系是指以石油美元为基础的一系列国际政治和经济制度的综合。狭义上的石油美元体系是由计价机制、积累机制、持有机制、扩张机制和回流机制等一系列机制构成的。其中，计价机制，是指国际石油贸易以美元作为计价及交易货币的机制；积累机制，是指石油美元体系以石油生产、贸易和消费为基础；持有机制，是指石油输出国以外汇储备和主权财富基金为主要持有模式，通过持有机制发挥石油美元在政治、经济方面的影响力；扩张机制，是指国际金融机构和国际金融市场是石油美元体系的扩张实现场所。国际贸易和国际投资构成石油美元体系的回流机制，这也决定了美国在石油美元体系中的主导地位。从1986年开始，在全球经济增长疲软以及节能环保意识不断增强等多重因素叠加影响下，石油美元体系进入快速发展阶段，从石油开采到流通，再到资金回流形成一个日渐成熟的生态循环，即所谓的“石油美元体系”[88]。

2.4 典型国家石油储备管理体制

2.4.1 美国的石油储备管理体制

根据美国法律的规定，石油储备的购买、动用等决策权主要由总统掌握，石油储备的管理机构是能源部，而具体操作由民间机构负责。依据美国《能源政策和储备法》，美国能源部负责战略石油储备基地建设、石油购买以及释放销售、设施维护等管理工作，并保证按照总统指示在紧急状况下可迅速将储备石油投入市场。为此，美国能源部专门设立了战略石油储备办公室，由一名部长助理主管，负责储备政策和规划的制定，并在每个储油点设立分支机构以行使美国能源部的相关职责。美国能源部每年向总统和国会提交《战略石油储备年度报告》，其中包括当年预算执行、设施建设与维护、储备库存等管理方面的内容和立法、政策调整情况等。美国能源部部长可以提出石油储备出库产品的数量、品种和分配方案，并有权测试性释放和分配 10% 的储备石油[89]。

2.4.2 日本的石油储备管理体制

2004 年，日本对其石油储备管理体制进行了改革，改革前后的石油管理体制有一定差别。改革前的石油储备管理体制包括三个层次。一是由通产大臣及通产省的资源能源厅组成的决策层。日本《石油储备法》授权通产省负责石油储备的管理事务，包括制定石油储备政策，协调政府部门之间的工作关系，制定石油储备目标，管理石油储备资金，审批石油储备基地项目，决定国家石油储备的收储、动用，负责管理石油公团等。二是由日本石油公团组成的管理层。该公团是根据日本 1967 年颁布的《石油公团法》成立的，由政府全额出资，虽具有独立法人资格但带有半官方性质。石油公团作为政府特别法人，在通产省的管理和指导下具体负责国家石油储备项目管理，对国家石油储备公司进行管理、投资，负责石油储备规划、计划、应急预案的实施，并代表国家与石油储备公司签订储备协议，支付石油储备的管理费用。三是由 10 个国家石油储备基地组成的执行层。国家石油储备基地就是国家石油储备公司，是具体承担储备基地建设和储存储备石油的基层单位，负责基地的安全、设备操作、石油进出库等工作。石油公团为每个储备基地提供 70% 的资本金，其余 30% 由私营石油公司等企业筹集。储备基地的土地和所储石油产权归石油公团所有，而设施设备归石油储备公司所有。

这一体制存在两个问题：一方面，国家对石油公团运作的整个过程进行管理和干涉，使其主观能动性受到影响，不能自主决策；另一方面，石油公团行政色彩浓厚，对财政依赖性强，使石油储备成本难以得到有效控制。上述问题在日本政坛和舆论界引发强烈的不满，因此，日本政府从1998年开始对石油储备管理体制进行改革。2001年11月，石油公团被列入小泉政府的企业改革方案。2002年7月，日本参议院通过了《石油公团废止及其关联法》，决定把石油公团的石油开发业务委托给民间，石油储备转为国家事业。

2.4.3 德国的石油储备管理体制

1978年，德国制定了《石油及石油制品储备法》，并于1987年和1998年进行了修订，对石油储备的管理体制和运行机制做了明确规定。根据法律规定，德国的石油储备管理体制分为三个层次：德国经济部是石油储备的决策机构，负责石油储备的宏观调控和管理，主管联盟储备的投放；石油储备联盟（EBV）是石油储备的管理机构，负责具体管理工作；操作层包括两个方面，一个是EBV自身的储备部门，另一个是民间的储备公司。

EBV建立于1978年。根据德国法律规定，所有炼油厂、石油进口公司、石油销售公司及使用石油发电的电厂都必须是联盟成员。联盟会员大会是最高权力机构，下设理事会，在会员大会闭会期间行使联盟的全部职权。理事会由9人组成，其中，工业界代表6人（炼油公司代表3人、石油进口及销售公司代表3人）、政府代表3人（联邦经济部代表1人、联邦财政部代表1人、州政府代表1人，均由政府指派）。EBV的下属机构包括储备基地部、技术和质量部、财务部、会费和法规部、监察部、经营部、紧急时期石油协调组织（在石油供应发生危机时，与石油界各企业协商，共同采取措施应付危机）。EBV与德国所有炼油厂签订了紧急情况下的原油加工协定，以保证需要时能及时将储备的原油加工成成品油。EBV对储备油实行严格的质量监测，并根据情况变化，如储备油质量下降或出现新标号汽油等进行更新。EBV还与国内外有关机构保持经常联系。

2.5 典型国家石油储备运行机制

2.5.1 美国的石油储备运行机制

根据美国《能源政策和储备法》，美国的石油储备运行机制可以概括为：政府所有、政府决策、市场化运作。战略石油储备目标、预算等均由总统提出，经国会批准后由美国能源部战略石油储备办公室负责具体购买事宜。为了降低购买成本，战略石油储备的购买采取公开竞标方式。战略石油储备办公室与民间机构签订管理和运行合同，由其负责储备基地的日常运行、维护和安全保护。在动用方面，美国《能源政策和储备法》对使用战略石油储备有着严格的条件限制，美国能源部部长有权对战略石油储备进行测试性动用。自建立战略石油储备以来，美国政府仅在1991年海湾战争期间以直接销售的方式向市场投放了3300万桶储备原油；1985—1990年进行了2次试销售；1996—2000年进行了4次轮库。为了降低石油动用对市场的影响，美国战略石油储备的投放也采取招标机制。政府先向石油公司招标，再由石油公司按市场价格销售，回收资金交美国财政部的石油储备基金专门账户，用来补充石油储备[90]。

2.5.2 日本的石油储备运行机制

2004年2月，日本石油公团与金属矿产事业团合并，成立石油天然气金属矿产资源机构（以下简称资源机构），实施新的石油储备运行机制。石油公团原有的新开发项目投资、债务担保及国家储备基地的管理业务都转入资源机构。资源机构所需费用以及与石油储备相关的资金经政府部门审批后由财政支付。该机构是一个独立行政法人，而不是过去的特别法人，政府只对其提出中期目标，不干预具体运作，具体管理和实施过程完全由资源机构自己决定[90]。

日本政府对资源机构的主要要求包括：一是继续保持无事故和无灾难

的纪录，二是控制石油储备和储备基地的维护与管理成本，三是随时做好应急准备。资源机构受经济产业省委托管理石油储备，国家储备公司转变为全部由民间投资的操作服务公司。操作服务公司只负责基地的运行管理，近似物业管理公司，对设施不再拥有产权。资源机构与操作服务公司签订《国家储备石油管理委托契约》和《国家储备设施管理委托契约》，双方均按照合同条款规定的责权利进行运作。另外，承担法定储备义务的企业必须每半个月向政府报告一次储备情况，政府通过监督、命令、劝告等方式对企业法定储备进行管理。日本石油储备的动用分为三个层次：在国内石油供应短缺或中断的情况下，首先考虑抑制需求；其次动用企业储备，动用方式是降低企业储备目标量；最后动用政府储备。动用的权力归经济产业省大臣。但是，这一程序最近有所改变，日本政府认为在紧急情况下应优先动用政府储备。

2.5.3 德国的石油储备运行机制

德国政府不轻易动用石油储备[90]，决定动用的前提是：能源供应受到直接威胁，国内出现能源供应短缺，履行欧盟或 IEA 的义务。如果投放期限超过半年，须经联邦参议院批准。当需要动用时，德国经济部通过发布紧急投入法令，规定投放量及投放原油或油品品种。EBV 收到经济部的紧急投放令后，向会员发出投放令与通知书，确定投放时间、地点及投放量。对各会员的投放量按其交纳的会费比例决定，投放价格一般采用当时市价而不是储备油购入价格。在紧急时期，企业法定石油储备可由各企业自行决定动用，但动用后必须迅速补足原定的储备量。必要时，政府可以命令企业降低库存。1991 年，海湾战争期间，德国经济部曾按照 IEA 的要求，指示 EBV 向会员投放石油储备。

2.6　典型国家石油储备管理体制和运行机制的国际经验

综上可以看出，由于国情不同，各国石油储备的管理体制和运行机制存在一定差别，但是这些国家在建立石油储备管理体制和运行机制方面积累的一些共性经验，值得中国借鉴。一是坚持立法先行。通过法律明确各管理机构的责权利，并规范操作流程，政府、机构和企业的储备行为均以法律为准绳。二是在石油储备管理上形成决策层、管理层和操作层三个清晰的层次，并通过法律文件明确各层次的职责，运行机制也相对完善。三是充分发挥政府和市场这“两只手”的功能。石油储备虽由国家统一管理，但积极鼓励中介机构和私营企业参与，即使政府自身的操作，也要通过市场方式进行。四是契约管理。不论是政府和储备管理机构之间，还是储备管理机构和运营企业之间，都签订委托契约，双方均按合同条款规定的责权利进行运作。

借鉴美国、日本、德国等国家的经验，结合中国国情，中国应建立起由中央统一管理，决策层、管理层和操作层相互分离的三级管理体制。第一级是决策层，具体机构是国务院能源主管部门。其主要职责是：负责研究提出中国石油储备的指导思想，制定有关政策、法规和条例；负责确定中国石油储备的规模、结构和布局，制定中长期石油储备规划和年度计划；负责向国务院提出石油储备动用方案，并监督、指导方案的具体实施，以及国家石油储备管理中心的运作。可设立国家石油储备办公室作为具体办事机构。第二级是管理层，具体机构是国家石油储备管理中心。这是一个体现政府意志，事关国家利益和安全，具有特殊性质的机构，应参照国有独资公司的方式设立，作为政府的特别法人机构。其主要职责是：在国家石油储备办公室的监督与指导下，按照企业的运作方式，具体负责政府石油储备的建设、调控运作，以契约方式委托和管理国家石油储备基地公司，依法承担对企业法定储备、机构储备的监管工作。国家石油储备管理中心不以营利为目的，其资本金和流动资金全部由政府负责筹集，建设资金、日常运营资金由政府拨付、银行贷款和发行石油储备债券的方式解决，管理费用由国家核定支付。第三级是操作层，包括国家石油储备基地公司和将在未来组建的 EBV，以及其他储备机构。它们是依法设立、具有独立法人资格的经济实体，是具体承担石油储备任务的基层组织单位。主要职能是负责石油储备基地的后勤管理、日常维护、储备石油进出库等工作，类似于物业管理公司。国家石油储备基地公司的所有权应归属于国务院国资委，而不是国家石油储备管理中心，以保证政企分开，便于国家石油储备管理中心对国家石油储备基地公司的监管。

国家石油储备的日常管理和实施调控涉及国务院能源主管部门、国家发展改革委、财政部、商务部、海关总署、交通运输部、国家金融监督管理总局等多个部门。为充分发挥石油储备体系的作用，提高运行效率，应该建立由上述有关部门参与的国家石油储备管理协调机制，并形成制度，以利于进一步加强部门之间的协调，避免无谓的扯皮，切实提高运行管理效率，确保调控适时、适度，并在关键时刻调得动、用得上。

第 3 章　世界石油发展格局及特点

3.1　世界石油资源格局及特点

3.1.1　世界石油资源格局

总体上看，世界石油的分布极端不平衡。从南北半球看，石油资源主要集中于北半球；从东西半球来看，石油资源主要集中在东半球。2000 年，全球石油探明储量约 1.3 万亿桶；2010 年，全球石油探明储量约 1.6 万亿桶；截至 2023 年底，全球石油探明储量大约为 1.8 万亿桶。全球的石油储量主要集中在中东地区和南美洲的委内瑞拉境内，两个地区占据了全球石油储量 50% 以上。如图 3－1 所示，中东地区石油探明储量 8696 亿桶，占全球石油储量的 50.6%；而南美洲地区石油探明储量 3257 亿桶，占全球石油储量的 19.6%。

（1）中东地区

中东地区地处欧、亚、非三洲的枢纽位置，原油资源非常丰富，被誉为“世界油库”。中东地区石油已探明储量稳居全球第一，占全球石油已探明储量近 50%。如图 3－2 所示，2016—2023 年中东地区石油已探明储量均超过 8000 亿桶[91]。2023 年，中东地区石油已探明储量为 8696 亿桶。

（2）南美洲地区

南美洲是世界重要的石油生产和出口地区之一，也是世界原油储量和

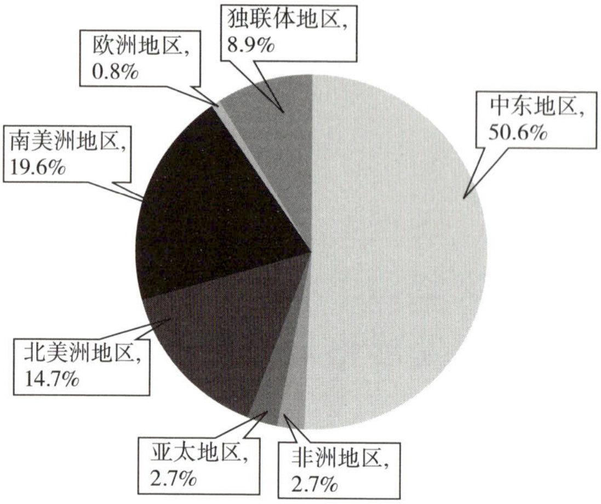

图 3－1　2020 年全球石油已探明储量（按地区构成）

资料来源：《BP 世界能源统计年鉴》。

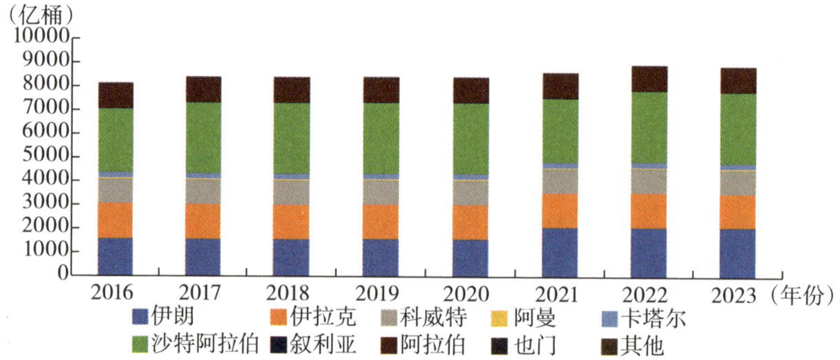

图 3－2　2016—2023 年中东地区石油已探明储量

资料来源：《BP 世界能源统计年鉴》。

石油产量增长较快的地区之一。委内瑞拉是该地区原油储量最丰富的国家，其 2023 年的原油储量为 3040 亿桶，占全球总量的 17.3%，比整个北美洲地区的石油储量都要多，如图 3－3 所示。

（3）北美洲地区

北美洲地区石油储量最丰富的国家是加拿大、美国和墨西哥，如图 3－4 所示。2023 年，加拿大石油探明储量为 1700 亿桶，居世界第三位；美国石油探明储量为 700 亿桶，主要分布在墨西哥湾沿岸和加利福尼亚湾沿岸，以得克萨斯州和俄克拉何马州最为著名，阿拉斯加州也是重要的石油产区，虽然美国是世界第一大产油国，但因消耗量过大，每年仍需进口大量石油；墨西哥石油探明储量为61亿桶，是西半球第三大传统石油战略储备国。

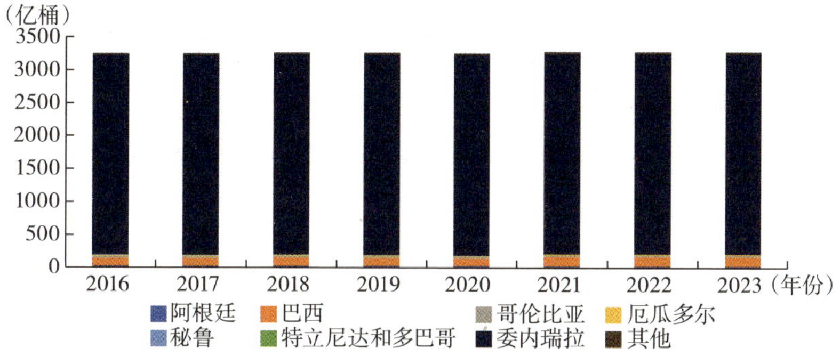

图3-3 2016—2023年南美洲地区各国石油已探明储量

资料来源：《BP世界能源统计年鉴》。

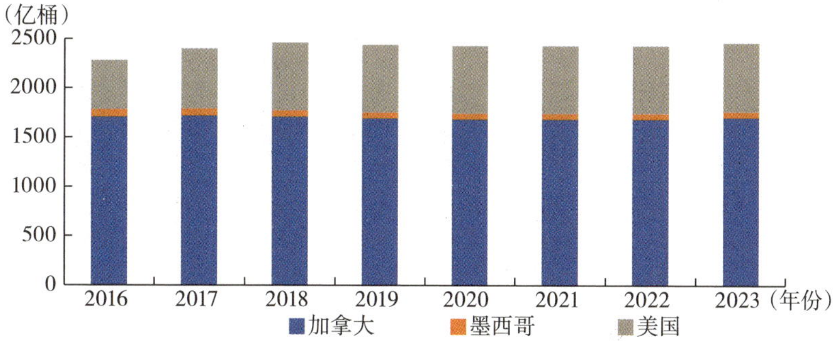

图3-4 2016—2023年北美洲地区三个储量最丰富国家石油已探明储量

资料来源：《BP世界能源统计年鉴》。

（4）独联体地区

独联体是苏联解体后各独立主权国家，包括阿塞拜疆、哈萨克斯坦、俄罗斯、土库曼斯坦、乌兹别克斯坦等国家。2023年，俄罗斯探明的石油储量为1078亿桶，虽仅占全球总量的6.1%，却约占独联体国家总量的73.7%，如图3-5所示。

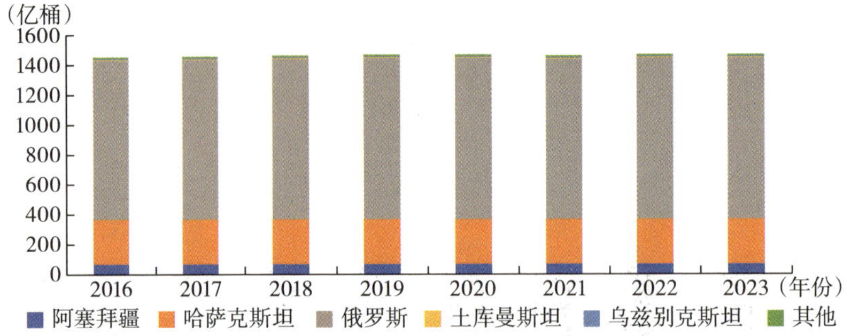

图 3－5　2016—2023 年独联体国家石油已探明储量

资料来源:《BP 世界能源统计年鉴》。

(5) 非洲地区

非洲是近几年原油储量和石油产量增长最快的地区，被誉为“第二个海湾地区”。2023 年，非洲探明的原油总储量为 1253 亿桶，主要分布于西非几内亚湾地区和北非地区，如图 3－6 所示。

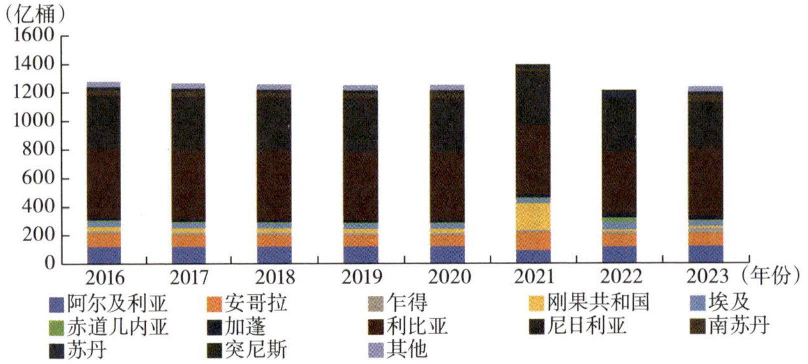

图 3－6　2016—2023 年非洲石油已探明储量

资料来源:《BP 世界能源统计年鉴》。

(6) 亚太地区

亚太地区也是世界石油产量增长较快的地区之一。2023 年，中国、印度、印度尼西亚和马来西亚是该地区原油探明储量最丰富的国家，分别为 267 亿桶、45 亿桶、24 亿桶和 25 亿桶，如图 3－7 所示。中国和印度虽然原油储量丰富，但是每年仍需大量进口。

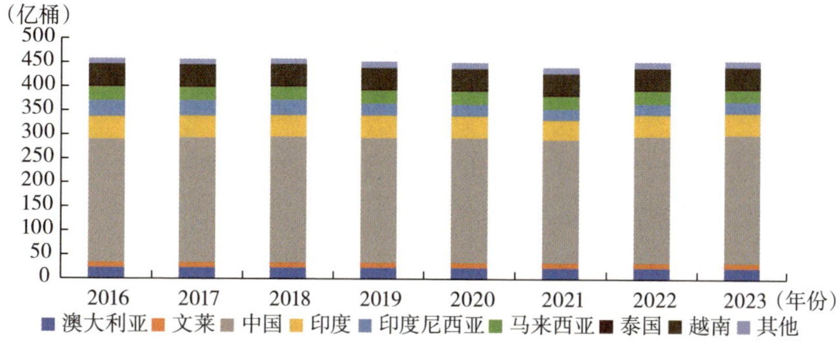

图3－7 2016—2023年亚太地区石油已探明储量

资料来源：《BP世界能源统计年鉴》。

（7）欧洲地区

欧洲地区原油探明储量约占全球总储量的0.8%。挪威、英国和意大利是欧洲地区已探明原油储量最丰富的三个国家，2023年分别为79亿桶、25亿桶和25亿桶，如图3－8所示。

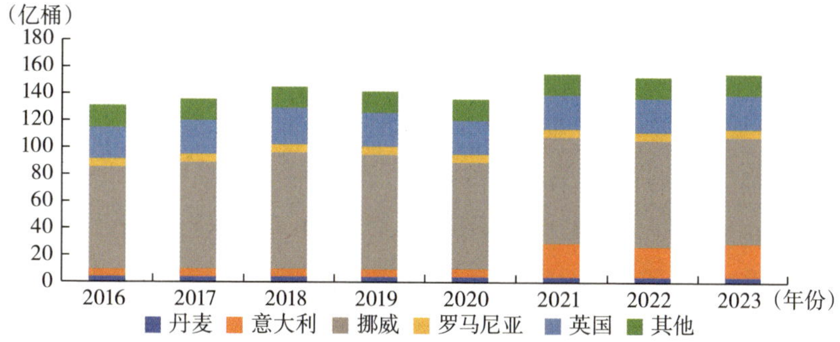

图3－8 2016—2023年欧洲石油已探明储量

资料来源：《BP世界能源统计年鉴》。

3.1.2 世界石油资源特点

（1）石油已探明储量震荡上行

在全球石油储量勘探方面，2010年以来，全球石油已探明储量整体呈现震荡上行趋势。自2017年全球已探明石油储量突破17000亿桶以来，近几年全球已探明石油储量维持在17300亿桶左右，如图3－9所示。2020

年，受全球疫情影响，世界经济衰退，石油需求量减少，削减了对于石油公司的资本注入，石油探明资源储备受到影响，全球已探明石油储量下降至17324亿桶，同比下降0.14%。2022年后，随着世界各国经济的恢复，全球已探明石油储量回升。截至2023年底，全球已探明石油储量达到17540亿桶，同比增长1.58%。

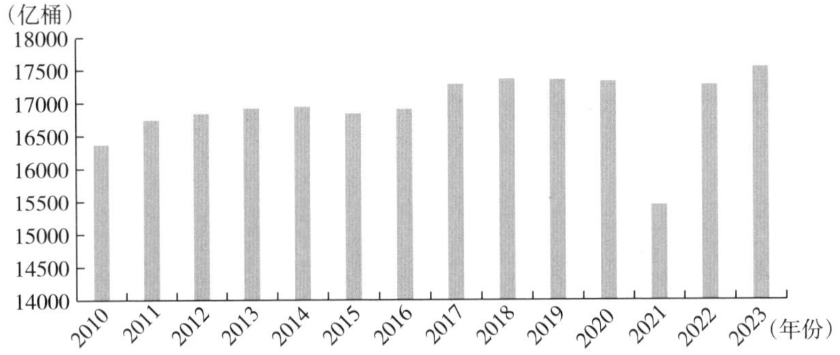

图3-9　2010—2023年全球石油已探明储量

资料来源：《BP世界能源统计年鉴》。

（2）中东地区石油储量远超其他地区

从地区构成来看，中东地区石油已探明储量稳居全球第一，占全球已探明储量近50%。2023年，中东地区已探明石油储量为8696亿桶，占全球石油储量的50.6%。具体到国家看，2023年，全球已探明石油储量超过1000亿桶的国家有7个，分别是委内瑞拉、沙特阿拉伯、伊朗、加拿大、伊拉克、俄罗斯和科威特，合计已探明石油储量为13290亿桶，占全球总量的75.77%。其中，委内瑞拉已探明石油储量超过3000亿桶，达到3038亿桶，排名第一；沙特阿拉伯已探明石油储量2975亿桶，排名第二；伊朗已探明石油储量2086亿桶，排名第三；加拿大、伊拉克等四国已探明石油储量在1000亿~2000亿桶，如图3-10所示。

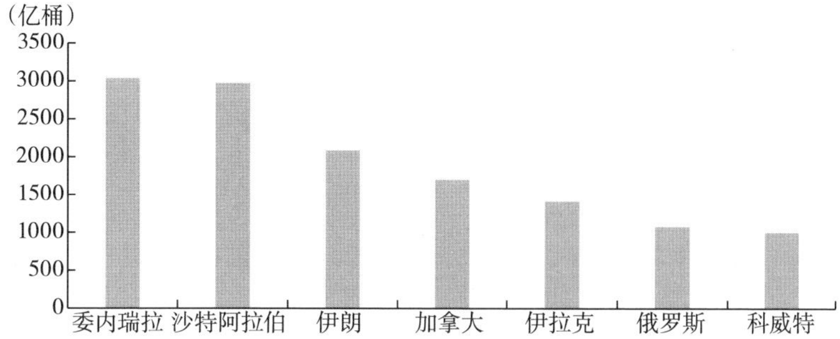

图 3-10 2023 年全球石油已探明储量超过 1000 亿桶国家

资料来源：《BP 世界能源统计年鉴》。

3.2 世界石油供给格局及特点

3.2.1 世界石油供给格局

世界石油供给出现了多元化的发展趋势。总体来看，世界石油形成了美国、沙特阿拉伯、俄罗斯“三足鼎立”的格局。沙特阿拉伯和俄罗斯等国家实施减产的措施以及美国自身页岩油的发展，使得美国的市场份额不断上升，打破了原来 OPEC 一家独大的供给格局，成为全球油气资源供应中心之一。随着美国页岩油的强势崛起，全球原油市场供应格局多点开花，北美洲、欧洲、中东、非洲和南美洲，均是全球主要的原油出口地区。特别是，美国、沙特阿拉伯、俄罗斯剩余产能空间巨大，基本主导了全球石油市场的供应格局，如图 3-11 所示。

（1）美国

美国是现代石油工业诞生地，也是全球最大原油和油品生产国。近些年，美国石油产量快速上升。2019 年，美国石油产量 7.5 亿吨，占世界石油总产量的 16.7%，为世界第一。2022 年，美国石油产量达 7.6 亿吨，是全球生产石油最多的国家。

（2）沙特阿拉伯

沙特阿拉伯拥有全球 16% 的石油探明储量，高达 364 亿吨，位居世界第二，仅次于委内瑞拉。而沙特阿拉伯所在的波斯湾地区，石油储量占世界探明储量的一半左右。2022 年，沙特阿拉伯对中国的原油总出口量约 8750 万吨，比 2019 年增长 4.98%，再次成为中国的最大石油供给国。

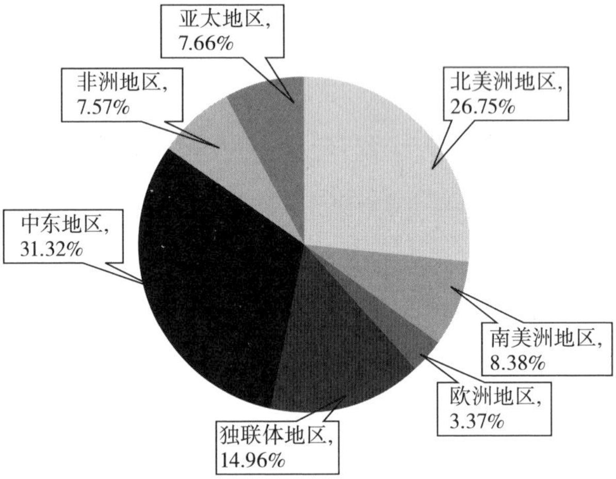

图 3－11　2023 年全球石油产量占比（按地区构成）

资料来源：《BP 世界能源统计年鉴》。

（3）俄罗斯

根据俄罗斯能源部的数据，2019 年，俄罗斯石油和天然气产量达到创纪录的 1125 万桶/日，约 5.5 亿吨。过去 10 年，得益于新油田的开发和成熟油田新技术的引进，俄罗斯石油产量一直在上升。2022 年，俄罗斯石油产量达 5.5 亿吨，为全球前三，如图 3－12 所示。

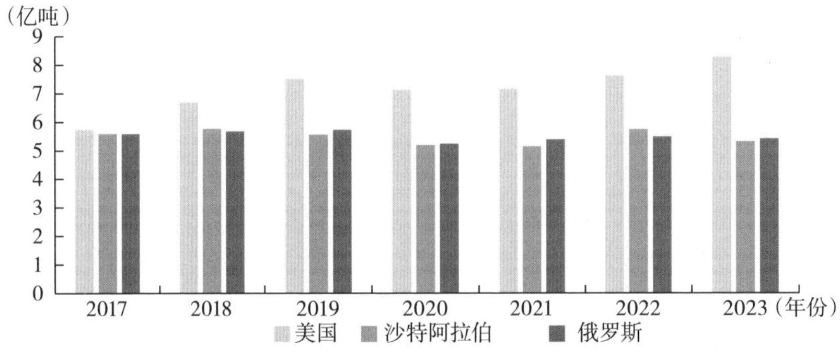

图 3－12　2017—2023 年美国、沙特阿拉伯、俄罗斯石油产量

资料来源：《BP 世界能源统计年鉴》。

3.2.2　世界石油供给特点

（1）全球石油生产重心逐渐西移

长期以来，位于东半球的俄罗斯、中亚、中东和北非等资源国家和地区自北向南构成了一条以常规资源为主的油气供应带，是当今世界油气主要供应区。与此对应，西半球的常规油气储量和产量与东半球相去甚远。截至 2011 年底，西半球石油剩余探明储量仅占全球总量的 32.7%、天然气剩余探明储量占全球总量的 9.3%；石油产量占全球产量的 25.5%、天然气产量占全球产量的 31.6%。近年来，随着技术的不断进步，加拿大油砂、美国页岩油、委内瑞拉超重油、墨西哥湾和巴西深水石油，以及北美地区的页岩气和煤层气等非常规油气资源开始突破经济、技术界限，成为重要的油气资源接替者。随着美洲地区非常规、深水等资源开发进程的加快，其油气产量在世界油气总产量中的比重将不断上升，西半球的石油供应在全球的地位将愈加重要。

（2）全球石油供给集中于中东与北美洲地区

从地区构成来看，石油资源储备丰富的中东地区以及石油开采技术成熟的北美洲地区是全球主要石油生产地。2023 年，中东地区石油产量为 14.1 亿吨，占全球总产量的 31.3%；北美洲地区石油产量为 12.1 亿吨，占全球总产量的 26.8%。

具体到国家来看，2023 年，全球石油产量超过 2 亿吨的国家有 7 个，其中，美国以 8.27 亿吨的石油产量稳居第一；俄罗斯和沙特阿拉伯紧随其后，产量分别为 5.42 亿吨和 5.32 亿吨；加拿大、伊朗、伊拉克和中国分列第四位至第七位，产量分别为 2.78 亿吨、2.14 亿吨，2.13 亿吨和 2.09 亿吨，如图 3－13 所示。

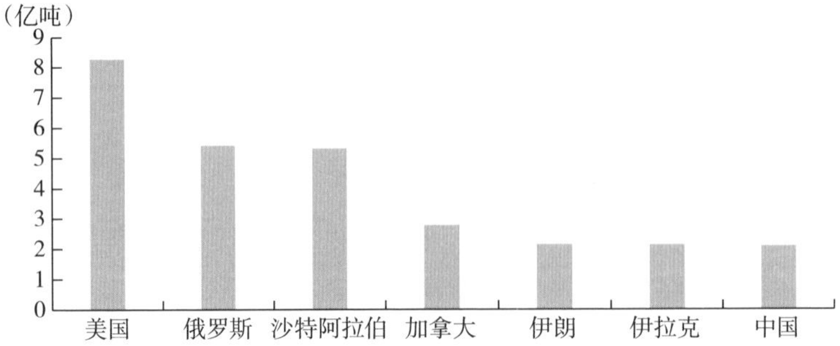

图 3－13　2023 年全球石油产量前七国家

资料来源：《BP 世界能源统计年鉴》。

3.3　世界石油消费格局及特点

3.3.1　世界石油消费格局

（1）能源消费结构仍以石油为主，但占比呈下降趋势

2023 年，全球一次能源消费以石油、天然气和煤炭为主，如图 3－14 所示。石油仍然在能源结构中占了最大份额，占比为 31.7%；天然气消费占比超过煤炭成为第二大燃料，占一次能源消费总量的 26.5%，同比上升 3 个百分点；煤炭消费占比则下降至 23.3%，同比下降 3.4 个百分点；可再生能源占比迅速增加至 8.2%，同比上升 0.7 个百分点；核电消费占比与 2022 年持平；水电消费占比为 6.4%，同比略有下降。

（2）石油消费以亚太地区为主，占总量的比例超过 1/3

当前，亚太地区石油消费已达到全球石油消费总量的 1/3 以上，但该地区石油储量仅占全球的 2.6%。随着主要石油消费地区石油需求不断增长，以及生产与消费的差距日趋明显、供需不平衡态势日趋严重，国际石油贸易规模不断扩大。而随着全球石油供需结构调整、炼油行业加速发展，石油贸易的趋势和结构也不断发生着变化。

亚太是全球最大的石油进口地区，亚太地区石油消费量占全球石油消费总量的 1/3 以上，而该地区石油资源供应远远不能满足自身需求，因而产生了进口需求。进入 21 世纪以来，随着亚太逐渐超越北美洲成为全球最

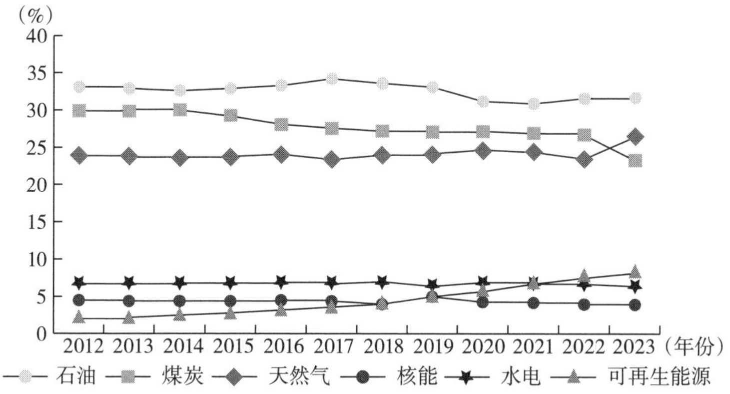

图 3－14　2012—2023 年全球一次能源消费占比

资料来源：《BP 世界能源统计年鉴》。

大的石油消费地区，该地区石油进口需求进一步提升。

2023 年，亚太地区石油消费总量占全球消费总量的 38.2%，北美洲和欧洲地区紧随其后，分别占比 22.4% 和 14.4%，相比 2000 年有所下降，如图 3－15 所示。北美洲和欧洲地区石油消费量占全球总量比重下降的原因，一方面在于这两个地区石油消费峰值已过，需求份额不断被亚太地区挤压；另一方面在于北美洲地区石油产量大幅增长，尤其是页岩油革命导致美国石油自给能力大幅提升，进一步缩减了北美洲地区石油进口需求。

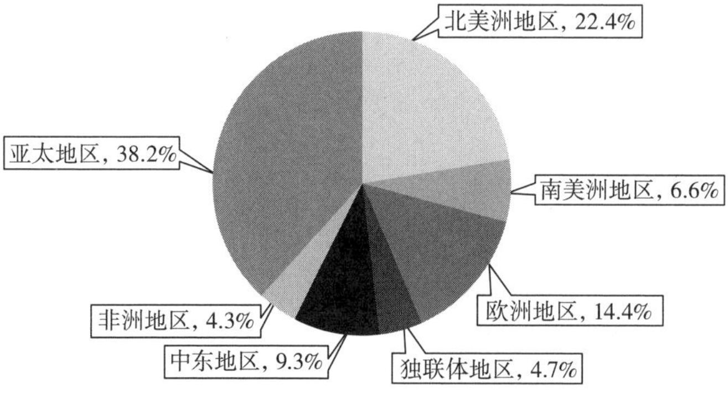

图 3－15　2023 年全球石油消费量（按地区构成）

资料来源：《BP 世界能源统计年鉴》。

3.3.2 世界石油消费特点

（1）石油消费总量总体平稳增长

从石油消费情况来看，2012年以来，全球石油消费总量保持平稳增长势头。2020年，受新冠疫情影响，各地能源需求急剧下降，导致石油消费大幅下滑，总消费量为40.4亿吨，同比下降9.0%，创近10年石油消费总量新低，2021年起，全球石油消费量表现出回升趋势，截至2023年，全球石油消费量达到46.9亿吨，超过疫情前的水平，如图3-16所示。

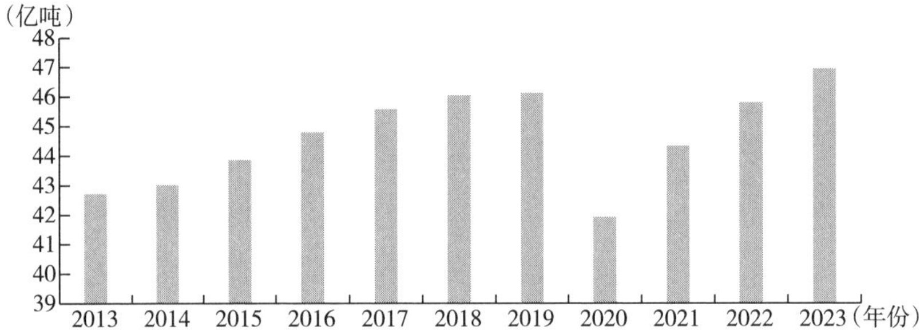

图3-16 2013—2023年全球石油消费量

资料来源：《BP世界能源统计年鉴》。

（2）中、美仍是主要石油消费国

从地区构成来看，亚太、北美洲、欧洲地区为全球主要石油消费地，石油消费量占全球的比重接近80%。2023年，亚太地区石油消费量为17.5亿吨，占全球总消费量的38.2%；北美洲地区石油消费量为10.5亿吨，占全球总消费量的24.2%；欧洲地区石油消费量为6.8亿吨，占全球总消费量的14.4%。

具体到国家来看，美国及中国两大经济体石油消费量远超其他国家，稳居全球石油消费量前两名。2010年以来，相较于中国石油消费量的持续增长，美国石油消费量呈现震荡走势，两国石油消费总量差距呈缩小趋势，如图3-17所示。

2020年，受新冠疫情暴发影响，美国石油消费出现大幅下降，消费量下降至7.4亿吨，而中国由于新冠疫情控制得当，石油消费需求仍在提升，消费量增长至6.8亿吨，两国之间的差距进一步缩小。2022年，全球新冠疫情得到一定控制，美国石油消费量出现反弹，至8.2亿吨，而受多重因素的影响，中国石油消费量下滑至6.6亿吨。

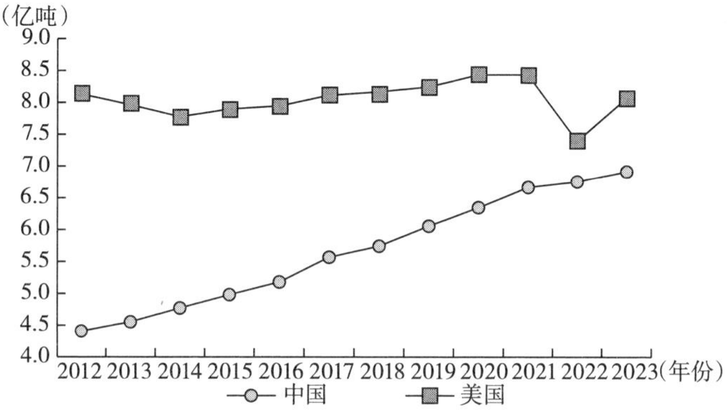

图3-17 2012—2023年中国和美国石油消费量对比

资料来源：《BP世界能源统计年鉴》。

（3）印度、非洲油气需求潜力巨大

人口富集区的印度和非洲地区油气需求潜力巨大，是未来的需求增长主力。欧洲、日韩以及中美等国家和地区的实践证明，非化石能源大发展是在经济发展到一定阶段，能源供需体系能够保障基本能源需求的条件下进行的。非化石能源是能源消费中的“奢侈品”，对一个国家或地区能源基础设施以及储能技术等有较高的要求，任何国家或地区都不能轻而易举地具备这种条件。

处于经济上升阶段的印度和非洲地区急需稳定的能源供应，短期内期望它们依靠非化石能源消费为经济发展提供持续稳定支撑显然不现实。在经济快速发展期突然去追求能源结构大幅调整，如同对经济增长“急刹车”，带来的损失可能难以估量，中国在过去高增长期间的煤炭占比就一直比较稳定。

印度和非洲地区总体处于工业化初期，有后发优势。相较于非洲地区，印度的发展条件要更好一些。近些年，印度积极推进经济改革，经济增速始终位居发展中国家前列，被国际社会视为继中国之后又一个具备高增长潜质的国家。2022 年，印度一次能源消费总量为 36.44 亿焦，较 2021 年增长 5.6%，占世界的比重为 6.0%，相当于中国的 22.86%。2012—2022 年，印度一次能源消费总量平均增速为 3.8%。从一次能源消费量结构来看，2022 年，印度煤炭占比 55.13%，石油占比 27.58%，天然气占比 5.74%，核电占比 1.15%，水电占比 4.50%，其他可再生能源占比 5.90%，是典型的化石能源消费国家。印度城市化率只有 30% 左右，千人汽车拥有量仅为 22 辆，未来交通是拉动石油需求的重要力量。印度汽车制造商协会的数据显示，2018 年，印度汽车总销量增长 12.7%，达到 2680 万辆；汽车产量增长 14.6%，达到 3150 万辆。未来，伴随着经济发展以及交通、石化、电力等产业的兴起，油气需求保持增长是必然趋势。

非洲地区还没有享受到油气资源给自身带来的红利。非洲各国制定了很多促进工业发展的计划，联合国也专门出台了针对非洲地区的帮扶规划。中非十大合作计划和八大行动将对增强非洲国家“造血”能力产生重要影响。非洲地区具有经济增长的潜力，是油气资源丰富地区，理论上是油气需求增长大户。非洲地区的人口接近 13 亿人，但原油消费总量仅 1.9 亿吨，天然气消费总量 1500 亿立方米，油气需求与人口、地域面积以及油气资源禀赋极不相称。非洲地区不仅石油资源丰富，近些年还出现了一些天然气大发现。目前，作为油气富集区的非洲还没有充分享受到油气资源丰富给自身能源消费带来的红利，一些地区甚至仍处于薪柴时代。可以预见，若非洲经济发展起来，工业化、城市化对化石能源将产生刚性需求，未来其油气需求潜力必将得到巨大释放。

3.4 原油海运贸易流向

海运是全球石油贸易的重要运输方式之一。2021 年《BP 世界能源统计年鉴》数据显示，2020 年，全球石油产量为 41.65 亿吨，贸易量为 32.40 亿吨。克拉克森数据显示，2020 年，全球原油海运量约为 18.74 亿吨，同比下降 6.6%，降幅较 2019 年同期增长 5.5 个百分点，约占总产量的45%；成品油海运量9.53亿吨，同比下降7.7%，降幅较2019年同期增长2.8个百分点。总体石油海运量同比下降7.0%，降幅较2019年同期增长4.6个百分点。2020年，全球石油海运周转量约130.2万亿吨海里，降幅较2019年同期增长4.6个百分点至4.8%。航运要塞作为国际航海路线上的必经狭窄通道，对全球能源安全至关重要。海峡关闭将迫使油轮绕行其他路线，导致航行时间与成本增加，对国际原油价格的稳定性造成不利影响。

3.4.1　主要油轮分类

依据平均运费指数（Average Freight Rate Assessment，AFRA）标准，可将油轮分为以下几类：第一类是通用型（General Purpose，GP）油轮和中型（Medium Range，MR）油轮，GP油轮可装载7万桶或19万桶汽油，MR油轮可装载19万~35万桶汽油。两种油轮船型较小，可停泊于全球大多数港口，适用于短距离成品油运输，如东南亚至南亚等。第二类是大型（Long Range，LR）油轮，常见的有LR1型油轮和阿芙拉型（Aframax）油轮，前者可装载31万~55万桶轻质原油或35万~62万桶汽油，后者介于LR1型和LR2型之间。第三类是超大型油轮（Very Large Crude Carrier，VLCC）和巨型油轮（Ultra Large Crude Carrier，ULCC），VLCC可装载16万吨以上原油，ULCC可装载32万吨以上原油，两种油轮运费低廉，适用于远距离成品油运输。VLCC主要用于全球长航线运输，如中国从中东、西非、北美洲等地区进口原油，航线距离在4000海里以上，单次航行在20天以上，如表3-1所示。中国原油进口多采用长航线运输，因此，对VLCC市场的贡献较大，大约占全球VLCC航运市场的40%。苏伊士型油轮和阿芙拉型油轮主要用于欧洲内部、欧洲与北美等区域内航线。除此之外，有专为通过某运河设计的油轮，如巴拿马型（Panamax）油轮。

表 3－1　全球主要油轮分类　　单位：万吨

油轮种类		特点	载重
通用型油轮		船型小，适用于短距离运输	1～2.5
中型油轮		船型小，适用于短距离运输	2.4～4.5
大型油轮	LR1 型油轮	常运输重油制品	4.5～8
	阿芙拉型油轮	可停靠大部分北美洲地区港口	8～12
巨型油轮		运费低，适用于远距离运输	16～32
超级油轮		运费低，适用于远距离运输	32～55

资料来源：根据 EIA、中信期货研究部及公共资料整理。

据克拉克森统计，截至 2022 年 5 月，全球共有原油油轮 2298 艘，共计 4.40 亿载重吨。其中，VLCC 859 艘，规模 2.65 亿载重吨；苏伊士型油轮 632 艘，规模 9893 万载重吨；阿芙拉型油轮 1078 艘，规模 1.19 亿载重吨。由于手持订单占船队规模比例仅为 5.9%，2022—2023 年原油油轮的增长速度仍将保持低位，年增速在 1.5%～2%。

3.4.2　全球航运要塞

全球航运要塞主要有霍尔木兹海峡、马六甲海峡、苏伊士运河、曼德海峡，小型的有土耳其海峡、巴拿马运河、丹麦海峡、好望角，如表 3－2 所示。

表 3－2　全球主要航运要塞　　单位：亿桶/日

海峡名称	特点	绕行管道	2016 年石油海运量
霍尔木兹海峡	连接波斯湾与阿拉伯海，原油主要出口至亚洲	沙特阿拉伯的东－西石油管道、阿联酋的阿布扎比原油管道等	0.19
马六甲海峡	可能出现油船碰撞、搁浅、泄漏，常发生海盗劫持及偷窃事件	绕行龙目海峡或巽他海峡等	0.16
苏伊士运河	无法通过 VLCC，苏伊士型油轮是允许通过的最大油船	萨米德管道	0.06

续表

海峡名称	特点	绕行管道	2016年石油海运量
曼德海峡	地中海和印度洋的战略纽带，原油和成品油主要目的地是欧洲、美国、亚洲地区	绕行非洲南端	0.05
土耳其海峡	欧洲与亚洲的分界线，受俄罗斯原油出口重心转移的影响运量下降	和平时期商业船只均可自由通过	0.02
巴拿马运河	位于库莱布拉峡谷，最窄处仅34米	南美洲南端的麦哲伦海峡、合恩角海峡和德雷克海峡	0.01
丹麦海峡	俄罗斯石油海运出口到欧洲的重要关口，Primorsk港口石油出口占丹麦海峡所有出口货物的近一半	俄罗斯原油出口大部分转移到波罗的海港口，部分挪威和英国的石油从2016年起向东流向斯堪的纳维亚市场	0.03
好望角	全球油轮运输的重要中转站	过亚丁湾、曼德海峡和苏伊士运河向西行驶	0.06

资料来源：EIA、中信期货研究部。

①霍尔木兹海峡（Strait of Hormuz）：位于伊朗与阿拉伯半岛之间，是中东原油经波斯湾出印度洋的唯一出口。据EIA统计，每天有高达1340万桶原油经由霍尔木兹海峡出口至西欧、中国和日本等地。唯有沙特阿拉伯的东－西石油管道和阿联酋的阿布扎比原油管道等少数管道拥有绕行霍尔木兹海峡的能力。

②马六甲海峡（Strait of Malacca）：连接印度洋和太平洋，是中东原油运往中、日、韩等亚洲市场的主要通道，但海盗劫持等事件发生频率较高。

③苏伊士运河（Suez Canal）和萨米德管道（SUMED Pipeline）：是中东石油出口到欧洲和北美洲的重要通道。苏伊士运河连接红海与地中海，无法通过ULCC和满载的VLCC，苏伊士型油轮是苏伊士运河允许通过的最大油轮。非洲原油通过苏伊士运河运往欧洲、北美洲等地。油轮无法穿过苏伊士运河时，可通过萨米德管道从红海、地中海或绕好望角运往原油

进口国。

④曼德海峡（Bab – El – Mandeb）：连接红海、亚丁湾和阿拉伯海，是非洲和中东地区之间的交通要道，大部分来自波斯湾的中东原油通过曼德海峡，再经由苏伊士运河/萨米德管道运往欧洲、北美洲等地。

⑤土耳其海峡（Turkish Straits）：连接黑海和马尔马拉海，是俄罗斯和阿塞拜疆等里海地区国家向欧洲出口的主要通道之一。该海峡最窄处仅800余米宽，是世界上最难航行的水道之一，可将原油经黑海运至里海且无替代路线。

⑥巴拿马运河（Panama Canal）：连接太平洋和大西洋，但运河本身的条件限制使得除阿芙拉型油轮之外的很多大型油轮无法通过，故不是全球石油运输的重要航道，经扩建后可通过装载40万～60万桶成品油的新巴拿马型油轮，但仍不能通过VLCC。该运河的替代航线是位于南美洲南端的麦哲伦海峡（Straits of Magellan）、德雷克海峡（Drake Passage）和合恩角海峡（Cape Horn Strait）。

⑦丹麦海峡（Danish Strait）：连接波罗的海和北海，是俄罗斯石油运往欧洲的重要途径，自2005年开放Primorsk港口后，俄罗斯原油出口大部分转移到波罗的海港口。

⑧好望角（Cape of Good Hope）：位于非洲东南角，是非洲、南美洲原油向东运往亚洲市场与中东石油向西运往美国和欧洲市场的重要中转站，也是经曼德海峡和苏伊士运河向西行驶的重要替代航线。

3.4.3 原油海运流向

全球原油海运从中东、北非、西非、南美等主要产油区，运往美国、欧洲、日本、中国等原油进口国或地区，主要有以下航线：一是波斯湾的中东原油途经霍尔木兹海峡出阿拉伯海后，向东运往印度或经由马六甲海峡运至中、日、韩；向西经曼德海峡、红海、苏伊士运河和地中海穿过直布罗陀海峡，或经莫桑比克海峡绕好望角运往西欧或北美洲。二是西非原油经由好望角运至中国，或经大西洋运至欧洲、美湾或美东海岸。三是北非原油过苏伊士运河运至欧洲。四是墨西哥原油经由巴拿马运河穿太平洋或沿北太平洋运至日本。五是俄罗斯原油向东经过日本海运至中、日、韩，向西经由苏伊士运河运至亚洲。六是南美洲、北美洲原油向东经由大西洋绕好望角运至东亚国家，向西沿太平洋运至亚洲国家。除此之外，还有东南亚—东亚、西欧—北美、西非—西欧等航线，如表 3－3 所示。

表 3－3 全球原油航运主要运输航线 单位：万吨

代码	航线	油轮类型	货运量
TD1	中东—美湾	VLCC	28.0
TD2	中东—新加坡	VLCC	26.0
TD3	中东—日本	VLCC	26.0
TD4	西非—美湾	VLCC	26.0
TD5	西非—美东海岸	Suezmax	13.0
TD6	黑海—地中海	Suezmax	13.5
TD7	北海—英国	Aframax	8.0
TD8	红海—新加坡	Aframax	8.0
TD9	加勒比海—美湾	Aframax	7.0
TD10	加勒比海—美东海岸	Panamax	5.0
TD15	西非—中国	VLCC	26.0

资料来源：中信期货研究部。

由于全球原油需求地和供给地存在错配，原油贸易形成了成熟的贸易网络和与之相匹配的航线网络。2021 年，全球原油海运发运量约 20.7 亿吨，其中，主要需求地为远东、欧盟、南亚和东南亚地区，占比分别达到 29.5%、10.8%、9.8% 和 9.8%，北美洲、欧洲地区区域内贸易总体较多，而中东、北美洲、西非和南美洲等地为主要的原油输出地，在全球海运贸易中出口占比分别达 36.7%、11.7%、7.3% 和 9.9%。

3.5 世界石油贸易格局及特点

3.5.1 世界石油贸易格局

据 2024 年《BP 世界能源统计年鉴》数据，2023 年，全球石油产量为

9637.6 万桶/日，同比增长 2.2%；全球石油贸易量为 6812.4 万桶/日，同比下降 0.4%。当前，全球石油贸易流向正发生重要变化，亚太地区炼油能力和原油贸易量迅速增长，推动全球原油贸易“东移”，在国际上的影响力和话语权不断提升；美洲地区继续成为新增原油出口的主要来源；中东等主要出口地区更加注重目标多元化，加速抢占亚太市场。

（1）中东地区

中东是世界上原油出口量最大的地区，尽管近年来中东地区出口原油在世界原油出口贸易总量的比重有所下降，但其出口量仍然占世界原油贸易的 35.6% 以上。因此，中东地区的原油出口流向对世界原油贸易格局具有重要的决定作用。中东地区的原油主要流向为亚太地区、印度、西欧地区和美国。在流向亚太地区的原油中，运往中国的原油量为 2.8 亿吨，运往日本的原油量为 1.0 亿吨；流向印度、西欧地区和美国的原油量分别为 1.3 亿吨、0.9 亿吨和 0.2 亿吨。

（2）西非地区

西非地区的原油主要出口至欧洲国家、中国和印度。其中，中国是西非地区原油出口的第一大区域，2021 年，西非地区对中国的原油出口量为 0.6 亿吨。此外，西非地区对欧洲国家的出口比重也相对较高，原油出口量为 0.5 亿吨。西非地区对两个区域的出口量相差不大，两个区域自西非地区进口的原油总量占西非地区原油出口总量的 61% 以上。

（3）俄罗斯

俄罗斯的原油产量足够支撑本国需要，无须再进口原油。中国和欧洲国家是俄罗斯石油出口的主要市场，其对欧洲国家的原油出口量为 2.1 亿吨，占俄罗斯总出口量的 50% 以上；对中国的原油出口量为 0.8 亿吨。

（4）美国

随着页岩油的发现与开采，美国逐渐成为原油出口大国。欧洲、亚太和南美洲是美国的主要出口地区。其中，欧洲占比最大，年原油进口量为 0.8 亿吨；其次是除中国和日本的亚太其他国家和地区，年原油进口量为 0.4 亿吨。

2021 年和 2022 年世界主要国家/地区石油贸易流向如表 3－4 所示。

表 3－4　2022 年和 2023 年世界主要国家/地区石油贸易流向

单位：万桶

国家/地区	2022 年				2023 年			
	原油进口量	成品油进口量	原油出口量	成品油出口量	原油进口量	成品油进口量	原油出口量	成品油出口量
加拿大	47.5	58.3	402.3	67.6	50.3	57.1	416.1	67.5
墨西哥	–	124.7	99.2	18.1	–	122.9	108.0	19.2
美国	627.8	205.2	347.2	528.9	650.2	203.8	371.6	539.3
中南美洲	49.1	242.1	235.4	60.5	41.6	221.3	283.5	58.2
欧洲	1006.8	431.6	39.4	229.0	876.8	404.3	24.3	209.7
俄罗斯	0.1	3.6	531.5	263.3	15.4	2.8	483.5	190.1
其他独联体国家	32.5	15.8	172.1	25.6	36.1	18.9	183.6	33.3
伊拉克	–	18.9	383.6	26.1	–	19.8	369.9	41.4
科威特	–	5.3	181.4	62.3	0.9	0.6	162.9	78.3
沙特阿拉伯	1.9	27.0	732.5	154.9	5.6	13.1	701.2	127.0
阿拉伯联合酋长国	10.0	83.1	347.1	187.1	10.6	63.0	342.9	193.4
其他中东国家	32.6	47.1	185.2	166.0	29.4	49.0	180.6	132.4
北非	16.6	71.3	153.6	53.6	7.3	73.4	151.9	50.7
西非	1.4	111.0	340.8	14.8	2.9	97.5	318.4	10.0
东南非洲	13.7	112.0	3.4	3.9	14.7	107.2	6.5	2.7
大洋洲	20.7	100.5	18.0	9.0	16.8	114.8	20.2	10.3
中国	1020.6	195.0	2.7	113.1	1132.5	239.1	2.4	128.5
印度	464.2	110.9	–	174.1	464.0	113.0	3.8	195.1
日本	266.1	80.4	0.9	35.4	252.1	81.1	–	26.1
新加坡	89.1	151.6	1.0	151.2	84.9	150.9	4.0	163.1
亚太其他国家和地区	574.9	410.7	98.3	261.6	579.4	387.2	136.5	264.6
全球总计	4275.6	2605.9	4275.6	2605.9	4271.6	2540.8	4271.6	2540.8

资料来源：《BP 世界能源统计年鉴》。

3.5.2 世界石油贸易特点

（1）国际原油价格高位震荡

受欧盟对俄罗斯石油禁令、“OPEC +” 产能调整计划、美国遏制通胀的相关政策等因素影响，国际油价波动较大，但仍保持高位，从 80 美元/桶迅速冲上 120 美元/桶。乌克兰危机爆发以来，欧盟已对俄罗斯实施多轮制裁，俄罗斯石油出口面临较大压力。而沙特阿拉伯等主要产油国在能源领域始终支持俄罗斯，并向其确认了海合会国家不会加入对俄罗斯的制裁。与此同时，美西方国家多措并举欲平抑油价。2022 年，美国消费者物价指数（Consumer Price Index，CPI）5 月同比增长 8.6%，涨幅创 40 年以来最高值；美国汽油均价也已达每加仑 5 美元左右，同比上涨 62%。为此，美国不仅大力改善与沙特阿拉伯的关系，而且持续增加原油库存，采取更多措施抑制通胀，平抑油价。

总体来看，地缘政治风险仍是影响油价走势的重要因素，美西方国家对俄罗斯制裁不但造成本国油价上涨、通胀持续、经济承压，而且导致国际石油市场恢复供需平衡的难度增大。如果冲突和制裁的负面影响无法消除，那么国际原油价格高位震荡的状况或将持续。

（2）石油贸易东移趋势明显

世界石油市场长期处于供过于求的状态，必然导致供给方更为激烈的市场竞争。但世界各地的石油市场饱和程度并不均衡，美、欧、日等发达经济体的石油消费和进口需求已然经过“峰顶”，甚至进入了收缩期[92]。亚洲发展中国家，特别是中国和印度的自身油气资源有限，且经济正处在高速增长期，能源效率相对较低，推动经济增长的产业能源密度较高，因此，石油需求不仅保持较快增长，而且石油进口维持较长时间增长，中国是世界最大的石油进口国，70% 左右的石油消费依靠进口满足，这吸引全球石油贸易流向由欧美转向亚太，石油贸易中心逐渐东移。

3.6　页岩油革命对石油供给格局的影响

3.6.1　美国由最大原油进口国转变为最大石油出口国

进入21世纪以来，在天然气价格持续低迷的大背景下，美国页岩气开发公司大量转向页岩油开发[93]。美国页岩油产量大幅增长，扭转了美国原油产量不断下滑的趋势，从2008年的3.02亿吨快速增长到2018年的6.69亿吨，增幅高达121.52%。从原油产量对比来看，美国、俄罗斯和沙特阿拉伯是当下全球前三大产油国，但由于近些年减产政策的影响，沙特阿拉伯和俄罗斯原油产量整体受到限制[94]。与沙特阿拉伯相比，俄罗斯减产配额较小，原油产量大体保持稳定。而美国页岩油生产并不受减产条件约束，在钻井效率稳步提升，以及新钻井数量稳步增加的推动下，2019年，美国先后超越沙特阿拉伯和俄罗斯，晋升为全球最大产油国[95]。美国原油产量的突飞猛进，使得全球原油市场供应格局由此前的OPEC一家独大，逐步转变为美国、俄罗斯和沙特阿拉伯“三足鼎立”，如图3-18所示。

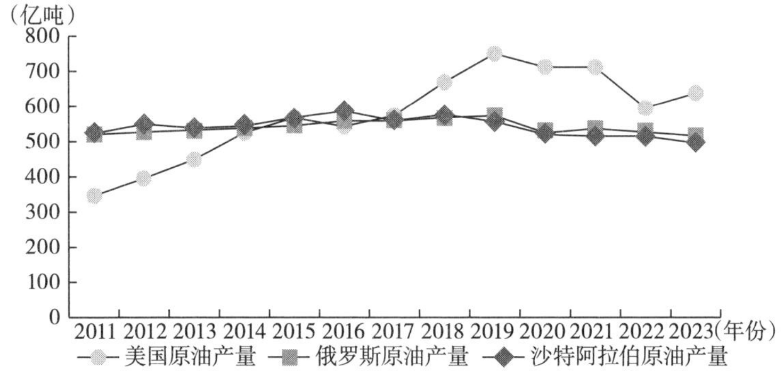

图3-18　2011—2023年美国、俄罗斯、沙特阿拉伯原油产量

资料来源：《BP世界能源统计年鉴》。

3.6.2　OPEC联合其他国家减产应对新局面

2012年，美国页岩油产量快速增长，对国际原油价格形成压制，为了应对美国页岩油对国际油价的巨大冲击，避免出现增产压价，由沙特阿拉伯主导的OPEC联合最大的原油出口国俄罗斯一起承担减产责任[96]。2016年初，沙特阿拉伯原油增产后，国际油价跌破30美元/桶，最终迫使俄罗斯、加拿大、哈萨克斯坦、挪威、阿曼、哥伦比亚、阿塞拜疆、墨西哥几乎所有主要原油出口国家参与了集体减产行动。美国页岩油的全球市场份额从2011年的7.56%快速上升到2015年的13.01%，OPEC的市场份额从2011年的40.52%下降到2015年的39.06%，如图3－19所示。但纵观参与减产的OPEC及其他国家，市场份额从2011年的42.02%显著增长到2015年的70.20%，新减产联盟的市场控制能力显著增强，2016年12月达成减产协议后，国际油价从43.3美元/桶回升到2017年的50.8美元/桶，2018年又回升到65.2美元/桶，有效应对了美国页岩油增产造成的国际油价下滑局势。2020年，新冠疫情造成需求剧减，参与减产的23国达成减产970万桶/日协议，有力地支持了国际油价恢复，国际油价已到30美元/桶左右。页岩油革命是20世纪70年代末80年代初以来市场对OPEC的又一次重大冲击，国际原油市场形成了OPEC联合其他国家减产以应对美国增产的局面来缓解这次危机。

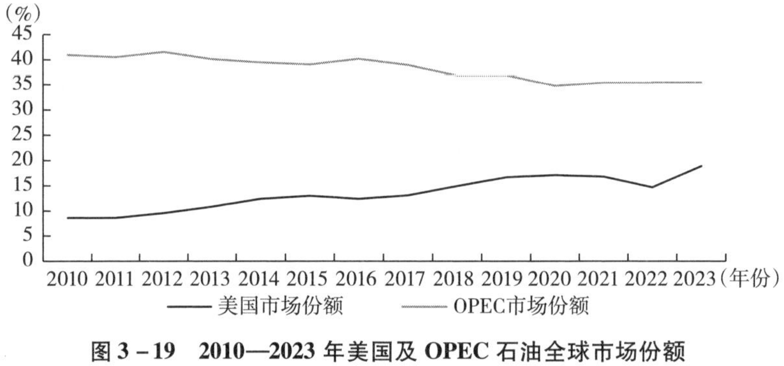

图3－19　2010—2023年美国及OPEC石油全球市场份额

资料来源：《BP世界能源统计年鉴》。

3.6.3　短期内原油价格向页岩油成本靠拢

不同于传统油田投入大、投产慢、产量增速慢，页岩油可在短短几个月内投产，迅速达到产量峰值。过去 OPEC 减产，非 OPEC 可能需要几年才能弥补 OPEC 减产带来的供应缺口，如今几个月就能修复供应缺口，页岩油革命颠覆性地改变了国际原油供给市场，使原油供给能对价格变化迅速做出反应。美国页岩油产业成为国际原油市场的稳定器，由于美国页岩油生产盈亏平衡点约为 50 美元/桶，当 2019 年下半年至 2020 年，美国原油 WTI 价格中枢保持在 50 美元/桶以上时，销售价格在覆盖原油完全成本的同时，原油生产商还能获得相应的利润。在管道项目顺利投产的情况下，页岩油产量大概率将增长 200 多万桶/日；在 WTI 价格中枢处于 45 ~50美元/桶，即盈亏平衡点附近时，原油生产成本较高的厂商增产意愿相对较弱，而原油生产成本较低的厂商仍有增产意愿；在 WTI 价格中枢位于 45 美元/桶以下时，多数原油厂商选择不增产的可能性将大幅提升，一旦不增产，存续油气井的产量就会逐渐衰减，进而导致产量下降。当国际油价高于页岩油成本（50 美元/桶）时，页岩油产量会迅速增加，造成供过于求，国际油价便会下跌，向 50 美元/桶靠拢；当国际油价跌到页岩油成本 50 美元/桶以下时，页岩油产量迅速下降，造成供不应求，即使在新冠疫情造成原油需求大幅下降的情况下，叠加 OPEC 970 万桶/日的减产，国际油价也很快恢复到 50 美元/桶，如图 3 －20 所示。

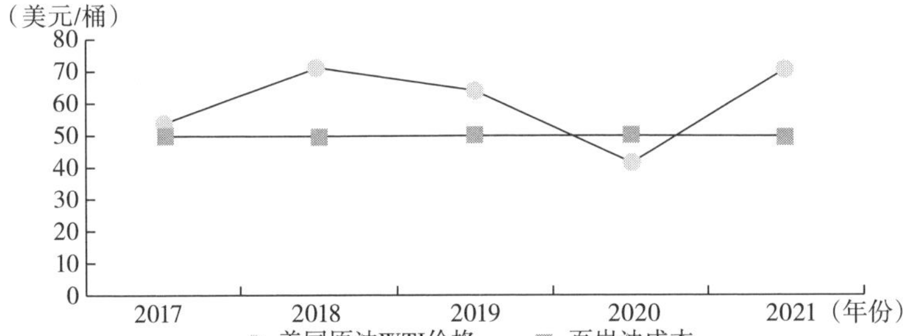

图 3 －20　2017—2021 年美国原油 WTI 价格以及页岩油成本

资料来源：《BP 世界能源统计年鉴》。

3. 6. 4　轻质原油市场价格竞争激烈

通过对比同期美国原油产量增量及出口增量可以发现，在 2019 年上半年，美国原油产量仅增加了60万桶/日，而美国原油出口量增加了98.3万桶/日，原油出口增量在原油产量增量中占比达到了163.83%。截至2019年6月底，美国原油战略库存从年初的64914万桶下降至64482万桶，下降约432万桶。也就是除了产量增量用于出口，部分库存也用于出口。页岩油主要为轻质原油，而美国的炼厂以加工中质原油和重质原油为主，美国国内无法消化大量增产的页岩油，只能选择将新增轻质原油出口并持续进口中质原油和重质原油作为炼厂炼化原材料[97]。此外，由于页岩油产量增加，美国原油在全球原油产量中所占的份额也逐步增加，而OPEC原油所占份额逐步减少，OPEC失去的份额都被美国页岩油取代。OPEC国家为将国际油价维持在高位，在减产过程中倾向于降低中质原油及重质原油产量，维持或增加轻质原油产量以获取更高的收益。

总体来看，美国原油产量增量中至少有一半用于出口。美国原油产量增加主要来自页岩油[98]，因此，美国原油出口增加主要是轻质原油，OPEC也选择增加轻质原油出口来增加市场份额，以增加话语权，美国原油出口的增加则只能挤占其他轻质原油的市场份额。也就是说，未来轻质原油的市场竞争将变得更加激烈。

3.7 新能源对石油消费格局的影响

3.7.1 降低市场的石油需求，但短期内很难体现

全球新能源发展极快，其中，核能、太阳能、风能等发展最为迅速。太阳能、风能等新能源对油气的替代主要发生在电力领域，在交通、工业等领域的替代作用并不明显且进展缓慢，油气在交通运输特别是远距离运输和化工等领域仍将长期发挥重要作用[99]。虽然自2000年以来核能及其他清洁能源消费占能源总消费的比重越来越高，但是不同国家的能源消费占比最大的仍是传统能源，美国等发达国家的传统能源如石油、煤炭消费占比在能源总消费中大概为50%，而中国为70%以上，中国仍是煤炭消费的主力军。预计未来30年，油气在全球能源结构中的主体地位还很难被撼

动。前几年，国际石油价格持续低迷，在全球催生了强劲的石油消费需求，低价催生出来的新需求，不仅抵消了新能源挤掉的石油需求，而且让石油消费量比以前更多了。即便油气需求达到峰值，也会经历比较缓慢的平台衰减期，所以，在一定时间内，很难出现能源分布变化。总体来说，世界消费能源结构中还是以煤炭、石油、天然气为主。

此外，在当前看来，市场中的新能源还处于探索阶段，如新能源汽车，据国家统计局数据，2020 年，乘用车产量和销量分别完成 1999. 4 万辆和 2017. 8 万辆，中国新能源汽车产量和销量分别完成 136. 6 万辆和 136. 7 万辆，新能源汽车并未占有很大比例。不可否认的是，新能源对于石油行业的影响是一定的，但目前不是很明显。

新能源产业的快速发展、可再生能源的加速利用，有利于推动经济实现高质量发展，是未来能源利用和发展的大趋势。但短期内，这一新趋势对石油产业的冲击不会太大，石油产业在经济发展中仍起支柱作用，石油在能源消费中的地位依然重要。在未来的能源格局中，新能源使用的比例将不断上升、传统能源使用比例将逐渐下降，但新能源从辅助能源成为主要能源还需要一个长期的过程。在这一过程中，传统的能源出口国如俄罗斯、沙特阿拉伯、阿拉伯联合酋长国、卡塔尔、科威特、巴林、阿曼、加拿大、澳大利亚在未来很长一段时间内仍掌握着世界能源发展命脉，传统能源出口国仍然会继续大量出口，掌握能源话语权，但是新能源技术，特别是新能源使用率、发展速度和规模的提高，会使传统能源出口和使用格局发生很大变化。

3. 7. 2　石油公司纷纷转型，打造综合能源公司

放眼全球，能源转型大潮汹涌而至，只有顺势而为者方能生存和发展。IEA 的预测显示，国际石油公司纷纷涉足风能、太阳能、生物燃料等新能源业务，发展零碳业务将是石油公司转型的重要方向[100]。20 世纪 70—80 年代，受石油峰值论的影响，不少国际石油公司开始涉足新能源领域，但因入不敷出，除道达尔以外的四家跨国企业在 2015 年都放弃了新能

源业务。在新能源成本出现下降和政府对新能源汽车发展的政策支持下，国际石油公司重返新能源业务领域。石油企业发展新能源，打造综合能源公司是一个转型方向。国际石油公司积极探索发展新能源，如BP做可再生能源，壳牌研发碳捕集、利用与封存（CCUS）技术，都是为了使业务多元化，以便更好地应对新能源带来的冲击[101]。

中国石油致力于成为绿色高效能源化工企业，在发展传统业务的同时，不断开发和高效利用页岩气、地热、生物质能等新兴产业。中国石化的新星石油公司自20世纪90年代开始探索开发地热资源，现已成为国内常规地热资源开发利用的最大企业[102]。中国海油曾经战略性投资可再生能源行业，2019年初，中国海油宣布重启海上风电业务。以传统化石能源开发业务为主的石油石化企业纷纷寻找转型机遇。对比国外大石油公司的行动，可以发现国内企业相对滞后。

在应对新能源的发展抢占石油市场这一危机时，国际石油石化企业选择继续加快转型发展，有选择地介入和发展新能源业务，向各具特色的综合性能源公司转型。而国内各石油公司都将天然气业务作为未来的主要增长点，尝试涉足可再生能源业务，但在规模和技术方面仍有待提高[103]。根据IEA的预测，到2040年，全球能源结构将呈现石油、天然气、煤炭、可再生能源、核能等相对均衡的多元结构。油气在能源结构中的占比保持在50%左右，其作为基础能源的作用并没有减弱，核心地位不变。2040年可再生能源占比将提升到20%。政策驱动及技术创新使新能源及相关产业的发展不断提速，新能源产业的市场竞争力持续提升。石油公司正在重新审视新能源的业务定位及其对企业转型发展的战略意义，在保持油气业务核心地位的同时，紧随能源低碳转型发展趋势，加大新能源业务投入，促进公司业务的绿色可持续发展。

在能源行业转型的背景下，石油公司纷纷调整传统业务板块，向能源公司迈进。但这一切不是只体现在策略和口号中，“改名”已经成为行业发展的大趋势。2021年5月8日，道达尔将名字改为“道达尔能源”（Total Energies），把Logo也一同换了。道达尔官方表示，全新Logo以公司新名字“Total Energies”的首字母T和E绘制成一个代表“能量之旅”的符号，象征着道达尔能源将开启一段能量旅程。荷兰皇家壳牌公司（Royal Dutch Shell plc）也在2021年12月20日更改公司名称，去掉“荷兰皇家”（Royal Dutch），直接改名为“壳牌”（Shell plc），并且取消英荷双重股权结构，改成单一的英国股份。壳牌进一步解释道，将股权和名字简单化，在单一国家的税收和法律管辖下，可以使其具备更强的竞争力，抓住更好的机遇，在能源转型大潮中更轻松、更迅速地实施新的战略。卡塔尔石油公司在2021年10月11日宣布更名为“卡塔尔能源公司”，也同样更换了Logo，黄金分割的比例、水滴状的造型凸显了公司向环保发展的决心。除此之外，挪威国家石油公司早在2018年就将名字中的“oil”去掉了。“BP（英国石油公司）中国”微信公众号也在2020年更名为“bp中国”。bp中国回应，小写字母，给人更现代、更亲切的感觉。这和bp低碳净零以及帮助社会降低排放的目标相契合，更加凸显公司谦卑与数字化的发展方向[104]。

3.7.3 新能源快速发展，加速原油消费向炼化产品转变

新能源发展得到了国家的鼓励和支持，石化企业需要顺应这一趋势，做好长期规划。如果石油自身不采取相应的措施，其发展就会面临严峻挑战。未来我们的生活，天然气的比重将会达到高峰，所以，石油惧怕的不应仅仅是新能源产业的发展，还有石油本身的定位与发展，挑战石油本身的发展限制，使用新技术，发展更清洁、更高端的油品才是石油最有效的发展趋势。

在中国未来能源结构调整的进程中，特别是在碳达峰之前（2030年前），石油仍将是中国主体能源之一，但在碳中和之前（2060年前）化石能源占比总共只有19%左右（主要消费天然气，其次是石油，煤炭消费甚微）（如图3－21所示）。届时，石油用于能源消费的功能显著下降，但用作化工原料的功能将显著提升，推动石油消费的清洁化、低碳化发展并提升其化工原料功能属性，将是未来石油行业的共同目标。在此背景下，国

内炼厂仍须加大力度转型升级、减油增化和向炼化一体化发展，从主要生产清洁燃料向“生产清洁燃料＋基础有机原料＋化工新材料”方面转型，推动炼化产业链高质量发展。

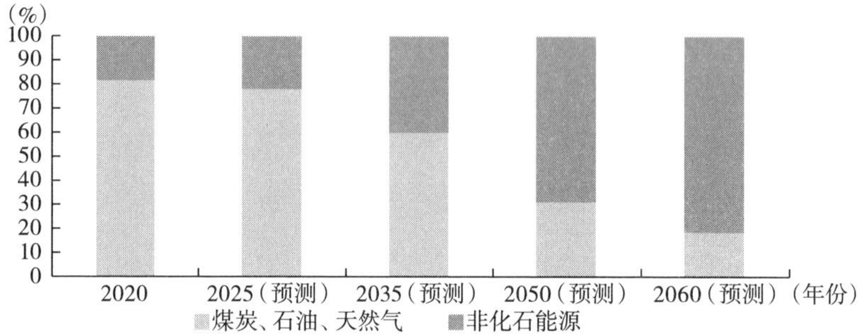

图 3－21　2020—2060 年中国能源消费结构

资料来源：国网能源研究院。

此外，对于新能源汽车来说，新能源和储能产业的快速发展还带动了锂电池的需求，也拉动了锂电池上游化学材料的需求，增加了对于原油下游乙烯/丙烯、石油焦的需求。据国家统计局数据，截至 2022 年底，中国乙烯产量达 3189.9 万吨，较 2022 年提升 554.1 万吨（如图 3－22 所示），对原油炼化产品产生了深刻影响。新能源减少了原油下游成品油消费，增加了原油炼化产品如乙烯/丙烯、石油焦的消费，这与原油消费向炼化产品转变的趋势吻合，可以说新能源加速了该进程。

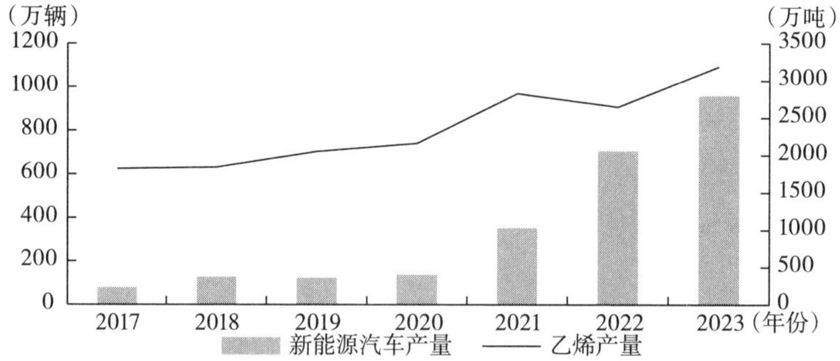

图 3－22　2017—2023 年中国新能源汽车、乙烯产量

资料来源：中国汽车工业协会。

3.8 世界石油发展新格局

3.8.1 全球化能源替代进程加速

全球石油需求在未来 10 年内进入峰值平台期。IEA 认为，疫情引发的行为变化对石油需求的影响有两面性[105]。疫情持续越久，远程办公和航空需求下降的影响越大，但近期回避公共交通、流行大型家庭用车、延迟淘汰低效燃油车等趋势会支撑部分石油需求。在各种情境下，IEA 预计，2030 年前，石油需求将进入平台期。如果疫情持续，则全球石油需求 2027 年会恢复至 2019 年水平，并保持低于 1 亿桶/日。同时，IEA 指出，尽管进入平台期，但是如果缺乏进一步政策支持，那么短期内石油需求不会大幅下降。IEA 预计，发展中国家收入上升和出行需求增长仍会支撑石油需求，石化领域用油预计持续增长，发展中国家的塑料需求预计仍然有较大增长，但电动车普及和燃油车能效提高，将促使 2030 年前交通用油达峰。航空运输和长途货运用油则取决于国际贸易格局变化。

发展中国家支撑天然气需求增长。IEA 表示，在当前政策情境下，天然气是唯一有望保持增长的化石能源，受大气污染治理政策与低气价影响，预计 2040 年东南亚国家需求将支撑全球天然气需求增长的 30%。与之相反，《世界能源展望 2020》首次预测发达国家需求将小幅下降。要想实现《巴黎协定》目标，2040 年全球天然气需求需要比 2019 年净下降 4700 亿立方米，“零碳”能源对天然气的替代量需要达到 1.26 万亿立方米。

后疫情时期，油气生产面临困局。IEA 指出，疫情导致的需求萎缩和投资下降给油气出口国带来了前所未有的挑战，中东和非洲地区的油气生产国，如伊拉克和尼日利亚，面临着严峻的财政压力。受益于宽松的信贷环境，过去 10 年美国非常规油气产量满足了全球 60% 的需求增量。而 2020 年，全球油气投资同比下降了 1/3，主要油气企业报告的资产缩水已经超过 500 亿美元。油气部门的转型迫在眉睫，未来只有低成本、低排放且收益多元化的油气生产国家或企业有望获得可持续的投资。

3.8.2 生产和消费中心多元化，消费中心向东迁移

油气生产主要受资源分布不平衡的影响，而油气消费很大程度上受经济发展不平衡的制约。20 世纪后期，生产集中在欧亚大陆中轴区的中东地区和俄罗斯乌拉尔山脉两侧以及北美洲地区，消费集中在北美洲和西欧地区，生产和消费大多集中在苏伊士以西地区，从而构成了一个相对简单的供销物流格局。到 2015 年，除原有的生产中心外，亚太、拉丁美洲、非洲等地区油气生产均有了不同程度的发展，它们在世界油气产量中的份额多有不同程度的提高。苏伊士以西地区石油产量在世界总量中的份额下降到 58.4%，天然气产量在世界总量中的份额下降到 66.7%。需要注意的是，俄罗斯的西西伯利亚盆地以东地区、里海以东地区和东非地区的油气生产发展相当快，但这些地区实际上应属于苏伊士以东的东半部。因此，从实际的油气生产来看，已接近东西各半的格局。更令人关注的是，近年来，在苏伊士以东地区出现了许多新的“生长点”，这将使油气生产多元化的趋势更加显著[106]。

2022 年，中东和亚太地区（不包括独联体地区的亚洲部分）的石油和天然气消费量已分别占全球总量的 47.4% 和 36.9%。如果纳入独联体地区的亚洲部分、大洋洲和非洲东部，那么苏伊士以东地区的石油消费量便超过了苏伊士以西地区，天然气消费量估计占全球的 40% 以上。2009—2019 年，亚太地区的石油和天然气消费量年均增长率分别为 3.0% 和 5.2%，明显高于同期的北美洲地区（0.4% 和 3.2%）。21 世纪，特别是国际金融危机以来，苏伊士以东的东亚—南亚—中东弧形地区的经济发展速度明显高于世界其他地区，导致消费中心东移。

世界油气生产和消费格局的变化使油气国际贸易格局与物流路线趋向多元化、复杂化。首先，作为“世界油库”，中东地区的原油出口流向由主要向西转为主要向东；其次，俄罗斯和里海以东的中亚国家，包括一些西非国家（如安哥拉）和南美国家（如委内瑞拉）都大力向东特别是向中

国出口。油气出口国的出口目的地和进口国的进口来源地都更加多元化，世界油气贸易格局呈现复杂化的趋势。以中国石油进口来源为例，2020年，中国原油进口来源国前十位依次是沙特阿拉伯、俄罗斯、伊拉克、巴西、安哥拉、阿曼、阿联酋、科威特、美国、挪威。其中，沙特阿拉伯向中国出口的原油约为 8492 万吨，约 169 万桶/日，同比增长 1.9%，以微弱优势超过俄罗斯；俄罗斯向中国出口原油约 8357 万吨，约 167 万桶/日，同比增长 7.6%。相较于沙特阿拉伯，俄罗斯物流运输更灵活，且在地理位置上更具优势，俄罗斯的原油出口增幅高于沙特阿拉伯。伊拉克仍是中国第三大原油供应国。由于美国的严厉制裁严重影响了原油生产国伊朗和委内瑞拉的原油出口，伊拉克成为主要受益者之一，伊拉克对中国的原油出口同比增长 16.1%，达 6012 万吨。

3.8.3　天然气地位明显提升，基本实现油气并举

从石油和天然气的赋存状况来看，两者大致相同，天然气略多于石油。从石油和天然气的开发利用来看，天然气需要更复杂、成本更高的基础设施，这使天然气的开发受到抑制。已产出天然气中的一部分需要回注地下以增产石油，或者因难以有效利用而被放空燃烧——这些现象随着经济的发展在减少[107]。特别是，科技的进步使天然气基础设施（包括液化运输系统）的成本大幅降低，加之人们对更清洁的天然气需求增加，使得天然气的生产和消费增速均高于石油。1987—2020 年，消费油气（当量）比从 1.70 降至 1.26。据预测，2030 年，消费油气（当量）比将降至 1.03；2035 年，天然气的消费当量将超过石油。分区域看，1987—2020 年，北美洲的消费油气（当量）比从 1.55 降至 1.05，亚洲的消费油气（当量）比则从 5.34 降至 2.14。显然，尽管亚洲的油气（当量）比一直高于北美洲，但同期亚洲油气（当量）比的下降幅度明显大于北美洲，这反映了经济相对落后的亚洲在追赶中的后发优势。

20 世纪后期，石油已形成相对统一的国际市场，但天然气受运输条件和经济发展程度的限制，主要在区域性市场内交易。天然气行业，特别是

液化天然气（LNG）系统的发展，推动天然气生产和消费布局多元化，逐步形成相对统一的国际市场。气价在与油价脱钩后，因为油价的大幅下跌形成了新的联动趋势，即按热值计气价与油价趋同。2014 年下半年以来的低油价以及继之而来的低气价，对大量进口油气的东亚、南亚地区降低甚至消除“亚洲溢价”有明显的促进作用。

3.8.4　供需紧平衡、供大于需成为基本趋势

20 世纪后期，油气供需关系的总趋势是供需紧平衡，或者供略小于需，这成为市场周期性变化的大背景。此后，油气生产多元化发展，俄罗斯的产量恢复和上升，特别是美国这个最大的油气进口国，因页岩油气产量猛增，基本实现自给并开始向净出口国转变，这些因素使得全球油气供应能力大幅提高。

国际金融危机后一度出现的高油价现象值得人们深思。2010 年至 2014 年上半年，在各国经济低迷的背景下，布伦特原油年均价一直维持在 100 美元/桶以上。当时，有不少人认为这是供需紧张所致，甚至作为喧嚣一时的“油气枯竭论”的证据。包括笔者在内的多数业内人士认为，基于 OPEC 成员国（特别是沙特阿拉伯）存在大量剩余产能、页岩油革命带来的美国油气产量大增，早在 2010 年“全球供需形势已发生递转，首现新世纪宽松局面”；此时的高油价缺乏基本面基础，主要是人为炒作，不能持久。这成为供需关系决定油价基本走向的良好例证，成为金融过度投机运作带来负面影响的典型案例。进一步看，正是这种高油价为成长中的页岩油气创造了宽松的条件，使其得以在规模生产中走向成熟，稳住脚跟，使供应明显过剩，最终造成国际原油价格断崖式下跌。

油气生产能够保持强大的供应能力，原因可归纳为以下几点：一是科技发展和油气体制改革、机制优化可形成巨大的生产力，使成本大幅下降，从而使生产的经济下限也大幅降低，越来越多过去认为难有效益的油气资源（如超深水、陆上超深层和极区资源）可投入经济开发；二是页岩油革命是个划时代的事件，它说明 150 年的现代石油工业只是开发了常规

油气田，开发了在圈闭中富集的油气，今后将进入常规和非常规油气并举的时代，后者的储量丰度可能较低，但有比常规油气大一个数量级的油气赋存，且开发成本会随着科技的发展而持续降低。

在供应持续增长的同时，油气需求增势趋缓。发达国家能源效率提高、经济增长缓慢，加之对清洁低碳能源的环保要求，使得油气需求走低。在新兴经济体中，中国进入经济中速发展的新常态，油气需求增速显著降低；印度在能源构成中强调煤炭和新能源，对油气的需求增速显然要低于21世纪初的中国。能源界普遍认为，油气需求增长趋缓已成定局，很可能在21世纪中期达到峰值后整体走低。总之，充足的供应和疲软的需求叠加，使得今后中长期石油供大于需成为基本趋势，国际油气市场由“生产者与消费者的对决关系逐步向生产者与生产者的博弈关系转变”。

正是基于供需基本态势的重大变化，油气市场的话语权也在发生改变。在20世纪后期的很长时期内，石油输出国及其组织OPEC在油气市场上拥有相对的主动权，特别是两次石油危机曾对世界经济产生重大的负面影响，至今仍有不少人对两次石油危机心有余悸。其实，供需双方是互相依存的，油气消费国、输入国在油气市场上也有一定的话语权。进入21世纪，特别是在页岩油革命后，供大于需的基本态势增加了油气输入国的话语分量。一个油气供需相对平衡、市场相对安全的时代已经来临。中国作为世界油气生产大国和进口大国，对国际石油市场的影响力在持续增加，必将为世界油气的可持续发展做出更大的贡献。

3.8.5 油气从战略资源向商品回归

石油曾在两次世界大战中发挥重要作用，也曾在两次石油危机中被作为“武器”运用，因此，被赋予了强烈的政治色彩。石油成为热战和冷战中的一个重要环节，一个影响国家战略和策略的特殊视角。地缘学说，特别是地缘政治学（Geopolitics）、地缘经济学（Geoeconomics），出现了地缘油气（Geostratagem of petroleum）的分支。进入21世纪，冷战后的政治、经济新格局逐渐呈现。尽管冷战思维的残余在某些国家、某些集团仍相当浓厚，不时还有局部性的战争和冲突，但和平与发展已成为世界的主流。地球村里不同国家、不同民族结成命运共同体的合作共赢思想获得了越来越广泛的支持，成为唯一可保障世界经济持续发展的指导思想。在这种背景，特别是世界石油供大于求的有利条件下，石油的政治色彩逐渐淡化，其作为大宗商品的本质得到凸显。对油气资源的争夺实际上转变为"对石油利润和石油市场的竞争合作"。狭义的能源（石油）安全观已过时，各方必须对共处于一体化的油气市场中"这一现实有清醒的认识：全球只有一个复杂的能源体系，对所有参与者来说，安全就在于这个一体化大系统的稳定"；强调国际经济合作、互通互利的集体安全、综合安全的新安全观将日益深入人心。

具有价格发现、对冲保值等作用的石油期货市场，可以保障石油交易的公平、安全和高效，促进石油工业和石油市场的发展。但石油期货也是最易被炒作、利用的金融衍生品之一，通常石油期货交易量可比实物交易量大一个数量级。石油业本身具有高投入、高风险、高回报的特点，加之以美元结算的石油美元体系，使得石油工业的生存发展和价格实现与金融运作关系密切，即油气的金融属性日益凸显，这给其运作带来金融业特有的风险并受汇率变化的巨大影响。中国进行油气市场化改革，大力开拓国际市场，必须充分认识到油气这种金融属性，通过开辟和完善油气期货交易市场争取更大的话语权，推动国际市场（特别是东亚市场）更加公平、公正地发展。

第 4 章 国际原油价格体系演变及形成机制

4.1 国际原油价格体系演变及现状

4.1.1 国际原油定价体系的演变进程

原油从诞生开始分别经历了一般商品定价体系（1859 年之前）、石油公司寡头垄断定价体系（1859—1973 年）、OPEC 主导定价体系（1974—1985 年）、期货定价体系（1986 年至今）[108]。供需关系的改变、产业结构的转化和金融市场的发展是国际原油定价体系不断变迁的重要原因。

第一阶段：一般商品定价体系（1859 年以前）。在这一时期，石油还没有成为工业发展必需品，主要的工业能源是煤炭、木材，家庭使用液体动植物油。世界对石油的开发和利用规模很小，对世界的工业发展进程几乎没有影响。石油不是重要的大宗商品，而是一般商品，遵循着经济学中供求定价的一般原则，价格影响因素一般有生产成本、运输成本等[109]。

第二阶段：石油公司寡头垄断定价体系（1859—1973 年）。自 1859 年石油工业诞生到 20 世纪 60 年代末期，原油定价由世界七大巨头石油公司主导，分别是：新泽西标准石油，即后来的埃克森（Exxon）；纽约标准石油，即后来的埃克森美孚（Exxon Mobil）；加利福尼亚标准石油，即后来的雪佛龙（Chevron）；德士古（Texaco），在一次经济危机中垮掉，被雪佛龙吞并；海湾石油（Gulf Oil），1984 年被雪佛龙收购；英国波斯石油公司，即后来的英国石油公司（British Petroleum，BP）；壳牌公司，为英荷合资公司。

第三阶段：OPEC 主导定价体系（1974—1985 年）。1960 年，OPEC 成立，但在成立的前 10 年并未对世界原油价格起到控制作用。1973 年，第四次中东战争爆发，引发了第一次石油危机，形成了西方世界的经济危机。此时，跨国公司被迫放弃自己在 OPEC 国家的原油标价，而变为 OPEC 的官方销售价（官价）。OPEC 通过控制石油价格寻求政治上的格局变化，影响许多国家的外交方针。1979 年，第二次石油危机爆发，原油现货供应紧张。由于 OPEC 的原油储量和原油出口量在国际原油市场中居于绝对垄断地位，OPEC 逐步取代西方石油公司成为原油国际定价权的主导者。

第四阶段：期货定价体系（1986 年至今）。经历了两次石油危机的威胁后，西方国家开始减少对原油的依赖，大力发展其他替代能源。此外，国际油价攀升导致 OPEC 外的国家原油生产能力迅速发展，到 1985 年，非 OPEC 国家原油产量超过了 OPEC 国家。供需关系导致国际油价下跌，OPEC 内部对于“限产保价”的协议存在分歧，一些国家依旧超额生产。1986 年，国际油价暴跌至 10 美元/桶以下。OPEC 放弃了生产者定价制度，采用更加市场化的定价制度，即逐渐采用长期合同价格与现货市场价格挂钩的方式定价。随着世界石油市场的演变，现在许多原油现货贸易合同均采用公式计价方法，选用一种或几种，以原油期货的价格为基础，再加上升贴水[110]。

4.1.2 国际原油定价体系现状

从市场格局来看，国际石油市场历经上百年的发展，形成了五大现货市场和三大主要期货市场交易所。五大现货市场包括西北欧市场、地中海市场、加勒比海市场、新加坡市场和美国市场，三大主要期货市场则是 NYMEX、ICE 和 DME。

从定价公式来看，世界上采用的原油定价公式主要有官价和标杆价格加上溢价（升水）或者折价（贴水）两种。

官价，顾名思义是指原油出口国的官方出口价格，即沙特阿拉伯、阿曼、苏丹的官方原油出口价格，以及 DME 阿曼原油期货的结算价格。标杆价格则是根据基准油定价，所选的基准油在不同贸易国家有所不同。WTI 原油期货合约是北美地区和美国国内的原油价格定价基准，Brent 原油期货合约是欧洲地区的原油价格定价基准，OMAN 和 DUBAI 原油期货合约是中东地区的原油价格定价基准。这四种是世界上交易量最大，影响最广泛的原油期货合约。折价、溢价一般由买卖双方谈判确定，判断的标准是所产原油与标杆原油在 API 度、含硫量、运输距离等方面的差异。

WTI 和 Brent 一直是国际原油市场上公信度最高的原油[111]。WTI 和 Brent 分别有现货价格和期货价格，但由于期货交易量远远大于现货，而且期/现货价格可以通过期货转现货交易（Exchange for Physicals，EFP）与期货转掉期交易（Exchange for Swaps，EFS）实现联动，所以这两种原油最近一个交割月份的期货合约价格，被广泛用作基准油价。WTI 期货价格基于美国西得克萨斯轻质低硫原油定价，是美国进口石油定价和北美原油的主要定价基准，也是全球原油定价的基准价格之一，WTI 期货价格在美国芝加哥商品交易所集团（CME Group，CME）旗下的 NYMEX 挂牌交易。Brent 期货合约价格则是基于英国和挪威北海四处油田（Brent、Forties、Oseberg 和 Ekofisk）的原油产量而定，Brent 期货价格在 ICE 挂牌交易。Brent 期货价格是非洲、中东和欧洲地区所产原油在向西方国家供应时采用的基准价格。

除了 WTI 和 Brent 两种被广泛采用的基准油价以外，世界各地还有自己的区域性基准价格。例如，海湾国家向亚洲出口原油时参照的阿联酋迪拜酸性原油价格，随着亚洲国家对进口原油需求的增长，地位越发重要[112]。此外，OPEC 一揽子油价作为 OPEC 监督世界原油市场的重要依据，逐渐成为衡量国际石油市场趋势的重要指标[113]。OPEC 一揽子油价是指 1987 年 1 月 1 日，OPEC 引入的一揽子平均油价机制。OPEC 一揽子油价包含轻质油和重质油，但总体品质低于 WTI 和 Brent 原油，其价格是 OPEC 根据多种市场监督原油每日报价计算出来的一个加权平均值。

按区域划分，WTI 油价作为定价基准主要影响北美洲原油的进出口贸易和北美洲国家国内原油销售价格；Brent 原油价格作为定价基准，主要影响原苏联地区、非洲地区和中东地区销往欧洲地区的原油价格；迪拜原油价格为定价基准主要影响中东地区产出和销往亚洲地区的原油价格；远东市场的定价基准原油品种较为丰富，以布伦特原油、塔皮斯（Tapis）轻质原油和米纳斯（Minas）原油为主。

4.2 国际原油价格形成机制

本章通过不同角度对国际原油定价机制进行了分析，在不同的时间维度上讨论其呈现出的不同变化特点和影响因素及形成原因。主要分为国内定价能力和国际定价能力两大部分，通过运用不同理论进行分析和对比，能够清晰看出在不同阶段，国际原油定价能力影响国际油价走势。

4.2.1 国际原油期货定价能力

（1）定价能力

定价能力，是指在单次交易或者长期交易中形成的能够影响或者主导价格制定的程度，是交易方讨价还价后的结果。就价格而言，相当于实际交易价格和交易方预期目标价格之间的差值，交易方在讨价还价后使实际交易价格相比对方更加接近自身预期目标价格，或者价格不变但是产品质量升高或服务增加，则表现出比对方较高的定价能力。定价能力积累到一定程度后将表现为定价权。有定价权后，在定价规则制定方面就有了主动权。定价能力必须具备三个要素：一是在空间上依托特定的地点，二是有特定的定价规则，三是特定的定价规则被众多交易者广泛认可。

在期货市场中，定价能力即某个期货市场影响其他市场价格变动的能力，而其他市场既可以是现货市场，也可以是期货市场。据此，对应出现了现货市场定价能力和期货市场定价能力。其他市场既可以是国内市场，也可以是区域市场、国际市场。据此，对应出现了国际定价能力、国内定价能力和区域定价能力[114-115]。随着定价能力的提升，将会形成国内、区域以及国际三个不同地域层面的定价中心。国际定价能力与国际定价中心是互相促进的关系[116]，在走向国际定价中心的历程中，期货市场国际定价能力呈现出阶段性逐渐扩大特征，即与国际定价中心价格走势的联动性呈现出互不影响、完全追随的“影子市场”地位、相互引导、完全引导的四个阶段的变化[117]。当成为期货市场国际定价中心时，期货定价能力将影响全球，价格也变为全球基准价格。

（2）原油期货市场国际定价能力

原油期货定价能力是指本身期货市场对其他原油期货市场的影响力，最重要的表现便是对期货价格走势的掌控能力。原油期货市场国际定价能力是指在现有国际原油期货定价中心下，一国原油期货市场在国际油价发现、波动、关键走势过程中对国际上其他原油期货市场的影响程度。原油期货定价能力相当于期货实际交易价格和交易方预期目标价格之间的差值，当定价能力积累到一定程度时，便能凭借定价能力按照自身的战略目标影响其他原油期货价格。因此，拥有原油期货定价能力后，就可以借此影响原油价格走势。越是具备较强原油期货定价能力，越能通过改变相关影响原油期货价格的因素改变原油价格走势。国际原油期货定价中心地位的确立是原油期货定价能力积累的结果，需要经历较长时间。

4.2.2 国际原油期货定价影响力

学术界没有给予期货市场的国际定价影响力一个明确的定义，对该问题的研究主要集中在期货市场的国际关联性，即国内外期货市场同类品种的价格互动与相互影响关系上。陈君和常清最早使用期货市场国际定价影响力这一概念[114]，但未给出明确定义，经研究得出结论：中国在国际大宗商品价格的决定上开始有了话语权，中国经济发展的“影响因素”也正在变为“定价力量”。

2014 年，李自学和常清提出，期货市场的国际定价影响力是与期货市场的国际定价中心相伴相生的概念[117]。期货市场的国际定价影响力，就是以国际定价中心为参照，衡量一国期货价格所能影响国际定价中心价格的能力。他们还从计量经济学的角度，对国际定价影响力的外延做了进一步界定。第一阶段，该品种的期货价格走势与国际定价中心的价格走势互不影响，没有什么关系。此阶段表明，该期货品种谈不上国际定价影响力。第二阶段，该品种的期货价格走势完全追随国际定价中心的价格走势，处于“影子市场”地位。此阶段表明，该期货品种尚不具备国际定价影响力，或者影响力很小。第三阶段，该品种期货价格走势与国际定价中心价格走势趋同，但为相互引导关系。此阶段表明，该期货品种已经具有一定的国际定价影响力，有可能成为新的国际定价中心。第四阶段，该品种期货价格走势完全引导国际定价中心期货价格走势，成为新的国际定价中心。此阶段表明，该期货品种的定价影响力已经覆盖全球，其期货价格已经是全球定价的基准。

姚林认为，期货市场国际定价影响力就是一国期货市场在国际价格发现过程中的贡献程度，即期货市场隐含对商品的国际有效价格的发现能力，本质上是期货市场价格发现功能在国际上多个期货市场的延伸[115]。在期货市场形成价格的影响范围上，可以将定价影响力分为三个层级：一是国内定价影响力，是指一国期货市场具有价格发现功能，实现了对本国现货市场未来价格的无偏预期；二是区域定价影响力，是指在世界一定范围内具有强大的影响力，能够左右区域国际贸易的价格基准选择；三是国际定价影响力，是指在世界范围内具有强大的定价影响力，其价格对国际贸易的定价基准选择和其他相关或不相关产品的价格形成都具有一定的影响力。

据此，定价影响力可以理解为期货市场对商品的国际有效价格的发现能力、期货市场的价格信息透明程度以及期货市场价格的参考价值。

4.2.3 国际原油定价机制

全球原油贸易普遍采用公式定价的模式，即买卖双方以国际市场广为接受的某个基准原油或基准价格为基础，根据原油品质、供需等具体情况协定一个升贴水，以此（基准价格+升贴水）确定交易的价格。国际原油贸易中，长约合同居多，短期现货合同较少。对于短期现货合同，买卖双方会商定一个参照基准及升贴水以确定成交价格。对于长约合同，原油出口国大多每个月公布自己的官价。这种官价有两种：一是原油出口国公布每个原油品种的绝对价格（如中东的阿曼、卡塔尔、阿联酋），通常是回溯性的价格，如7月装船的上扎库姆原油官方价格在8月1日确定，而官价参考的是6月迪拜原油价格；二是以公式法计价，即原油出口国以特定价格为参照，每个月公布一个升贴水（如中东的沙特阿拉伯、伊朗、伊拉克、科威特、也门、叙利亚），其基本公式如下：

$$P = A + D \tag{4-1}$$

其中，P 为原油结算价格，A 为参照基准价，D 为升贴水。升贴水取决于该油种与基准油的品质差别、加工收益、市场流动性、与基准油和替代油的相对供需关系以及交易计价期的不同，更重要的是原油出口国对当前原油市场的看法以及与之对应的市场策略。

（1）美国原油定价机制

美国原油定价机制为：原油在国内市场上销售前，先由销售方根据原油的品质、国际市场的价格、市场的需求等因素确定一个公告价格，公告价格加上运输、保险和其他费用构成购买方的实际进货成本（如果是进口原油，则离岸价格相当于公告价格，离岸价格加上运输、保险等费用构成实际进货成本），运输保险等杂费都由购买方承担[118]。

美国成品油价格完全由市场竞争形成，美国政府主要通过法律、财政、税收等手段对石油价格进行间接调控，只有在特殊时期才对石油价格进行干预。作为世界原油进口大国和成品油出口大国，美国政府的价格干预措施只集中在原油价格上，并没有对有竞争优势的成品油价格进行过多限制。

（2）欧洲原油定价机制

欧洲各国是重要的石油消费国，欧洲主要国家也在20世纪80年代基本实现了石油价格的市场化，政府不直接参与油价制定。政府对石油价格进行调控的主要措施是对原油产品征收重税。出于促进环境保护和抑制石油消费的目的，欧洲各国对石油消费征收高燃油税。据测算，欧洲油品零售价中的实际进口成本一般只占30%左右，而燃油税在零售价格中比重通常超过50%，有的高达70%以上。除了高燃油税外，各国政府还通过其他经济、法律手段稳定国内石油市场价格。例如，荷兰、比利时政府为防止油商哄抬油价，对国际油价进行密切跟踪，同时通过立法限制石油的“最高价格”；比利时还规定油品的价格超过一定限度时，国家可以通过降低燃油税进行干预。近年来，瑞典等欧洲国家更是通过降低收入税、提高能源税来抑制国内石油需求。

（3）俄罗斯原油定价机制

俄罗斯政府对石油价格的调控包括经济手段（税收）和非市场手段（定额制度），同时，俄罗斯政府还对能源消费者给予很大程度的补贴。据统计，俄罗斯的石油租金中大约有25%被税收征走，其中，42%用于补贴能源消费者，并且有50%左右用于补贴本国以外的其他独联体国家。但是，这种高额的税收和补贴政策带来了一些弊端，俄罗斯政府已经意识到了这些弊端并积极进行改革，通过改革俄罗斯国内的石油价格已经基本接近美国。

总体来说，俄罗斯的石油价格主要由石油寡头决定，政府通过税收、行政手段对其进行调控。以天然气来替代石油，降低了国内石油消耗，减少了因国际油价大幅波动对国内经济造成的冲击；同时，大量的石油出口给国家带来巨额财富，促进了国内经济增长。

（4）中东地区原油定价机制

中东地区拥有极为丰富的石油资源，在国际石油市场上拥有绝对的定价权，OPEC主要通过对石油产量的调节维持国际石油市场价格的相对稳定。中东地区产油国石油的定价方式分为以下两类：

一类是与基准油挂钩的定价方式。这种定价方式分为两种情况：大多数中东国家是按不同的市场来定价的，出口北美洲地区的原油，参照美国西得克萨斯中质油定价，出口欧洲地区的原油参照北海布伦特原油定价，出口远东地区的原油则参照阿曼和迪拜原油的价格定价；也有一些国家在参照原油的选择上，所有市场只用一种参照原油，同时对不同市场选用不同的升贴水。

另一类是出口国自己公布价格指数，称为“官方销售价格指数”。阿曼石油矿产部公布的原油价格指数为 MPM，卡塔尔国家石油公司公布的价格指数为 QGPC（包括卡塔尔陆上和海上原油价格），阿布扎比国家石油公司公布的价格指数为 ADNOC。这些价格指数每月公布一次，均为追溯性价格。亚洲市场的许多石油现货交易都与官方销售价格指数挂钩。

（5）亚太地区原油定价机制

①日本原油定价机制。

日本对石油市场的监管主要采取法治化管理的办法，立法着重突出石油安全的保障体系。经济产业省能源厅负责制定能源政策，但一般不直接干预石油公司的生产经营及石油产品的市场交易活动（包括石油价格制定）。

日本将建立石油储备作为基本国策，建立国家和民间两级储备，储备方式多样化[119]；积极推行石油外交政策，通过与发达国家合作、给发展中国家提供先进技术等手段拓宽其石油进口渠道，并积极抢占海外石油资源，进行自主勘探和开发等。

②韩国原油定价机制。

韩国政府对石油价格的宏观调控主要通过税收和立法来实现；通过税收调控石油价格的同时，对国内的弱小产业（农业和渔业）用油实行免税，对出口的油品实行退税；制定“公平交易法”、成立公平交易委员会规范石油市场行为，防止垄断等不正当竞争行为出现。

韩国的石油市场化是逐步推进的，从国内石油市场与国际市场价格联动开始到完全市场化共历时 6 年 8 个月，并且在实行市场化的同时制定了较为完善的制度保证国内石油市场化顺利进行，防范不正当的市场行为。

③印度原油定价机制。

印度政府从1997年开始阶段性地解除石油的国家定价机制，于2002年将其完全废除，实行油品的市场定价。但是，印度的改革并不成功，在国际油价高涨期，暴露出越来越多的问题。2005年，印度政府成立了由计划委员会、石油天然气部、财政部及国有石油公司共同组成的印度石油产品定价与税收委员会，来研究印度油品定价机制和税费结构调整问题，经过该委员会的研究推出了一系列新措施，目前正处于实施阶段。

④中国原油定价机制。

2001年10月，中国完成了对国内成品油价格的进一步改革。汽油、柴油零售价仍实行政府指导价，由国家计委（现为国家发展改革委）制定并公布各地零售中准价格，中准价格制定的基本原则是：以纽约、新加坡和鹿特丹市场一揽子价格加权平均值为定价基础，根据基本杂费及国内关税，以及由国家确定的成品油流通费用形成。中国石油、中国石化以此为基础，在上下浮动8%的幅度内确定具体零售价格。

根据2009年的新规定，国内成品油价格以国际市场原油价格为基础，加上国内平均加工成本、税金、合理流通费用和适当利润确定。当国际市场原油连续22个工作日移动平均价格变化超过4%时，可相应调整国内汽油、柴油价格。

当国际市场原油价格低于80美元/桶时，按正常加工利润率计算成品油价格；当国际市场原油价格高于80美元/桶时，开始扣减加工利润率，直至按加工零利润计算成品油价格；当国际市场原油价格高于130美元/桶时，按照兼顾生产者、消费者利益，保持国民经济平稳运行的原则，采取适当财税政策保证成品油生产和供应，汽油、柴油价格原则上不提或少提。这意味着，在国际油价居高不下时，国家将适当补贴成品油消费者。

4.2.4 中国原油定价机制存在的问题

根据新的价格机制规定，中国成品油价格实行与国际市场原油价格有控制地间接接轨，成品油价格正在向市场化发展。但是，处于政府管制阶段的石油价格机制仍存在以下问题。

（1）国内油价与国际市场相比存在一定的滞后性

国内定价机制不是当时的，而是基于平均价格的变化率超过 20 天才决定价格调整窗口的，这导致市场预期与实际价格调整不一致。这种定价机制的滞后性体现在：国际市场波动性不大，滞后性可能不明显；国际市场波动较大，滞后性比较明显。2024 年 8 月，国际原油价格呈现趋弱走势，且均价较 7 月出现明显下跌，WTI、Brent 期货结算价格分别降至 74.5 美元/桶和 79.6 美元/桶，环比跌幅分别为 2.37%、2.31%。根据近期国际市场油价变化情况，按照现行成品油价格形成机制，国内成品油限价宽幅下调，汽油、柴油月均价格均下跌，汽油、柴油市场月均价分别为 8653 元/吨、7253 元/吨，环比跌幅分别为 1.58%、2.18%。原油成本端波动加剧，但国内市场基本面并无明显变化，实质用油需求仍偏弱，中下游观望情绪继续升温，市场抛压逐步加大，汽油、柴油价格持续承压。

（2）国内油价调整周期过长

表面上看，政府制定中准价格，公司自行制定零售价格，做到了一定程度的“放权”，但是国际油价变化太快，22 天的长周期使得国内油价的调整时间滞后于国际市场近 1 个月的时间。这种滞后使国内油价不能及时准确地反映市场的快速变化情况，刺激了投机需求，也给国内市场带来了相应的问题。

（3）定价机制仍需完善

一方面，石油公司巨头在保持着利润高增长的同时却在连连“哭穷”，催促国内油价上涨[120]。另一方面，国内油价定价机制不透明，“国际市场原油连续 22 个工作日移动平均价格变化超过 4%”的具体计算办法从未透露过，失去了群众监督的作用，同时监管不到位，使得国内油价涨跌几乎完全由石油巨头掌握。

4.2.5　国际原油定价机制经验及启示

世界各国的石油价格形成机制各不相同。西方发达国家的石油价格是由市场决定的；中东地区则由各国政府确定官方价格；亚太地区各国的石油定价机制改革过程大致以西方发达国家为标杆，在渐进的改革中完善市场体系和定价机制，在市场主体天然的垄断性质下寻求保障国家和人民得到利益的途径，使国内市场逐步与国际市场接轨。中国的石油价格仍处于政府管制阶段，存在一定的问题，国际石油定价机制为中国石油价格机制的改革带来一些启示。

（1）以日本和印度为鉴，完善市场体系，选准时机推进石油价格机制改革

日本的改革是渐进式的，历次的价格改革都伴有完备的法律、法规，以保证改革的成功；而印度选择在国际油价高涨时期放开国内石油价格，导致国内油价迅速上涨，继而引发了一系列问题。这两个国家从正、反两个方面证明了国内外石油市场的接轨应该在完善的制度规范和健全的市场体系基础上实现，而不能盲目地在西方发达国家的压力下开放市场。

在西方国家主导的残酷的石油竞争下，不合时宜地放开国内市场不仅会导致国内市场份额被侵占，还可能给国内石油企业带来巨大的压力，尤其是在国内石油企业内部改革尚未完成时。因此，油价改革应该在国内市场有了充分的制度保障和竞争环境的基础上，还应该在国际经济运行良好、通货膨胀适度的情况下使国内油价与国际市场接轨。在体制还不够健全的情况下，短期应该降低成品油调价的周期和幅度，加快调价的频率，以更准确地反映市场的供求关系和适应市场的快速变化。

（2）以西方发达国家为鉴，改革石油价格管制的方式，提高石油储备和话语权，降低对外依存度

发达国家的石油价格已于20世纪70年代开始逐步放开，放开的原因各异，但共同点是这些国家的石油市场已经相对成熟。放开后的石油市场并非毫无管制，而是放松管制与激励性管制并存。放松管制可以允许大量企业进入，形成市场竞争，而为了提高企业效率，对于仍需管制的领域则采用激励性管制措施。

中国仍然对成品油价格进行严格限制。根据资源环境经济学的理论：

竞争性的资源型企业倾向于将资源迅速开发、迅速耗尽，讲求短期效益；垄断性的资源型企业则倾向于资源的长期开发，讲求长期效益。市场要想持续发展必须讲求长期效益，因此，资源开发在一定程度上的垄断是有利的。

有垄断就必然会伴随着政府管制。价格规制理论认为，自然垄断行业的政府管制是防止垄断企业谋取高额利润、保护消费者利益的有效手段。但垄断必将导致社会效率低下，不利于市场健康发展，因此，在达到一定阶段时应该使企业进入竞争领域，国家通过间接手段对市场进行调控。

中国对于价格的监管，也应该做到以宏观调控为主，制定出具体可行的规则，使市场能够按照规则有序运行；同时，完善反垄断相关法规，加大对消费者的保护力度；必须将对违规行为的处罚力度提高到一定的程度，从根源上杜绝违法行为的产生；更重要的是制度制定出来以后的严格执行问题，将监管责任细分、落实到具体责任人，提高监管的透明度，加大对相关责任人的检查和监督力度。

另外，近年的统计数据显示，中国的石油对外依存度每年提高3%左右，到2011年上半年已经达到55.2%，首超美国，并在2021年底达到72%。能源安全问题再次敲响警钟。相比国外较早建立石油储备，中国建立石油储备的讨论直到2000年才开始。随着近年来油价的大幅走高，直到2007年，中国的石油储备中心才正式成立并开始加速建设石油储备基地。由于起步较晚，成本增加，现阶段石油开采量的下降、各国对石油资源的争夺加剧以及国内对石油消费的激增使中国石油储备的任务更加艰巨。

（3）从中国实际出发，改革税收等各项制度，同时提高定价机制的透明度

定价机制的透明，既是石油市场自由化的基础，也是石油市场规范化的有力保障。将一切制度公开化，接受群众和市场的监督与考验是使其避免走向歧途的重要手段。综观国内外市场，政府在放开石油价格的同时，对石油市场进行宏观调控最主要的手段就是税收。有效、合理的税收制度

不仅可以调节国内石油市场供需，还可以稳定油价、减少石油资源的浪费。

4.3 WTI 和 Brent 原油价差关系

在现行的国际原油定价机制中，WTI 和 Brent 原油价格作为原油基准价格被广泛使用。其中，Brent 原油占据了美国以外原油贸易定价的领导位置，超过 65% 的原油参考 Brent 原油价格进行定价，这表明欧洲 Brent 原油的全球影响力逐渐增强；美国 WTI 则在北美洲原油贸易中占据主导位置，大约有 30% 的原油参考 WTI 原油价格进行定价。对于政府和石油企业来说，原油进口、原油合约的签订以及新项目的评价需要参照两大原油基准价。然而，在 2007 年之后，WTI – Brent 原油价差剧烈波动，价差的走势扑朔迷离。这种情况下，WTI – Brent 原油价差的走势研究判断显得尤为重要。

4.3.1 WTI – Brent 原油价差演变历史

根据 WTI – Brent 原油价差的波动范围，本书将 WTI – Brent 原油价差历史划分为 4 个阶段。1976—2020 年 WTI – Brent 原油价差波动情况如图 4 – 1 所示。

①稳定期：20 世纪 80 年代至 2007 年 11 月，原油价差的均值为 1.55 美元/桶。这段时间，美国原油产量无法满足国内需求，需要通过美国墨西哥湾沿岸地区进口原油。WTI 原油炼制价值高于 Brent 原油，加之 Brent 原油需要加上运输成本后方可与 WTI 原油竞争，因此，WTI – Brent 原油价差基本处于正向区间波动，平均价差为 1.55 美元/桶。

②波动期：2007 年 12 月至 2010 年 7 月，WTI – Brent 原油价差波动加剧，价格倒挂局面屡屡出现。受 2008 年国际金融危机影响，油价在暴涨之后又出现暴跌，油价的大幅波动加剧了 WTI – Brent 原油价差的波动，使 WTI – Brent 原油价差的波动区间扩大到 –5 ~5 美元/桶，打破了之前窄幅

区间波动的态势。

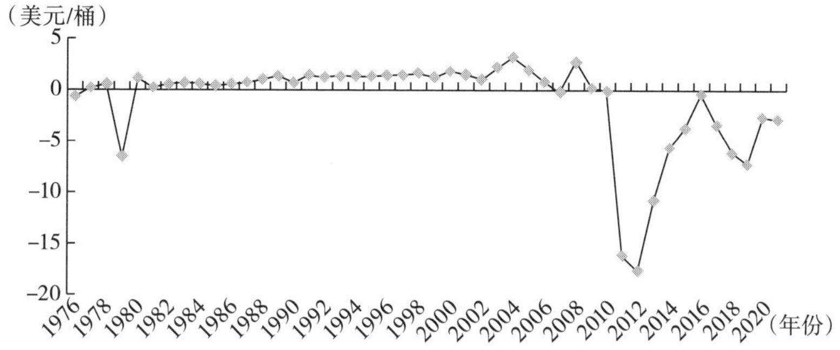

图 4－1　1976—2020 年 WTI－Brent 原油价差波动情况

资料来源：EIA。

③大幅倒挂期：2010 年 8 月至 2015 年 11 月，WTI－Brent 原油价差因美国原油产量的急速提升而一度接近－20 美元/桶。新增的原油产量主要来自页岩油的开发，这些页岩油生产区大多位于美国内陆地区，而美国的炼厂却大多分布于海岸沿线。一方面，美国的原油产量在快速增加；另一方面，运送原油的物流设施没有及时跟上，导致原油在美国内陆地区大量堆积，库欣地区原油易进难出，形成瓶颈。库欣是 WTI 原油的交割地，库欣地区原油库存高企和“易进难出”，使得 WTI 原油在交易上出现逼仓的局面。

④稳定倒挂期：2015 年 12 月至今，WTI－Brent 原油价差波动幅度明显变小，价差缩窄至－7～－1 美元/桶。这一时期的 WTI－Brent 原油价差可分两个阶段来看，第一阶段为 2015 年 12 月至 2017 年 8 月，由于库欣地区运输瓶颈消除、美国原油出口禁令解除，WTI－Brent 原油价差波动恢复稳定，波动较小，多集中在－4～－2 美元/桶；第二阶段为 2017 年 8 月之后，由于突发事件——哈维飓风，WTI－Brent 原油价差逐渐扩大，价差在－6～－3 美元/桶，但近期已有收窄迹象。

4.3.2　WTI－Brent 原油价差波动原因

在 2007 年 7 月之前，WTI－Brent 原油价差均值几乎稳定在 1.55 美元/

桶，从未出现过长时间的价差倒挂。由于套利行为的存在，一旦原油价差过大，蜂拥而至的套利者就会买入低价原油运至高价市场卖出，并迅速将价差拉回至正常水平。

2007 年 7 月之后，WTI – Brent 原油价差长期倒挂且波动加剧，在最高点时，WTI 油价贴水接近 30 美元/桶，WTI – Brent 原油价差明显偏离了合理的套利区间。WTI – Brent 原油价差的异常波动引起了一些学者的关注。黄卓等认为，WTI – Brent 原油价差在 2010—2012 年大幅倒挂的根本原因，是库欣地区原油存货的积压造成供大于求和 Brent 原油市场供应紧张[121]。褚王涛和徐召辉认为，2011 年之后库欣地区原油市场供过于求，WTI 原油价格存在明显的低估[122]。刘春和万阳指出，2010—2013 年，WTI 原油价格相对于 Brent 原油价格出现深幅贴水，直接原因是该期货合约交割地库欣以及周边地区的原油库存水平显著上升[123]。佘建跃和董丹丹分析认为，美国页岩油资源丰富，导致美国墨西哥湾地区轻质凝析油供应过剩，过剩的供应拉低了 WTI 原油价格[124]。

考虑到人们普遍关注 2010 年之后 WTI – Brent 原油价差异常变动的原因，本书将参考以往学者的研究，重点分析 2010 年之后 WTI – Brent 原油价差波动的原因，而分析近期 WTI – Brent 原油价差波动的原因也有利于我们判断未来 WTI – Brent 原油价差的走势。

（1）北美洲原油市场对原油价差的影响

①美国原油产量的快速增长使 WTI – Brent 原油价差进入大幅倒挂期。2010 年之后，美国原油产量增长尤为显著，几乎是在同一时间 WTI – Brent 原油价差开始大幅扩大。原油产量的增加使得大量原油供应突然出现在美国原油市场，市场无法有效地消耗这些突然出现的原油供应，导致供过于求，大大拉低了 WTI 原油价格，WTI – Brent 原油价差进入大幅倒挂期。虽然美国原油产量的快速增长从根源上导致 WTI – Brent 原油价差进入大幅倒挂期，但其与 WTI – Brent 原油价差的相关性并不高。这主要是由于 WTI – Brent 原油价差进入大幅倒挂期后，美国加大了原油管道建设力度、解除了原油出口禁令，WTI – Brent 原油价差开始逐渐缩小；而美国原油产量在政

策、技术、价格的共同作用下依然较为稳定地增长。

②库欣地区原油库存影响 WTI – Brent 原油价差的变动。由于美国独特的原油运输管线和 WTI 独特的交割体系，美国北部、中部甚至加拿大地区的新增原油开始源源不断地流入库欣地区，造成库欣地区原油积压。库欣是 WTI 原油期货的主要交割地，从理论上讲，库欣地区的原油库存极有可能通过影响 WTI 原油价格进而影响 WTI – Brent 原油价差。

③突发事件造成近期 WTI – Brent 原油价差扩大。大幅倒挂期的价格倒挂刺激了管道设施建设，新建管线陆续投产，铁路配套运输能力也在不断提升。到 2014 年初，原油在美国中西部地区的堵塞情况逐步得到缓解。2015 年 12 月，原油出口禁令解除，美国出口原油的最后一道屏障被打破。随着运输与政策屏障的打破，跨大西洋两地原油市场的联系得到加强，双向套利成为可能，WTI – Brent 原油价差逐渐收缩，2015 年 12 月至 2017 年 8 月价差稳定在 –4 ~ –2美元/桶。然而，突发事件哈维飓风加剧了 Brent 与 WTI 的分化，WTI – Brent 原油价差扩大到 –6 美元/桶。

2017 年 8 月 25 日，哈维飓风登陆美国，据 EIA 的原油月度报告，美国约有 320 万桶/日的炼油产能受到影响，相当于美国全部炼油产能的 17%。炼油能力的降低造成美国国内原油积压。此外，哈维飓风也导致美国墨西哥湾沿岸原油出口设施受到破坏，从而迫使美国原油出口量大幅下降，WTI 油价承压。

2020 年 1 月 3 日，美国在伊拉克机场用导弹袭击伊朗“圣战旅”最高指挥官苏莱曼尼，导致国际油价大幅上涨，其中，布伦特主力合约油价大涨 3.56% 达到 68.70 美分/磅，WTI 主力合约油价大涨 3.00% 达到 62.82 美分/磅。4 日至 13 日，国际油价在小幅上冲后出现连续回落，Brent 油价回落至 64.23 美分/磅，WTI 油价回落至 58 美分/磅，市场暂时重归平静。

（2）其他地区原油市场对 WTI – Brent 原油价差的影响

北美洲原油市场对 2010 年以来 WTI – Brent 原油价差的变化起着至关重要的作用，而其他地区原油市场（北美洲以外的地区）对 WTI – Brent 原油价差的影响也不容忽视，尤其是中东、北非地区政局动荡对原油价差的影响。

2010—2011 年，中东、北非政治局势动荡，拉高了 Brent 原油价格，进一步加剧了 WTI－Brent 原油价差倒挂。以 2010 年底的“茉莉花革命”为起点，“阿拉伯之春”迅速席卷了中东、北非的大部分国家，受到波及的国家包括埃及、也门、阿尔及利亚、利比亚、巴林、约旦、科威特、沙特阿拉伯、阿曼、摩洛哥、伊朗等。中东、北非的政治乱局引发了人们对世界原油供给的担忧。由于美国主要的原油进口国加拿大、墨西哥、沙特阿拉伯、委内瑞拉和尼日利亚并未受到影响或受到的影响较小，WTI 原油价格所受冲击较轻，但 Brent 原油价格因此大涨。

2018 年，也门内战及美国重启对伊朗核制裁，令中东地缘政治紧张局势持续升级。风险溢价促使 ICE 与 NYMEX 两个交易所 CFTC 原油基金持仓多空比飙升至 15:1，创历史新高。5 月初，美国总统特朗普宣布退出伊朗核协议（Joint Comprehensive Plan of Action，JCPOA），重启对伊朗的核制裁，促使 Brent 原油价格上涨。

（3）新冠疫情对 WTI－Brent 原油价差的影响

2020 年以来，新冠疫情在全球蔓延，多个国家采取了封城封国、大面积停工停产等防控措施，生产活动和经济大规模停摆，造成了全球石油需求严重萎缩，国际油价承压下行，基本呈现三段下跌的形态。需求端急剧萎缩的同时，由于地缘政治、各国国情以及未来规划的不同，主要产油组织（如 OPEC）和俄罗斯，仍旧保持了相当可观的产油量，在两者相互碰撞的情况下，油价急剧下跌。在高油价利益和扩大国际影响力的诱惑下，委内瑞拉及伊朗并未采取减产措施；全球最大石油消耗国对疫情采取了近乎“静止”的严格防疫措施，国内交通及国际交通近乎于无，需求端压力增大。

2020 年，随着疫情在全球快速扩散，“OPEC＋”在维也纳召开扩大减产谈判，结果不欢而散，WTI 连续合约一度下跌超 10%，创下 2008 年国际金融危机以来最大单日跌幅。2020 年 4 月 21 日，WTI 连续合约跌出了史无前例的负油价。

由于曾经需求骤降、供给过剩、库存突破上限、多头强制平仓，加之受新冠疫情影响，在 2020 年 4 月 20 日交易的 5 月和 6 月 WTI 期货合约价差急剧扩大，一度创下 12 美元/桶的有史以来最高价差水平，溢价超 100%，情况十分罕见。这意味着如果投资者到 6 月仍保持与 5 月相同的份额，必须大幅增加成本。这才是真正引发市场恐慌和警惕的地方。2020 年 4 月 21 日，即将成为新主力合约的 WTI 6 月期货（5 月 19 日到期）价格跌破 12 美元/桶，收于 11.57 美元/桶，跌幅高达 43.4%，更加说明市场情况有多么糟糕。

首先，新冠疫情蔓延导致全球进入隔离模式，经济萎靡，航空业陷入停摆，全球范围内的原油需求锐减近 30%。华尔街投行高盛公司指出，2019 年，全球石油日需求量约为 1 亿桶；受疫情影响，2020 年 3 月和 4 月，全球石油日需求量分别减少 1050 万桶和 1870 万桶。统计数据显示，2020 年，全球石油消费量 9039 万桶/日，同比下降 9.6%。IEA 发布报告警告说，4 月全球原油需求比上年同期减少 2900 万桶/日，降至 1995 年以来的最低水平。

其次，在原油供给方向，沙特阿拉伯和俄罗斯未能就延长减产达成协议，此后数周石油库存一直在增加。2020 年 4 月 14 日，OPEC 及其包括俄罗斯在内的盟友宣布全面减产，减产幅度约为全球供应量的 10%，但这与原油需求下降的幅度相去甚远。

最后，过剩的原油供给正在迅速占据原油库存空间，是造成“油满为患”和油价走低的另一个关键因素。有分析师称，出现“负油价”表明市场在短期内不愿意购入实物原油，这是因为炼油厂、储油设施、输油管道甚至海上油轮将很快进入“油满为患”的状态。据路透社报道，约有 1.6 亿桶原油被储存在油轮上，已经超过 2009 年国际金融危机期间的水平。

经历了 2020 年 4 月 21 日油价措手不及的暴跌之后，市场开始逐渐恢复信心。这一信心来自美国两党摒弃分歧，快速通过财政纾困法案救助美国企业，超出市场预期，而美联储同时动用一切工具，以不设限额的无限量量化宽松政策（QE）维持流动性，市场才逐渐平稳，通胀预期从 4 月开始触底抬头，5 月开始回升。

2020 年 5—8 月，原油价格被通胀预期拉升，虽然库存和需求基本面很差。在 5—8 月平稳的财政支出过程中，没有出现太多不确定性，通胀预期回升，铜、铝等商品价格快速走高，原油尽管由于出行限制基本面不行，也被强行拉升，但贸易商的高利润以及原油高库存和较差的需求基本面，让油价并不稳定。

2020 年 9 月后，美国上一轮财政纾困计划到期，新一轮财政纾困计划迟迟不能落地，叠加原油较差的需求和较高的库存，油价开启了两个月的震荡。11 月 23 日公布的美国 Markit 制造业采购经理指数（Purchasing Manager's Index，PMI）超预期复苏，增强了市场对经济复苏的信心。12 月初，通胀预期达到 9 月以来高点，紧接着 12 月 3 日 Brent 原油价格突破前期高点，并于 12 月 10 日达到 50 美元/桶高点。

2021 年，国际油价震荡幅度较大，在不断震荡中逐步攀升，最后在年底回落。Brent 原油期货均价为 70.91 美元/桶，WTI 原油期货均价为 68.10 美元/桶；Brent 原油价格年末比年初上涨 53.6%，月均复合增长率 2.88%；Brent 和 WTI 全年平均价差 2.84 美元/桶，受美国供需缺口大、WTI 原油价格上升较快的影响，WTI - Brent 原油价差在 6—8 月和 10—11 月收紧至 1 ~ 2 美元/桶。Brent 原油价格在 3 月 8 日一度触及 71 美元/桶。受疫情反复影响，国际油价在 3 月中旬至 4 月中旬出现明显回调，此后一路波动上行，6 月底，Brent 原油价格突破并维持在 75 美元/桶。

2021 年 7 月、8 月油价两度下探分别缘于"OPEC +"协议波折、德尔塔变异病毒致疫情加剧，又因供不应求而回升；9 月，受美国飓风重创墨西哥湾油气生产、美元走弱、全球通胀加剧等因素影响，油价持续震荡上升，9 月 27 日 Brent 原油价格上探至 79.53 美元/桶。

2021 年 10 月，受供需缺口较大、全球能源价格高企以及拉尼娜现象预期等因素的影响，Brent 原油价格突破 80 美元/桶，并于 10 月 26 日上探至 86.40 美元/桶，为 2014 年 10 月以来的最高值。进入 11 月以后，国际油价在 80 美元/桶上方开始大幅震荡。11 月底，奥密克戎病毒蔓延引发市场恐慌，国际油价大幅滑落，一日内 Brent 价格由 82.22 美元/桶（11 月

25日）下跌11.6%至72.72美元/桶（11月26日），并一度滑落至65.57美元/桶（12月1日）；随着恐慌情绪缓解，病毒得到一定控制，由于仍存在供应缺口，国际油价逐步回升；疫情发展叠加对通胀的担忧和对加息的预期，Brent原油价格在71～77美元/桶的区间反复震荡。

2022年初以来，受"OPEC+"实际增产数量不及预期、美国页岩油产量恢复缓慢、新冠病毒变异引发的需求担忧逐步消退叠加哈萨克斯坦骚乱、利比亚油田生产中断、也门胡塞武装袭击阿联酋美军驻地等多种因素影响，国际油价大幅攀升。2月24日，乌克兰危机升级，国际油价7年来首次突破100美元/桶大关，飙升至当前的近130美元/桶，创下自2011年以来的新高。3月，国际原油最高价格已经趋近2008年国际金融危机创造的历史极值。不过，3月9日，IEA公布成员国释放的石油储备规模比此前宣布的高出了100万桶，另外，OPEC成员国阿联酋表态将敦促"OPEC+"额外增产，成为首个支持扩大增产规模的OPEC产油国。这些消息都缓解了投资者对于原油市场供应紧张的担忧情绪，国际油价出现暴跌走势。此外，美欧等国家和组织宣布对俄罗斯实施新一轮制裁，进一步增加国际油气市场格局和价格走势的不确定性。2021年和2022年WTI油价走势如图4－2所示。

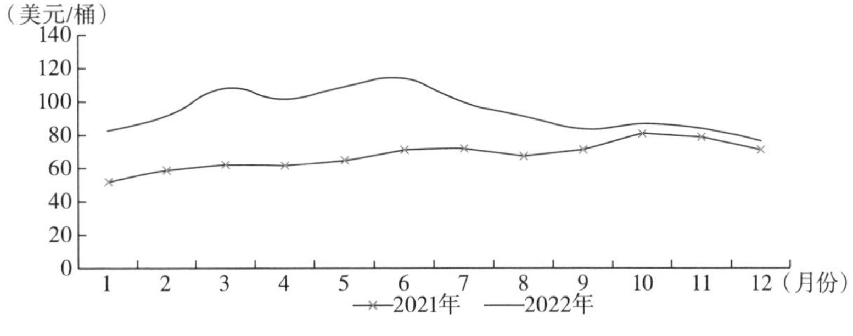

图4－2　2021年和2022年WTI油价走势

资料来源：EIA。

俄罗斯是传统油气大国，在油气市场的供应不可能被其他国家替代，且欧洲国家对俄罗斯的油气极为依赖。2022年3月8日，美国总统拜登宣布了针对俄罗斯的能源禁令，将禁止美国从俄罗斯进口石油、液化天然气和煤炭。当日英国也宣布计划将在2022年底前停止进口俄罗斯石油和相应石油产品，以进一步加强对俄罗斯的制裁。在消息面刺激下，3月8日，国际油价再度冲高。

对俄罗斯制裁不仅将对其他国家产生重大的溢出效应，更将对全球经济和金融市场产生重大影响。根据相关专家研究，若失去500万桶/日的俄罗斯石油供应，油价或将暴涨至200美元/桶，全球经济增长也将放缓，美国制裁俄罗斯油气出口有进一步引发全球能源危机和乌克兰危机再度升级的危险。

整体来看，油价在回调后短期或保持震荡，但在出现经济衰退前，解决供应端问题的最大希望依旧在俄罗斯自身对外出口的恢复。因此，在当前危机持续升级的情况下，只要地缘政治风险短期无法解除，市场就有可能交易俄罗斯原油对外出口停滞给油价带来的利好。而又由于这一供应削减幅度依旧过大，油价的短期上行风险难以忽视。

抛开俄乌局势的影响，EIA 2月发布的短期能源展望报告指出，从供给侧来讲，OPEC成员国没有达到计划的供应也是导致近期市场紧张的一个重要因素。即使美国原油生产已经达到2020年4月以来的最高点，也无法在短期内补充不断降低的库存，从而成为支撑油价在高位运行的内生动力。

尽管国际油价短期内上涨速度太快，外界也呼吁产油国加大原油供应，但“OPEC+”仍坚持原定计划，决定在4月增产40万桶/日。当前的市场波动并不是由供需基本面的变化引起的，地缘政治局势的变化是重要原因。

WTI－Brent原油价差的波动性说明了欧洲和美国两个市场的变化情况，也代表着整体国际市场的盛衰。随着美国原油出口禁令解除的步伐加快，美国原油市场开放性将进一步增强，WTI－Brent原油价差会进一步缩小，甚至可能出现WTI油价反超Brent油价的情景。

第5章　国际原油价格波动规律及特点

5.1　国际原油价格波动与石油危机

20世纪70年代之前，国际油价长期保持平稳状态，价格波动较小，石油名义价格处于2.5~3美元/桶。自1973年第一次石油危机以来，国际油价经历了1980年、1990年、1996年、2000年、2008年、2013年、2018年7次上涨，以及1986年、1998年、2009年、2016年、2020年5次暴跌。按照价格波动形态可以把国际油价波动大致分为9个阶段，如图5-1所示。

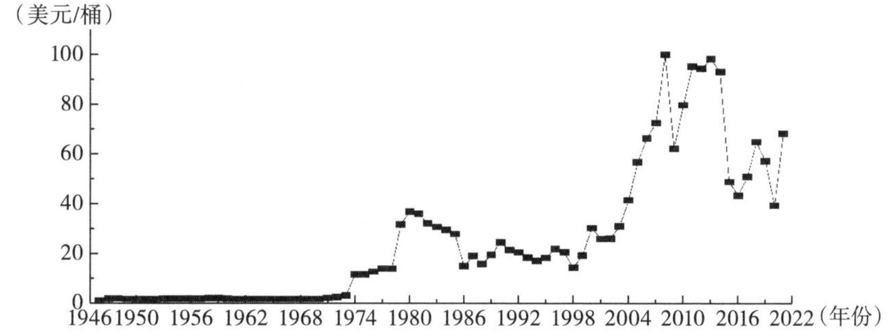

图5-2　1946—2022年国际油价走势

资料来源：EIA。

5.1.1 稳定运行期

1946—1973 年：20 世纪 40 年代至 70 年代，在国际石油市场中，美国长期占据统治地位。石油市场普遍采用美国墨西哥湾加成定价，也就是基点定价制。世界任何地方的油价都以墨西哥湾的离岸价格加上从墨西哥湾到消费中心的运费计算，所以，石油价格的变动很小，处于稳定运行期。

5.1.2 缓慢上升期

1974—1980 年：1974 年 1 月 1 日，OPEC 将国际油价提高到 11.58 美元/桶，引发了第一次石油危机。1973—1974 年，油价扶摇直上。1975 年，由于世界性的经济衰退，石油价格开始下降。1978 年 9 月，伊朗伊斯兰革命爆发，导致石油产量急剧下降，现货市场的石油价格开始回升。在这种背景下，OPEC 将原油基准价进一步提升，而随着战争的爆发，现货市场原油价格节节攀升，市场抢购引起一些生产者在官方的政府销售价格基础上加收额外费用和溢价，使政府的销售价格控制失效，第二次石油危机爆发。

5.1.3 震荡下降期

1981—1988 年：第二次石油危机后，西方国家纷纷采取节能和能源替代等措施，使西方国家对中东地区石油的需求量明显下降。同时，高水平的价格刺激了世界各国采油业的发展，导致非 OPEC 国家（地区）如墨西哥、北海、阿拉斯加等石油产量稳定增长。石油需求下降和可供选择石油来源的增加，必然造成石油价格下降。整个 20 世纪 80 年代，石油价格都处于疲软和下降状况，从而形成了第三次石油大震荡。

5.1.4 低位平稳运行期

1989—1998 年：伊拉克入侵科威特引发海湾战争，使国际石油市场再次受到了强烈的震荡。战争爆发后，国际石油价格急剧上升。以 WTI

为例，战争爆发两小时后，WTI 原油价格上涨到 38 美元/桶。但是，在这以后，油价直线下降。到这一天结束时，这种原油价格每桶下跌了 10.56 美元，只有 27.44 美元/桶。自此以后，国际石油价格一直处于下跌状态。

5.1.5 急速上升期

1999 年至 2008 年 6 月：1999—2008 年，国际石油市场波澜起伏，原油价格从 19.3 美元/桶一度冲破 99.8 美元/桶。尤其是从 2002 年下半年开始，原油价格大幅攀升。原油价格波动较大，与这期间国际政治经济形势瞬息万变紧密相关。世界经济快速复苏、美国等发达国家原油和油品库存起伏波动、OPEC 产量政策、美国“9·11”事件、伊拉克战争爆发、产油国地区冲突与国家政局不稳、国际投机等对油价产生了深远影响。此外，局部地区的供需失衡会导致某种油品价格异常波动，也拉动总体油价水平上升。

5.1.6 国际金融危机期间国际原油价格暴跌

2008 年 7 月至 2009 年 2 月：在全球石油供需持续偏紧，地缘政治形势严峻，美元走软、市场投机高位建仓等一系列利多因素刺激下，国际油价连创新高。2008 年 7 月 14 日，WTI 原油期货价格创下 147.27 美元/桶的历史高点。但受国际金融危机冲击，世界经济持续恶化，投机资金快速离场，国际油价遭受重挫。2009 年 2 月 12 日，WTI 期货价格跌至 33.98 美元/桶，为 2004 年 4 月以来最低。

5.1.7 恢复性回升后维持高位震荡期

2009 年 3 月至 2014 年 5 月：2009 年 3 月，国际油价开始止跌回升。2011 年以来，利比亚战争、埃及暴力冲突升级，加之叙利亚国内局势愈演愈烈等地缘政治因素进一步抬高油价，但在供需基本面总体宽松的大形势下，国际油价上升动力明显减弱。

5.1.8 油价暴跌期

2014 年 6 月至 2020 年：2014 年 6 月下旬以来，国际油价持续下跌。Brent 原油价格从高点 115.06 美元/桶降至 2016 年 1 月最低 27.88 美元/桶。2020 年初，国际油价开始于 60 美元/桶水平，随后遇上百年一遇的新冠疫情，令市场需求大减。3 月的“OPEC +”大会未能达成减产协议，引起沙特阿拉伯及俄罗斯增加油产争夺市场份额。由于美国页岩油产量增加，4 月的油管输送能力及油库爆满，WTI 原油期货史上首次负油价出现，WTI 原油跌至 -40 美元/桶水平。5 月初，“OPEC +”开始减产 970 万桶/日后，油价逐渐回升至 40 多美元/桶水平并波动多月。直至 11 月新冠疫苗开发有重大突破，以及 12 月“OPEC +”决定减缓 2021 年增产速度，才引领油价回升至 50 美元/桶水平。

5.1.9 油价高位震荡期

2021 年至今：2021 年，国际油价在震荡中攀升并于年底回落。Brent 原油期货均价 70.94 美元/桶，WTI 原油期货均价 68.01 美元/桶；Brent 原油价格年末比年初上涨 53.6%，月均复合增长率 2.88%；Brent 和 WTI 全年平均价差 2.84 美元/桶，受美国供需缺口大、WTI 原油价格上升较快的影响，价差在 6—8 月和 10—11 月收紧至 1 ~ 2 美元/桶。2022 年，乌克兰危机升级引发市场对俄罗斯石油供应将大幅减少的担忧，国际油价大幅冲高，Brent 原油全年均价 94.2 美元/桶，较 2021 年大幅上涨 32.8%。2023 年上半年，由于油品市场需求复苏、欧美加息放缓、原油主要生产国自愿减产等因素博弈，油品价格涨跌互现。WTI 和 Brent 原油价格同比均跌超 20%。

5.2 数据来源和研究方法

5.2.1 数据来源

本书油价选取的是 WTI 原油价格，其中，1946—1982 年的油价数据来自公开资料整理，1983—2020 年的油价数据来自 EIA，样本区间为 1946—2020 年共 74 年。

5.2.2　研究方法

一般来说，一个时间序列 $\{x_t\}$ 可看作由趋势因子 x_t^T、季节因子 x_t^S、周期因子 x_t^C 和不规则因子 x_t^L 组成。在经济分析过程中，x_t^S 和 x_t^L 容易将客观趋势掩盖，从而影响对经济当前所处状态的判断及经济发展未来趋势的掌握。因此，需要利用季节调整方法对时间序列进行分解，找出 x_t^S 和 x_t^L，由于 x_t^T 和 x_t^C 视为一体不能分开，还要采用趋势分解方法将 x_t^T 和 x_t^C 分离，进而研究经济长期趋势和周期波动[125]。测定时间序列长期趋势和周期成分的方法有多种，最常用的是 HP 滤波（Hodrik - Prescott Filter）、BP 滤波（Band - Pass Filter）、小波分析（Wavelets Analysis）。

（1）HP 滤波

HP 滤波方法由 Hodrick 和 Prescott 在 1980 年首次提出[126]。该方法在分析研究宏观经济趋势领域中应用得非常广泛。其理论基础是时间序列的谱分析方法，即将时间序列视为各种不同频率成分的叠加，HP 滤波就是要在这些不同频率的成分中，分离出频率波动较高的成分和频率波动较低的成分，即中短期波动和长期趋势。HP 滤波的原理可以表述为[127]：设经济时间序列为 $Y = \{y_1, y_2, \cdots, y_n\}$，趋势因子为 $T = \{g_1, g_2, \cdots, g_n\}$，周期因子为 $P = \{c_1, c_2, \cdots, c_n\}$。其中，$n$ 为样本的容量。则 HP 滤波可以将 $y_t(t = 1, 2, \cdots, n)$ 分解成

$$y_t = g_t + c_t \tag{5-1}$$

其中，g_t 和 c_t 均为不可观测值。

一般地，时间序列 Y 中不可观测部分趋势 T 常被定义为最小化问题的解：

$$\min\left\{\sum_{t=1}^{n}(y_t - g_t)^2 + \lambda\sum_{t=1}^{n}\left[B(L)_{g_t}\right]^2\right\} \tag{5-2}$$

其中，$B(L)$ 是延迟算子多项式。

$$B(L) = (L^{-1} - 1) - (1 - L) \tag{5-3}$$

将式（5-3）代入式（5-2），HP 滤波的问题就变成使下面损失函数最小。

$$\min\left\{\sum_{t=1}^{n}(y_t - g_t)^2 + \lambda\sum_{t=1}^{n}[(g_{t+1} - g_t) - (g_t - g_{t-1})]^2\right\} \tag{5-4}$$

对式（5-4）中的 $y_1, y_2, \cdots, y_n$ 进行一阶求导，并令导数等于零，可以得到

$$g_1 : c_1 = \lambda(g_1 - 2g_2 + g_3)$$

$$g_2 : c_2 = \lambda(-2g_1 + 5g_2 - 4g_3 + g_4)$$

$$\vdots$$

$$g_t : c_t = \lambda(g_{t-2} - 4g_{t-1} + 6g_t - 4g_{t+1} + g_{t+2})$$

$$\vdots$$

$$g_{n-1} : c_{n-1} = \lambda(g_{n-3} - 4g_n - 2 + 5g_{n_1} - 2g_n)$$

$$g_n : c_n = \lambda(g_{n-2} - 2g_{n-1} + g_n)$$

用矩阵的形式可以表示为

$$c = \lambda \boldsymbol{F}_{\mathrm{g}} \tag{5-5}$$

其中，$\boldsymbol{F}$ 为 $T \times T$ 系数矩阵：

$$\boldsymbol{F} = \left\{\begin{array}{cccccccccc}
1 & -2 & 1 & 0 & \cdots & & & & & 0 \\
-2 & 5 & -4 & 1 & 0 & \cdots & & & & 0 \\
1 & -4 & 6 & -4 & 1 & 0 & \cdots & & & 0 \\
0 & 1 & -4 & 6 & -4 & 1 & 0 & \cdots & & 0 \\
\cdots & & & & & & & & & \\
\cdots & & & & & & & & & \\
\cdots & & & & & & & & & \\
0 & & & 0 & 1 & -4 & 6 & 4 & 1 & 0 \\
0 & & & & 0 & 1 & -4 & 6 & 4 & 1 \\
0 & & & & & 0 & 1 & -4 & 5 & -2 \\
0 & & & & & & 0 & 1 & -2 & 1
\end{array}\right\}$$

通过式（5-1）和式（5-5），可以得到

$$y - g = \lambda F_g \tag{5-6}$$

对式（5-6）进行整理后，可以得到

$$g = (\lambda F + 1)^{-1} y \tag{5-7}$$

在上述 $F = T \times T$ 系数矩阵中，每一列元素之和均等于零。因此，根据 $c = \lambda F_g$ 可知，短期波动之和为零，即 $\sum_{t=1}^{n} c_t = 0$。

对于式（5-2）中的最小化问题，可以用 $\lambda \sum_{t=1}^{n} [B(L)g_t]^2$ 来调整，从而达到时间序列 Y 中不可观测部分趋势 T 的最小值。$\lambda \sum_{t=1}^{n} [B(L)g_t]^2$ 的取值取决于 λ，λ 的值越大，$\lambda \sum_{t=1}^{n} [B(L)g_t]^2$ 取值越大；反之亦然。λ 的取值决定了随机波动方式和平滑程度。当 $\lambda = 0$ 时，$g_t = y_t$，满足最小化问题的趋势等于原时间序列 Y；当 λ 增加时，估计趋势中的变化总数相对于序列中的变化减少，也就是说，λ 的取值越大，估计趋势越趋于平滑；当 λ 趋于无穷大时，估计趋势将接近线性函数，HP 滤波就转化为采用最小二乘法估计趋势。从统计学意义来看，λ 的取值是任意的，因为任何一个非平稳时间序列都可以分解成若干个非平稳趋势成分和平稳周期成分。但 λ 值的选取决定了趋势因子对原序列的跟踪程度和趋势光滑度之间的权衡选择。如果用 ${\sigma_1}^2$ 表示时间序列中趋势成分的标准差，用 ${\sigma_2}^2$ 表示时间序列中周期成分的标准差，那么 $\lambda = {\sigma_1}^2/{\sigma_2}^2$ 即为最优值。一般经验地，λ 的取值如下[128]：

$$\lambda = \begin{cases} 100, \text{年度数据} \\ 1600, \text{季度数据} \\ 14400, \text{月度数据} \end{cases}$$

（2）BP 滤波

20 世纪以来，在研究经济时间序列和经济周期波动时，时间序列方法的应用范围越来越广泛，为诸多学者所青睐。自从时间序列分析产生以来，观察、分析和解释时间序列的方法主要有两种：一种是直接根据历史数据随时间的变化观察其结构特征，即时域分析方法（Time Domain Analysis method），使用的分析工具是自相关函数和差分方程；另一种是将时间序列看作不同谐波叠加组成的，研究时间序列在频域（Frequency Domain）里的结构特征，该分析方法主要使用功率谱密度函数进行研究，因此，通常也叫“谱分析”（Spectrum Analysis），比较常用的就是 BP 滤波方法。

BP 滤波的基本思想是将时间序列看作互不相关周期（频率）分量的叠加，研究和比较周期（频率）分量的周期变化，能够充分揭示时间序列的频域结构特征，把握其主要波动特征。因此，在研究时间序列的周期波动方面，它比时域分析方法更具优势。

（3）小波分析

小波分析作为一门数学理论和方法从 20 世纪 80 年代中期开始兴起[129]，由于具有时域和频域分析的双重优点，已成为国际上公认的对信息进行有效变换、压缩、建模和特征提取的时域和频域分析工具，已经在诸多领域得到广泛应用，比如，信号分析、图像处理、股市分析等。小波分析方法在信号局部特征方面具有很强的表征能力，对于一个复杂的时间序列，小波分析方法揭示其变化规律、诊断其内在结构变化、分辨其在不同尺度上的演变特征是非常有效的[130]。

小波变换可以定义为将函数 $\varphi(t)$ 做位移变化 b，再在不同尺度 a 下与 $f(t)$ 做内积运算[131]。其中，函数 $\varphi(t)$ 是基本小波（也称“母小波”，Mother Wavelet），$f(t)$ 为待分析信号。

$$W_f(a,b) \leqslant f(t) \tag{5-8}$$

$$\varphi_{a,b}(t) \geqslant \frac{1}{\sqrt{|a|}}\int_{-\infty}^{+\infty} f(t)\varphi\left(\frac{t-b}{a}\right)\mathrm{d}t \tag{5-9}$$

其中，b 为平移因子，a 为尺度因子。

等效的频域表达式可以表述为

$$W_f(a,b) = \frac{\sqrt{a}}{2\pi}\int_{-\infty}^{+\infty} F(w)\varphi(w)\mathrm{e}^{iwb}\mathrm{d}w \tag{5-10}$$

其中，$F(w)$ 和 $\varphi(w)$ 分别是 $f(t)$ 和 $\varphi(t)$ 的傅立叶变换。

在小波分析方法的应用中，存在两个主要问题：一个是小波函数的选取，即对不同的对象，选择不同的小波基。应用比较广泛的是正交、连续且紧支撑的 Daubechies（db*N*）小波，其中，*N* 是小波的阶数，其在经济、金融等领域应用的效果都较好。由于油价波动也是一种经济现象，同时考虑到 db 小波基的优点，本书选择 db 小波基对油价波动状态进行分解分析，并运用其他小波函数进行辅助验证。另一个是分解层数的确定。小波分析方法的特性是，随着分解层数的增加和信号频率精细度的增加，近似信号与细节信号频域的局部化能力增强，频带的划分效果变好。由于在分解过程中会存在信息流失和计算误差，预测精度降低，分解的层数更多并不是最优选择。一般地，许多学者认为，若待分析的时间序列数据量不是很庞大，分解层数可以选取 1 ~ 5[132]，因此，分解层数选择 5 或 6 即足够[133]。

5.3 国际原油价格的 HP 滤波测度

5.3.1 HP 滤波测度结果分析

HP 滤波方法运用过程中对参数 λ 如何进行取值一直存在很大的争议。当时间序列使用的是季度数据时，Hodrick 和 Prescott 认为应取 $\lambda=1600$ 的看法被学术界普遍采用[128]；当时间序列使用的是年度数据时，对 λ 的取值学术界有不同的看法，Backus 和 Kehoe 认为 λ 应当取值 100[134]，而经济合作与发展组织（OECD）认为 λ 取值 25 比较合适[135]。鉴于以上分析，本书分别对 λ 取值 100、50 和 25，使用 EViews 8 软件对油价序列进行估计分析，不同情境下的估计结果如图 5 - 2 所示。

虽然 λ 的取值不同，得出的油价具体波动幅度有所差异，λ 值越大得出的油价波动幅度越大，但总体来看，λ 在不同取值下的油价波动周期走势基本相同，也就是说，油价波动周期的起止时间几乎一样，三种情境都非常接近。1946—2020 年，按照“波谷—波谷”划分周期的方法，油价共经历了 8 次完整的周期波动，由于前文所述 1946—1973 年油价处于垄断地位，属于平稳运行期，本书将油价波动周期次数调整为 7 次，得到油价波动周期长度平均为 6.3 年。从 2017 年开始，油价的波动周期至今还没有结束，预计还处于下降阶段，波谷或在 2023 年或者 2024 年到达。

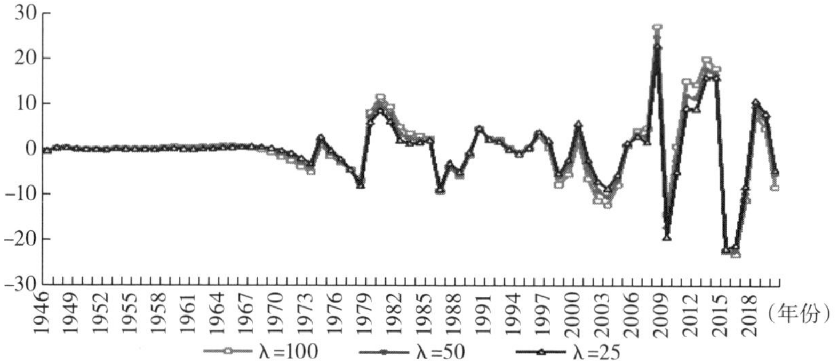

图 5－2　不同情境下基于 HP 滤波的油价波动状况

资料来源：笔者计算整理。

由于本书选取的是年度数据，最终选取 λ ＝ 100 对油价序列进行后续分析，运用 EViews 8 软件对油价时间序列进行分解，提取出的周期成分命名为 HP2，趋势成分命名为 HP1，如图 5－3 所示。

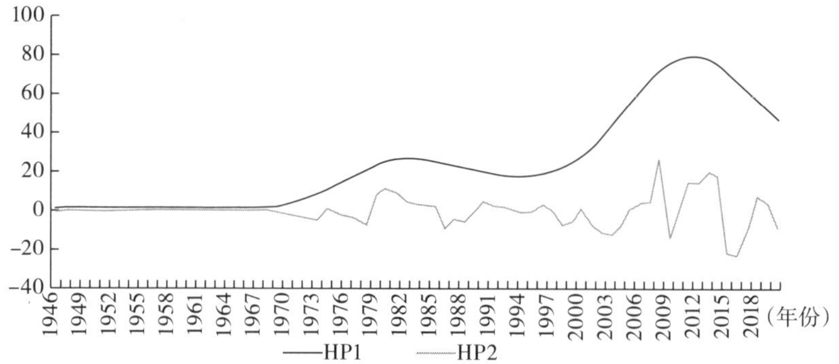

图 5－3　油价时间序列分解的 HP 滤波图像

资料来源：笔者计算整理。

（1）国际油价 HP 滤波的趋势分析

根据过滤后的趋势成分可以抽象出长期的历史价格走势。对年度油价的趋势成分进行单独分析，可以发现其存在两个波峰和一个波谷：1946—

2020年，在1968年之前，油价几乎是平稳的；1968—1982年，油价总体趋势是上升的；1995年，油价出现了一个波谷；1996—2013年，油价出现急剧上升的趋势；之后，油价开始显现快速回落的势头。

从基本面分析，20世纪70年代爆发的两次石油危机对全球经济和地缘政治产生了巨大影响。两次石油危机爆发后，油价从1970年初的1.8美元/桶上涨至1980年的36.8美元/桶，涨幅高达1944.44%，年均增长176.77%。自1979年第二次石油危机爆发以后，西方国家纷纷采取能源替代等措施，导致石油需求明显下降；同时，在高价格的背景下，世界各国采油业蓬勃发展，使得非OPEC国家或地区石油产量明显增加，供给增加、需求下降造成油价下滑。此外，1983—1990年，西方发达国家经济开始逐渐恢复并有迅速发展的势头。但是自1990年7月起，美国首开危机记录，很快波及其他国家，随后引发了最严重的世界性经济危机，继续拉低油价。直到1993年，西方发达国家经济才先后走出低谷，油价呈现出复苏迹象。油价自1994年开始大幅回升，直至2013年才结束向上的势头。其间，油价增幅高达470.39%，年均增幅23.52%。尤其是2002年，油价开始大幅攀升。油价大幅上涨主要与该期间变化极多的国际政治经济形势紧密相关。中东和北非的地缘政治局势在2011年开始的“阿拉伯之春”运动发酵下变得非常紧张，以突尼斯为起点，埃及、利比亚、也门、叙利亚等国家相继爆发动乱，市场对石油供应产生担忧情绪，进一步推高油价，使得油价处于高位运行。

至于2013年后油价的快速回落，主要受页岩油产量大幅增长、贸易纷争叠加OPEC增产冲击。进入2014年，美国页岩油产量迅速增加，为了将页岩油挤出市场，OPEC拒绝减产而选择增产，美国对伊朗的经济制裁解除，加之原油需求增速放缓，造成世界供需宽松，原油显性库存大幅累积。2018年，中美贸易争端升级，各大机构下调经济增长预期；为填补美国制裁伊朗造成的供给缺口，各大产油国持续增产，但美国对伊朗制裁节奏低于预期，油价在供给过剩的担忧中大幅下跌。之后“OPEC+”达成120万桶/日的减产协议，2018年第一季度“OPEC+”减产幅度超出市场预期，主动减产执行力度较大，加之美国对委内瑞拉与伊朗的经济制裁，原油市场供给端收缩超出市场预期。此外，油价下降还与世界经济周期有关。2020 年暴发百年一遇的新冠疫情，世界经济骤降（如图 5 -4 所示），导致市场需求大减，油价大幅下降至 39.3 美元/桶。2020 年 3 月，“OPEC +”大会未能达成减产协议，引起沙特阿拉伯及俄罗斯增加石油产量争夺市场份额；2020 年 4 月，由于美国页岩油产量增加，油管输送能力及油库爆满，历史上首次出现“负油价”现象，油价跌至 -40 美元/桶。

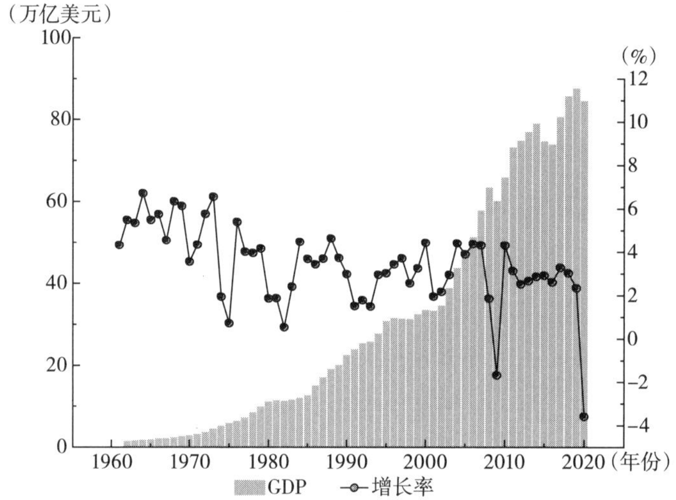

图 5 -4　1960—2020 年世界 GDP 及增长率

资料来源：世界银行。

总而言之，油价的未来大趋势是稳中有降，至于地缘政治、心理预期等因素更多的是造成短期震荡，而类似新冠疫情等对经济造成大幅下滑的突发事件更多的是导致油价大幅震荡。

（2）国际油价 HP 滤波的周期分析

根据过滤后的周期成分可以看出油价具有明显的周期特征，本书主要参考经济周期波动特征的测量指标对油价的周期特征进行考察[136]。按照“波谷—波谷”的划分方法，可将 1946—2020 年的油价过滤后的周期成分序列划分为 9 个周期，其中，有 8 个是完整周期，有 1 个周期相对不完整，如图 5－5 所示。1973—2016 年，油价的波动周期边界格外清晰，且每个周期都呈钟形，充分展现了油价发展到高潮再到低谷的完整过程。从第 7 个周期开始（2003 年），油价大起大落，波动幅度非常明显。

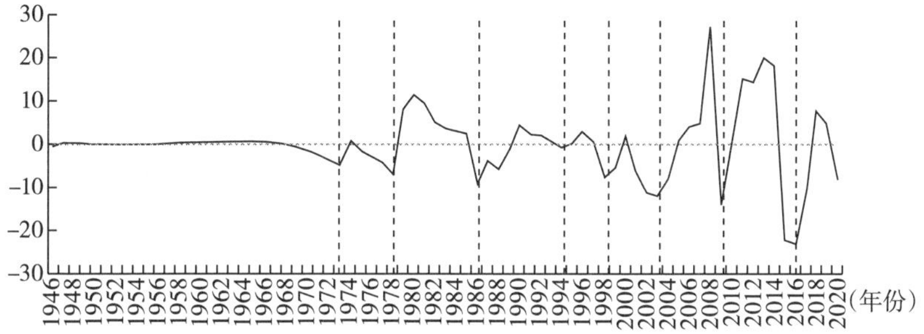

图 5－5　HP 滤波后的周期成分 HP2 图像

资料来源：笔者计算整理。

在计算收缩（扩张）等系数时，需要以前一期数据为基础，而第 1 期数据没有前一期，所以，在计算的时候，结果会损失一个自由度。根据分离出的周期成分 HP2，1946—2020 年（损失 1 个自由度）有 29 年价格下降，平均变动程度－6.07；有 45 年价格上升，平均变动程度 4.04。可以看出，74 年间油价平均下降程度明显大于平均上升程度。根据计算的收缩（扩张）系数 w_t，1946—2020 年，有 42 年价格收缩，平均变动程度－1.76；有 32 年价格扩张，平均变动程度 2.28。可以看出，74 年间油价的平均扩张幅度显著大于平均收缩程度。若 w_t 的绝对值小于 1，则意味着稳定性高，波动较为平和；若 w_t 的绝对值大于 1，则意味着稳定性低，波动较为剧烈。但是，在对序列进行观察时，会发现 1996 年（20.36）和 2011 年（18.93）的扩张系数是一个非常大的极值，而 1969 年（－8.68）和 1998 年（－22.79）的收缩系数也是一个非常小的极值，所以，为了使数据更好地反映油价收缩（扩张）的平均状况，对所有数据做了剔除上述 4 个极端值的前后对比。在剔除极端值后，w_t 结果显示油价的平均扩张程度和平均收缩程度相当，分别为 1.06 和－1.02，而且无论是收缩系数还是扩张系数，w_t 的绝对值都大于 1，说明油价的扩张程度和收缩程度总体上是较为剧烈的（见表 5－1）。

表 5-1 HP2 总体价格升降和收缩扩张情况

变动分类	年份个数	平均变动程度
价格下降	29	-6.07
价格上升	45	4.04
价格收缩	42	-1.76
价格扩张	32	2.28
价格收缩（剔除极端值后）	40	-1.02
价格扩张（剔除极端值后）	30	1.06

资料来源：笔者计算整理。

注：扩张（收缩）程度 $w_t = [HP2_t - HP2_{t-1}/ABS(HP2_{t-1})]$。

本书将从周期跨度、波动高度（波峰）、波动深度（谷度）、波动幅度（振幅）、标准差、平均位势（波位）、收缩（扩张）特征等方面对过滤后的周期成分进行综合分析。

①周期跨度。由于最后一个周期还没有结束，暂时不将其跨度考虑在内。剩下的 8 个周期区间划分显示，除了第 1 个周期跨度较长之外（油价垄断时期），其他周期持续跨度相对平稳，油价周期跨度在 4～8 年，如表 5-2 所示。从第 5 个周期开始油价的周期跨度开始逐渐延长，周期跨度可以刻画出油价的变动频率，1995 年 1 月 1 日，世界贸易组织（World Trade Organization，WTO）正式开始运作，说明随着世界经济活动的逐渐平稳，油价的变动频率也逐渐平稳。

表 5-2 各周期主要特征

序号	周期区间	周期跨度（年）	波动高度	波动深度	波动幅度	标准差	扩张年份数	收缩年份数	R 值	平均收缩程度	平均扩张程度	平均位势
1	1946—1973 年	28	0.68	-5.02	5.70	1.36	12	16	0.87	-1.50 (-0.99)	0.61	-0.22
2	1974—1978 年	5	0.99	-7.02	8.01	3.02	1	4	0.25	-1.14	1.20	-0.36
3	1979—1986 年	8	11.53	-9.21	20.74	6.35	2	6	0.33	-1.02	1.28	-0.98
4	1987—1994 年	8	4.59	-5.89	10.48	3.43	3	5	0.60	-1.00	2.03	-1.23
5	1995—1998 年	4	3.04	-7.76	10.80	4.66	2	2	1.00	-11.83 (-0.88)	10.77 (1.18)	-1.03

续表

序号	周期区间	周期跨度（年）	波动高度	波动深度	波动幅度	标准差	扩张年份数	收缩年份数	R值	平均收缩程度	平均扩张程度	平均位势
6	1999—2003年	5	1.98	-12.19	14.17	5.66	2	3	0.67	-1.71	0.82	-1.03
7	2004—2009年	6	27.12	-14.23	41.35	14.18	5	1	5	-1.52	2.02	0.94
8	2010—2016年	7	19.97	-12.14	32.11	16.48	3	4	0.75	-0.61	6.79 (0.72)	-0.58
总体	1946—2016年	71	27.12	-14.23	41.35	4.79	30	41	0.78	-2.54 (-1.11)	3.19 (1.23)	-0.46

资料来源：笔者计算整理。

注：括号中数据为剔除极端值后的计算结果。

②波动高度（波峰）、波动深度（谷度）和波动幅度（振幅）。波动高度（波峰）是指每个周期内波峰对应的油价，波动深度（谷度）是指每个周期内波谷对应的油价，波动幅度（振幅）是指波峰和波谷的相对差值。如图5－6所示，波动高度、波动深度和波动幅度呈现相似的变化规律：波峰均出现在第7个周期（2004—2009年），对应的数值最大，波谷均出现在第1个周期（1946—1973年），对应的数值最小。虽然第1～8个周期油价波动幅度都相对较大，但是可以看出，以第5个周期为分水岭，后3个周期的油价震荡明显比前4个周期的油价震荡幅度大。

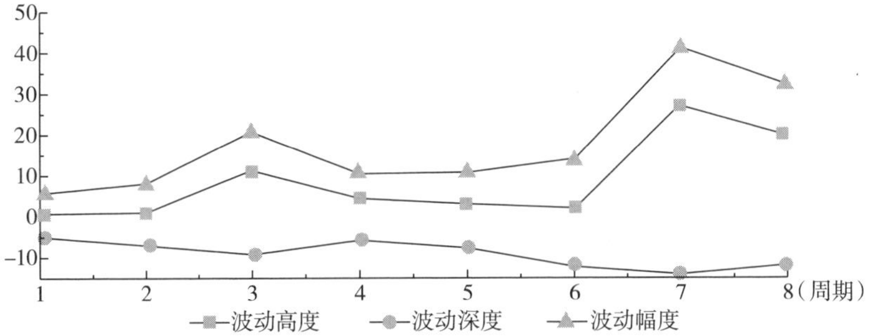

图5－6　各周期波动高度、波动深度及波动幅度变化

资料来源：笔者计算整理。

③标准差。标准差刻画了每个周期内油价偏离长期趋势的程度。如图5－7（a）所示，以第6个周期为分水岭，其之前的标准差变动相对平

缓，峰值对应的标准差大约是低谷的 5 倍，其后的标准差变动较大，第 8 个周期的标准差大约是低谷的 12 倍，说明从第 6 个周期开始，油价的波动十分显著，随着时间的推移，油价的波动幅度仍在增加。

④平均位势（波位）。平均位势（波位）是指每个周期内各年度油价的平均值，该指标可以反映各周期内油价波动的总体水平。根据其与总体平均位势 -0.46 的大小比较，可知油价的稳定性如何。如图 5-7（b）所示，油价的总体平均位势围绕 0 上下波动，从第 6 个周期开始，平均位势起伏越来越大，说明油价的稳定性越来越差。

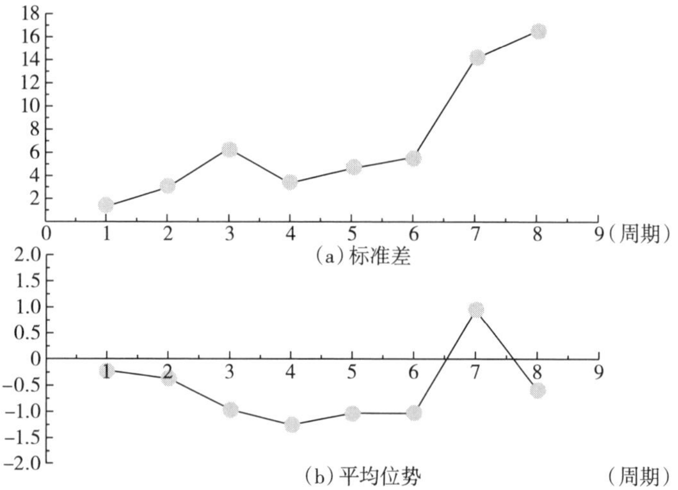

图 5-7 各周期标准差和平均位势变化

资料来源：笔者计算整理。

⑤收缩（扩张）特征。表 5-1 已经注明收缩（扩张）系数 w_t 的计算公式，当 w_t 的绝对值大于 1 时表示变动幅度较大，反之表示变动幅度较小。本书设立 R 值对周期类型进行衡量，其中，R = 扩张月份数/收缩月份数，$R<1$ 表示“短扩张周期”，$R>1$ 表示“长扩张周期”，$R=1$ 表示“对称型周期”。计算结果显示，大部分周期属于“短扩张周期”，即绝大部分周期内部是收缩月份数量占优势，只有一个周期属于“长扩张周期”（第 7 个周期）和一个周期属于“对称型周期”（第 5 个周期），如表 5-2 所示。如图 5-8 所示，油价的平均收缩（扩张）程度呈波动状态，油价平

均扩张波动状态更为剧烈，其中，有四个周期（第1、第3、第6、第8个周期）的平均扩张程度小于1，其他周期的平均扩张程度均大于1，说明油价的变动幅度较大；有三个周期（第1、第4、第8个周期）平均收缩程度均大于-1，其他周期的平均收缩程度均小于-1，说明油价的变动幅度较大。综上所述，油价的收缩和扩张程度都较为剧烈，与现实中油价总体高位震荡运行相吻合。

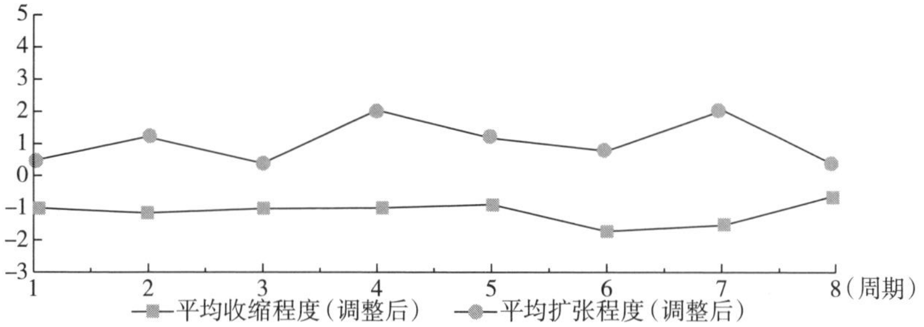

图5-8　各周期油价平均收缩（扩张）程度

资料来源：作者计算整理。

总而言之，通过对74年油价的HP滤波分析，本书认为，油价的历史价格具有如下规律：①周期长度波动不定但有延长趋势；②稳定性变差，油价波动幅度经历了由小变大再变小再变大的历程，以2008年为分界点，后期油价震荡比前期更加频繁且幅度更大；③油价历史走势整体呈上升趋势，未来可能趋于下降；④存在不对称特点，快升缓降。

5.3.2　BP滤波测度结果分析

本节运用相比HP滤波方法较好的BP滤波方法对油价波动周期进行分析，BP滤波方法需要明确波动周期的上下限以及截断点。首先，需要初步判断油价波动周期的上下限时间（L为下限时间、H为上限时间），使时间序列中处于这个时段内的周期性波动成分能够通过，进而将更高频率和更低频率的波动成分去除。其次，确定截断点K。一般来说，如果K取值过小，就会同时剔除保留下来的成分和不想保留的成分。如果K取值过大，就会造成时间序列两端的数据缺失过多。Baxter和King认为[137]，当选取的时间序列是季度数据时，L 取值 6、H 取值 32、K 取值 12 较好；当选取的时间序列是年度数据时，K 取值 3 较好。美国国家经济研究局（National Bureau of Economic Research，NBER）研究人员认为，商业周期应不少于 6 个季度，他们发现美国商业周期通常持续不到 8 年。本书借鉴国内外学者关于经济波动周期的成果，对油价 BP 滤波的参数进行设置。鉴于本书使用的是年度油价数据，又由于谱分析不能分析比周期 2 更短的周期，首先，选取 $L=3$、$H=11$、$K=3$，使用 EViews 8 软件对油价时间序列进行估计。根据上文的 HP 滤波分析结果，油价的波动周期跨度在 4 ~ 8 年，因此，重新选取 $L=4$、$H=11$、$K=3$ 对油价时间序列进行估计。其次，选取 $L=4$、$H=8$、$K=3$ 对油价时间序列进行估计。当 K 取值过小时，容易产生谱泄露和摆动现象。随着 K 值增加，这些现象将会明显改善但也不能取值过大。因此，再取 $L=4$、$H=8$、$K=4$，继续估计。不同情境下基于 BP 滤波的油价波动状况如图 5 -9 所示。

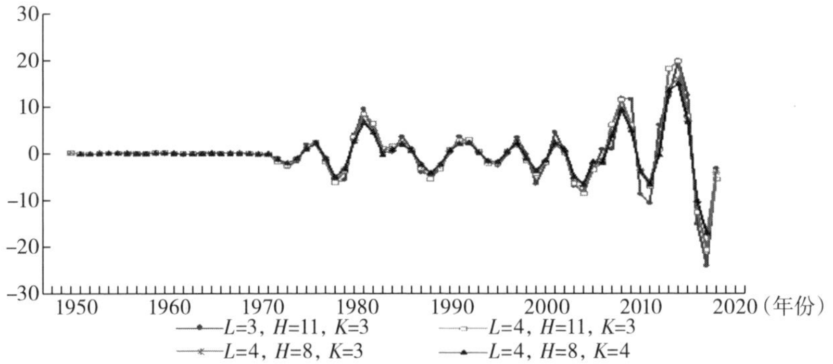

图 5 -9　不同情境下基于 BP 滤波的油价波动状况

资料来源：笔者计算整理。

由图 5 -9 可以看出，L、H、K 取不同的值，得出的油价波动周期基本相同。对油价年度数据按照“波谷—波谷”的周期划分方法，油价经历了 1946—2016 年 8 次完整的周期波动，波动周期跨度在 4 ~ 7 年。

EViews 8 软件可以计算两种固定长度的对称形式的滤波，一种是 BK 固定长度对称滤波［Fixed length symmetric（Baxter - King，BK）］，另一种是 CF 固定长度对称滤波［Fixed length symmetric（Christiano - Fitzgerald，

CF)]。两者的主要区别在于 BP 滤波权重依据的目标函数不同，也就是计算移动平均权重的方式不同。此外，EViews 8 软件也可以计算全样本长度非对称滤波［Full sample asymmetric（Christiano - Fitzgerald)]。此滤波是时变的，权重主要依赖数据，在计算每个观测值时都不同，先行和滞后的权重都可以不同。本书采用 EViews 8 软件默认的 BK 固定长度对称滤波对年度油价进行 BP 滤波分析，通过比较不同 L、H、K 取值情境下的频率响应函数可以发现，$L=4$、$H=11$、$K=3$ 情境下的频率响应函数值接近于 1，而且不存在摆动现象（见图 5 - 10 至图 5 - 13)。

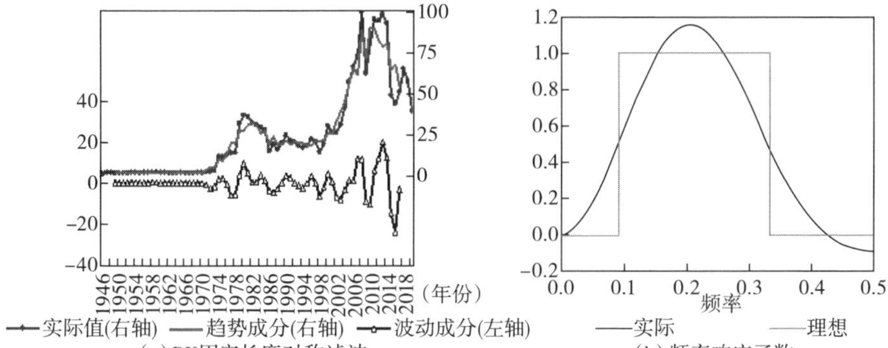

(a) BK固定长度对称滤波　　(b) 频率响应函数

图 5 - 10　油价 BP 滤波的成分值和频率响应函数（$L=3$、$H=11$、$K=3$)

资料来源：笔者计算整理。

图 5 - 11（a）显示油价的实际值、趋势成分和围绕 0 上下变动的波动成分，波动成分是包含循环要素的序列对象，趋势成分是实际值和循环序列的差值。图 5 - 11（b）显示 $L=4$、$H=11$、$K=3$ 情境下的频率响应函数，可以看出，主周期所在的频率区间为 0.16 ~ 0.19，相对应的周期区间为 5.7 ~ 6.7 年，区间内的最高点对应的频率为 0.18，对应的主周期为 6.2 年。

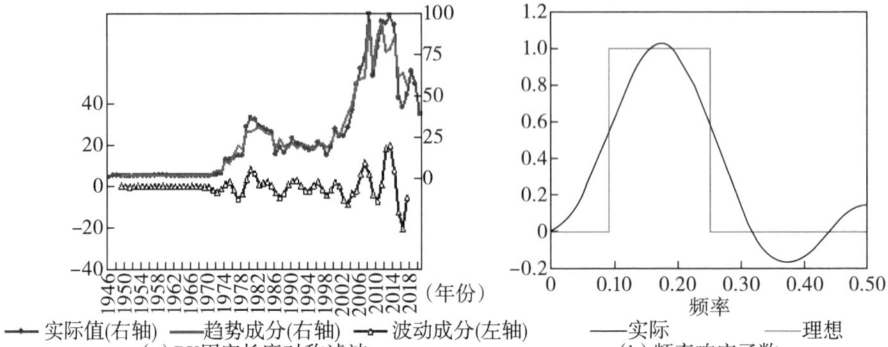

(a) BK固定长度对称滤波　　(b) 频率响应函数

图5-11　油价BP滤波的成分值和频率响应函数（$L=4$、$H=11$、$K=3$）

资料来源：笔者计算整理。

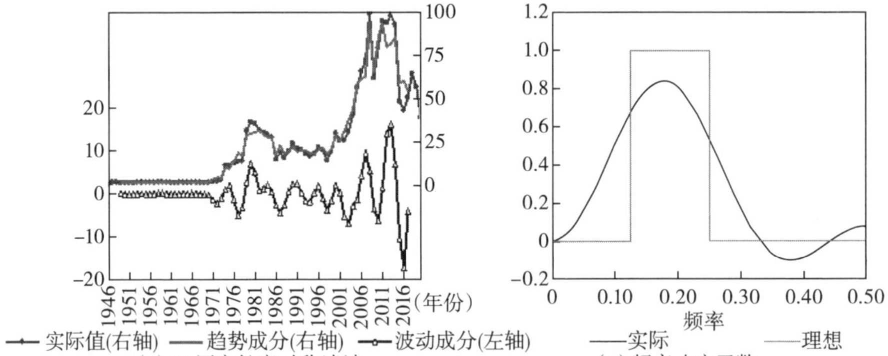

(a) BK固定长度对称滤波　　(b) 频率响应函数

图5-12　油价BP滤波的成分值和频率响应函数（$L=4$、$H=8$、$K=3$）

资料来源：笔者计算整理。

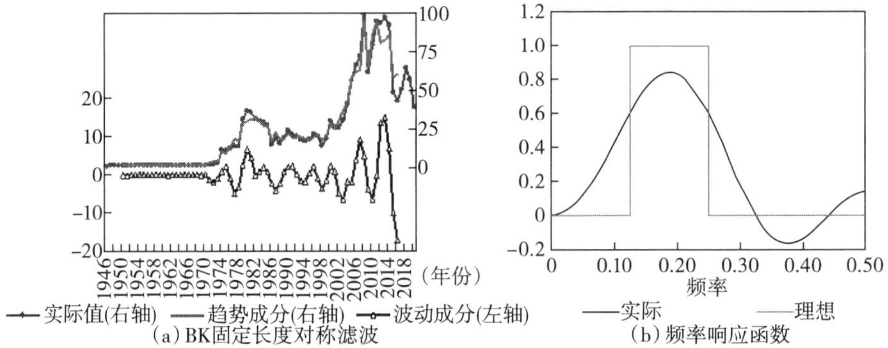

(a) BK固定长度对称滤波　　(b) 频率响应函数

图5-13　油价BP滤波的成分值和频率响应函数（$L=4$、$H=8$、$K=4$）

数据来源：笔者计算整理。

5.3.3 Daubechies 小波测度结果分析

本节应用 Matlab7.1 软件中的小波分析工具包 Wavelet Toolbox，采用具有紧支撑性、正交性、双正交性和对称性的 Daubechies 小波系对 1946—2020 年的油价数据进行分解，以预测误差最小化为标准[138]，最终选择采用 db3 小波基，即小波的阶数选择 3，对油价数据进行 2 个尺度的分解。为了使原始小波信号 s 能够清晰地表达出来，本书将其分解成低频系数（信号趋势）和高频系数（信号细节），如图 5－14 所示。

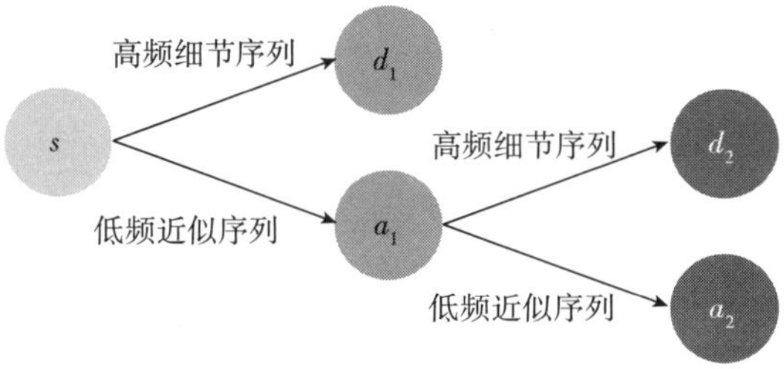

图 5－14 小波分解

其中，d_1 和 a_1 是小波分解后的高频细节序列和低频近似序列（也称近似轮廓部分），低频近似序列能够过滤掉原始序列中的部分奇异值和高频分量，较好地体现序列的本质变化趋势；a_2 和 d_2 是 a_1 小波分解后获得的低频近似序列和高频细节序列。按照规律，经过 2 次分解，原序列 $s = a_2 + d_1 + d_2$，具体分解结果如图 5－15 所示。

在图 5－15 中，s 为油价的原始序列，s 被分解为第二层低频近似序列 a_2、第一层高频细节序列 d_1 和第二层高频细节序列 d_2 三部分。a_2 为近似轮廓部分，通过其走势可以大致看出油价经历了两个大的转折期：第一个转折期包括两个突变点，分别为 1970 年的波谷和 1982 年的波峰；第二个转折期包括一个突变点，为 2002 年的波谷。

在小波分解中，d_1 为噪声和油价的小波动周期部分，d_2 为油价的平稳波动周期部分，d_2 显示波动周期约为 6 年。为了探寻不同波动周期的贡献大小，对油价的 db3－2 层小波分析进行降噪处理，得到油价的快速傅立叶变换（FFT）波动周期频谱，如图 5 - 16 所示。

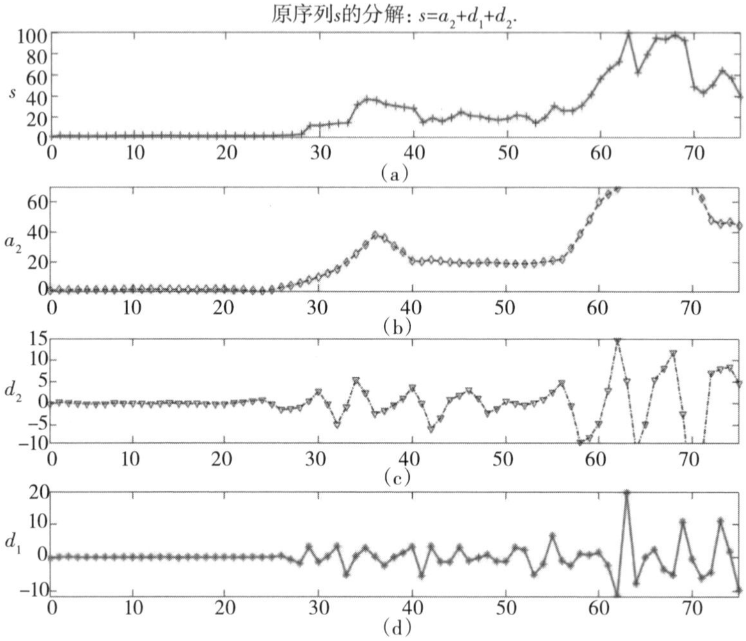

图 5 - 15　基于 db3 - 2 层的油价小波分解结果

资料来源：笔者计算整理。

根据图 5 - 16（c）FFT 频谱可知，频率 0.1842 对应的纵坐标能量最大，其对应的周期为 6 年，该周期表示油价波动的主周期。此外，图 5 - 16 还显示出了一些次要的波动周期，依次为 8.6 年、9.4 年、10.3 年、11.1 年、12.4 年、14.1 年。

本书运用其他小波函数 Symlet 小波、Dmeyer 小波、FK 小波和 Coiflets 小波辅助验证 Daubechies 小波分析的结果，各种小波分析结果得出的油价波动周期相似，见图 5 - 17 至图 5 - 20。

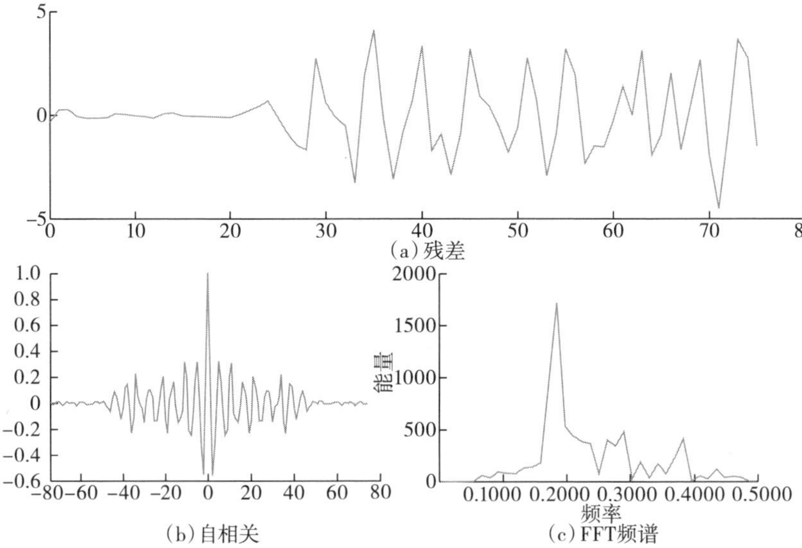

图 5－16　基于 db3－2 层的油价小波分析的频谱

资料来源：笔者计算整理。

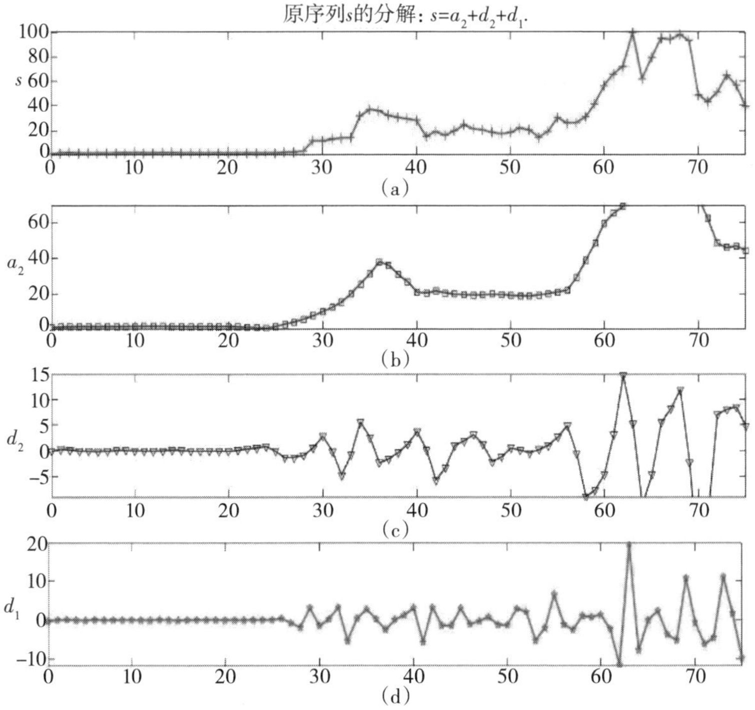

图 5－17　Sym3－2 小波的油价分解结果

资料来源：笔者计算整理。

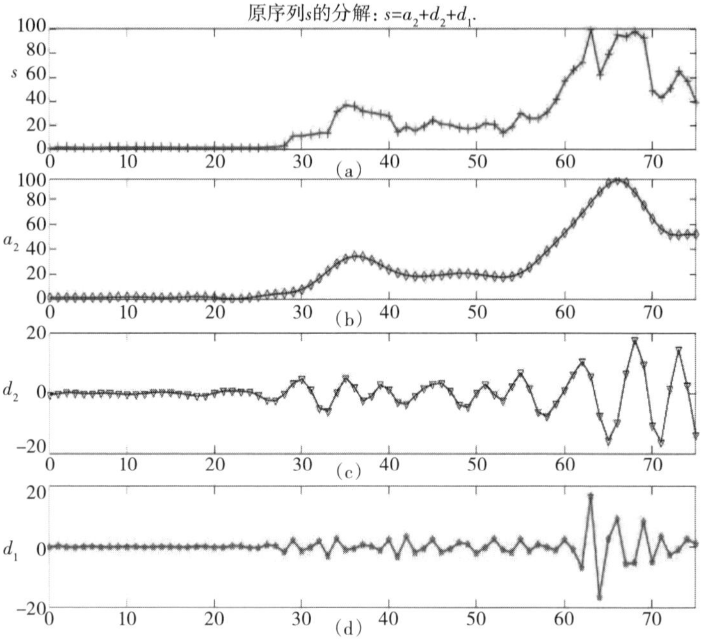

图 5－18　Dmey－2 小波的油价分解结果

资料来源：笔者计算整理。

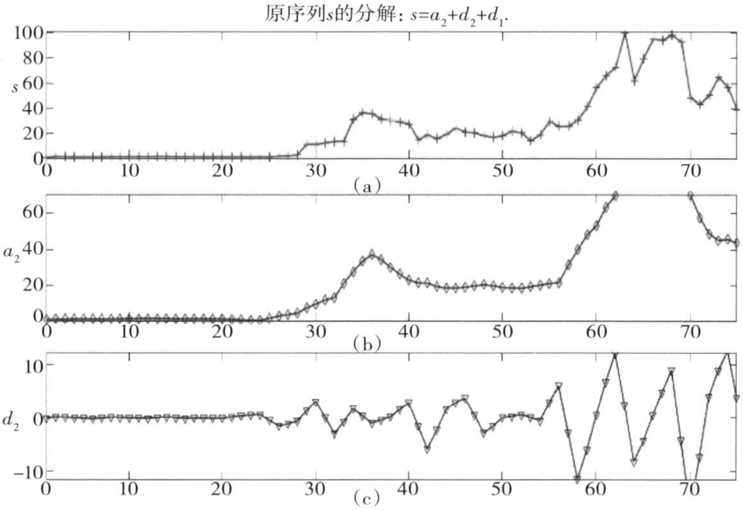

图 5－19　Fk6－2 小波的油价分解结果

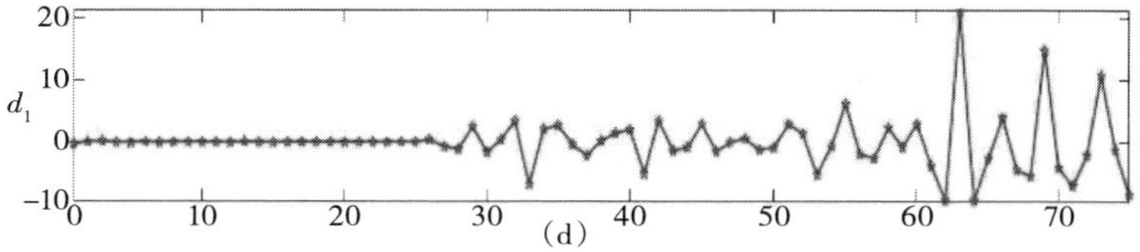

图 5－19　Fk6－2 小波的油价分解结果（续）

资料来源：笔者计算整理。

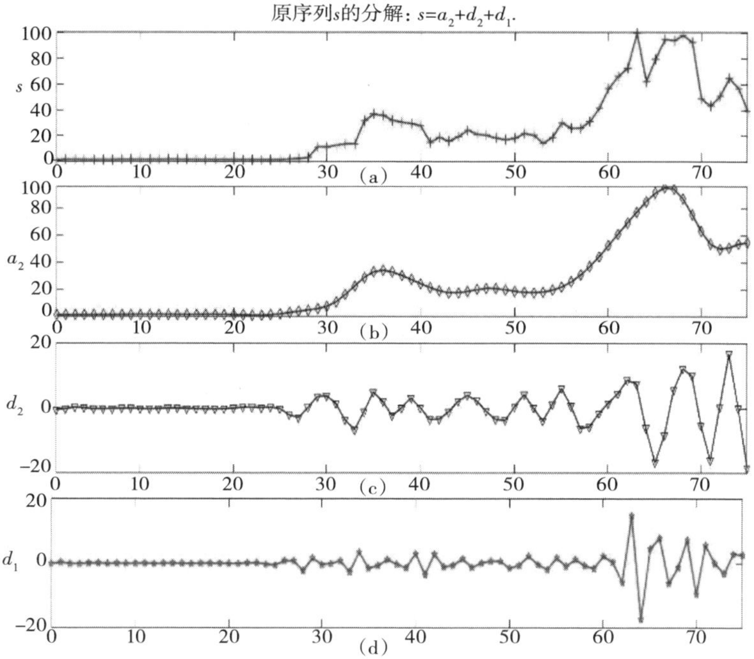

图 5－20　Coif4－2 小波的油价分解结果

资料来源：笔者计算整理。

比较分析运用小波分析、HP 滤波、BP 滤波方法对油价波动状况测算的结果，小波分析得出油价波动的主周期为 6 年，HP 滤波方法得出油价的波动周期平均为 6. 3 年，BP 滤波方法得出油价波动的主周期为 6. 2 年。综合比较可以看出，油价波动主周期在 6～7 年。剔除波动成分后的长期趋势中，有 1970 年和 2002 年两个突变点，时隔 32 年，可反映出油价波动中的长波成分。基于上述分析，本书认为，油价波动由主周期为 6～7 年的中波和 30～40 年的长波构成。

5.4 国际原油价格波动规律成因

5.4.1 国际原油价格波动的理论分析

30~40 年的长波生成主要与世界重大经济转折紧密相关。比如，1946—2020 年油价变化历程中，历经 1970 年和 2002 年两次大的历史转折，周期间隔 32 年，分别对应当时的世界重大经济发展转折时期：1970—1982 年对应 20 世纪 70 年代发生的石油危机导致的全球经济危机，致使油价从 1974 年的波谷上升至 1980 年的波峰；2002 年以后对应全球地缘政治形势加剧，致使油价大幅攀升，从 2002 年的波谷开始上升。具体分析如下。

第一个突变点：1973 年 10 月，第四次中东战争爆发，OPEC 提高国际油价。为打击以色列及其支持者，中东阿拉伯产油国将石油当作武器进行反击，减少石油生产，并对西方发达资本主义国家实行石油禁运。石油提价和禁运促使西方国家经济出现一片混乱，油价从 3.01 美元/桶直线上升至 10.65 美元/桶，猛然上涨了 254% 左右。石油价格的骤增使得西方大国国际收支赤字明显增加，最终触发了继第二次世界大战之后最严重的一次全球经济危机。1978 年底，世界第二大石油出口国伊朗的政治局势发生深刻变化，第二次石油危机爆发。此外，两伊战争爆发，全球石油产量骤降，油价随之上涨 162% 左右。

第二个突变点：2001—2003 年，美国“9·11”事件、PDVSA 石油工人罢工、伊拉克战争、以色列与巴勒斯坦发生暴力冲突等一系列产油国地区冲突与国家政局不稳的突发事件发生，对油价产生巨大影响，油价大幅上涨。在全球石油供需持续偏紧，地缘政治形势严峻，美元走软、市场投机高位建仓等一系列利多因素刺激下，油价连续创新高。2008 年 7 月，WTI 原油期货价格创下 147.25 美元/桶的历史高点。1970 年和 2002 年两个突变点，时隔 32 年，可以反映出油价波动中的长波成分。

6~7 年中波的生成主要受正常经济波动的影响。运用小波分析、HP

滤波、BP滤波方法测算得出的油价波动周期与正常经济的波动周期比较如表5－3所示。

针对油价的波动周期划分，HP滤波和BP滤波的划分结果基本一致，但BP滤波比HP滤波更平稳一些；小波分析方法得出的主要波动周期与前两种方法得出的结果大体一致，个别周期相较于BP滤波更加平稳，因为小波分析过滤掉一些噪声。

经济学家对经济周期波动的研究可以追溯到一个世纪以前。1862年，Juglar提出市场经济的周期性波动在9~10年[139]；1875年，Jevons把经济周期波动归因于太阳黑子每10年一次的运动周期[140]；20世纪30年代，Schumpeter在借鉴康德拉季耶夫、朱格拉、基钦等研究的基础上，提出了经济运行过程中同时存在长、中、短三种周期，即长周期（康德拉季耶夫周期）持续时间约为50年，中周期（朱格拉周期）持续时间约为9年，短周期（基钦周期）持续时间约为3年[141]；Lindenberg认为，1930年以来，世界经济经历了9个周期[142]。

世界经济周期波动每轮都会呈现一个特征，即首先在一个国家发生，其次通过各种传导机制向其他国家扩散，最后通过各国的相互影响达到一个共同的经济周期波动，也就是世界经济周期波动。由于美国和中国分别是全球最具影响力的发达经济体与新兴经济体，它们的经济波动对世界经济周期波动具有巨大的影响，鉴于世界经济周期波动相关的文献较少，本书主要查找了美国和中国经济波动周期的文献，与测算得出的油价波动周期进行比较。

表 5－3　油价与经济增长的波动周期划分比较

油价周期						经济周期													
小波提取年份	周期长度（年）	BP 滤波提取年份	周期长度（年）	HP 滤波提取年份	周期长度（年）	Lindenberg 划分年份	周期长度（年）	施发启划分年份	周期长度（年）	李业嘉划分年份	周期长度（年）	刘恒和陈述云划分年份	周期长度（年）	董进划分年份	周期长度（年）	姚敏和周潮划分年份	周期长度（年）	王悦划分年份	周期长度（年）	连平和吴金友划分年份	周期长度（年）
1972—1978	7	1972—1977	6	1974—1978	5	1974—1977	4	1973—1976	4	—	—	1973—1976	4	—	—	1973—1976	4	—	—	—	—
1979—1982	4	1978—1982	5	1979—1986	8	1978—1985	8	1977—1981	5	1980—1985	6	1977—1981	5	1977—1982	6	1977—1981	5	1980—1982	3	1978—1984	7
1983—1988	6	1983—1987	5	1987—1994	8	1986—1989	4	1982—1986	5	1986—1989	4	1982—1986	5	1983—1986	4	1982—1986	5	1983—1987	5	1985—1988	4
1989—1994	6	1988—1994	7	1995—1998	4	—	—	1987—1990	4	1990—1995	6	1987—1990	4	1987—1991	5	1987—1990	4	1988—1991	4	1989—1992	4
1995—1998	4	1995—1998	4	1999—2003	5	—	—	1991—1999	9	1996—2001	6	—	—	1992—2002	11	1991—1999	9	1992—1996	5	1993—2007	15
1999—2004	6	1999—2003	5	2004—2009	6	—	—	—	—	2002—2004	3	—	—	—	—	2000—2009	10	1997—2001	5	—	—
2005—2009	5	2004—2010	7	2010—2016	7	—	—	—	—	2005—2008	4	—	—	—	—	—	—	2002—2009	8	—	—
—	—	2011—2016	6	—	—	—	—	—	—	—	—	—	—	—	—	—	—	—	—	—	—
主周期	6	主周期	6.2	平均周期	6.3	—	—	—	—	—	—	—	—	—	—	—	—	—	—	—	—
周期长度	4～7	周期长度	4～7	周期长度	4～8	周期长度	4～8	周期长度	4～9	周期长度	3～6	周期长度	4～5	周期长度	4～11	周期长度	4～10	周期长度	3～8	周期长度	4～15

根据相关文献的总结，美国和中国经济存在明显的周期性波动。施发启，认为1973—1999年，中国共经历5次周期波动[143]；姚敏和周潮认为，1973—2009年，中国经历了6个周期[144]；刘恒和陈述云认为，1973—1990年，中国共经历了4个周期[145]；董进通过测算1977—2002年的中国经济波动，认为中国经济存在4个周期[146]；李业嘉认为，中国经济周期长度为3~6年[147]；连平和吴金友研究发现，1978—2007年，中国经济共经历了4个完整周期，经济周期长度平均为4~15年[148]。周佰成和方炬认为，1947—2004年，美国经济平均周期为10年，属于朱格拉周期，一个朱格拉周期等于2~3个基钦周期[149]；王悦研究发现，美国经济周期波动在3~8年[150]。田素华和谢智勇采用对数二次去趋势方法发现，中国经济周期时间为8.17年，美国经济周期为7.93年；采用HP滤波方法发现，中国经济周期持续时间为7.54年，美国经济周期为7.46年，中国和美国的经济周期大致相同，均约为8年[151]。

按照现有文献的研究，可以说，油价波动周期长度与经济波动周期长度相当。与其他学者关于经济波动周期划分相比，油价与经济波动周期起止时间基本相同，而且油价波动周期比经济波动周期超前1~2年，在一定程度上说明油价波动会引起经济波动。总体来说，油价与经济发展的关系非常紧密，波动周期基本相同。

5.4.2　国际原油价格波动的实证分析

本书主要目标锁定在经济周期性波动对油价波动的影响，只探讨经济周期性波动（*gdp*）和OPEC的石油供给（*supply*）及油价（*price*）三个变量，因为经济周期性波动直接引起石油需求的变动，OPEC的石油供给在整个石油供给中所占的比重很大。从长期来看，影响油价波动的原因主要在于供给和需求。不加入其他变量还出于以下考虑：石油的特殊属性始终存在且指标无法量化；地缘政治、异常气候等突发性事件无法预料，从数据的可取性来看不易获得。

经济周期性波动对油价波动的影响，主要通过经济周期性波动引起石油需求的变动和OPEC对石油供给的变动以及投机者预期变动，最终导致石油价格的波动。供求关系是石油价格波动的主要因素，同时石油价格波动还受投机、地缘政治、汇率变化、异常气候等因素的影响，这也是国际上对油价的分析和预测存在相当大争议的原因。国际油价波动历史轨迹如表5－4所示。

表5－4　国际油价波动历史轨迹

时间	标志性事件	油价态势	市场主导者
1946—1973年	美元与黄金脱钩	稳定的低油价	西方石油公司
1974—1978年	中东战争和石油禁运	低油价到高油价	产油国
1979—1986年	伊朗伊斯兰革命和两伊战争	高油价到高油价	产油国
1987—1997年	海湾战争	高油价到低油价	产油国与石油消费国
1998—2002年	亚洲金融危机	大幅波动	产油国与石油消费国
2003—2008年	世界经济强劲发展	低油价到高油价	石油消费国
2009—2014年	利比亚战争、埃及暴力冲突升级	高位震荡	产油国
2015—2020年	新冠疫情	油价暴跌震荡	石油消费国

资料来源：笔者根据公开资料整理。

从油价波动的态势来看，有短期波动和长期波动两种。短期波动带有突发性特点，油价在较短的时间内迅速跃升至一个高位。这种短期波动大多由边缘政治和突发性事件引起，如1973年OPEC采用石油禁运政策、1978年底的伊朗伊斯兰革命、1990—1991年伊拉克入侵科威特及海湾危机、2001—2003年美国“9·11”事件及美军入侵伊拉克、2003年伊拉克安全局势恶化、2005年伊朗重启核计划等。此类突发事件持续时间较短，影响一般在年度之内。长期波动，如1973年底开始的油价上升一直持续到1978年，1979—1986年石油价格长期在高位小幅波动，1986年以后油价又在低价位波动，2002—2008年油价又持续上涨，这种持续数年的价格波动形态变化不是某一短期扰动因素的结果，而是来自宏观经济层面的作用。

在油价波动的各个时期，世界GDP增长率涨跌态势和世界石油消费增减以及 OPEC 生产的增减态势基本趋同，即当世界 GDP 增长率下跌时，世界石油消费量下降，OPEC 采用减产政策。然而，就 GDP 增长率涨跌态势和油价波动态势来看，在 1986 年以前的各个油价波动时期中，两者的走势明显相反；但在 1986 年以后的各个油价波动时期中，GDP 增长率涨跌态势和油价波动态势基本趋同，如表 5－5 所示。基于世界 GDP 增长率、OPEC 石油产量与油价波动态势三者出现上述这些关系，在此分两个阶段进行分析。

表 5－5 1970—2020 年世界 GDP 增长率、世界石油消费、OPEC 石油产量与油价波动态势

油价波动时期	世界 GDP 增长率	世界石油消费	OPEC 石油产量	油价波动态势
1970—1972 年	上涨	上涨	上涨	平稳
1973—1974 年	下跌	下跌	下跌	大幅上涨
1975—1978 年	先大幅上涨后波动	上涨	上涨	小幅上涨
1979—1981 年	下跌	下跌	下跌	大幅上涨
1982—1986 年	先上涨后小幅下跌	上涨	下跌	高位回落
1987—1997 年	波动后下跌再上涨	上涨	上涨	低油价
1998—1999 年	上涨	上涨	下跌	小幅回升
2000—2001 年	大幅回落	上涨	下跌	小幅回落
2002—2007 年	大幅上涨	上涨	上涨	大幅上涨
2008—2009 年	大幅下跌	下跌	下跌	大幅下跌
2010—2013 年	大幅下跌	上涨	上涨	大幅上涨
2014—2015 年	小幅下跌	上涨	上涨	大幅下跌
2016—2018 年	小幅上涨	上涨	下跌	大幅回升
2019—2020 年	大幅下跌	下跌	下跌	大幅下跌

资料来源：笔者计算整理。

世界经济周期性波动与国际油价波动在 1987 年以前走势出现多次背离，但 1987 年以后两者涨跌的背离现象明显减少，且两者的曲线走势越来越趋同。另外，考虑到自 1986 年上市 WTI 期货合约后，原油期货市场对油价的影响也日益显著。综合这些因素，我们将整个样本区间划分为两个阶段进行分析：第一阶段为 1970—1986 年，第二阶段为 1987—2020 年。

(1) 第一阶段(1970—1986年)实证研究

①单位根检验。

“非平稳”是许多经济时间序列的特性,非平稳时间序列容易产生伪回归,因此,在应用普通回归方法估计模型前,需对经济时间序列进行平稳性检验。检验时间序列平稳性的常用方法是 Augmented Dickey - Fuller test(ADF)检验,当ADF检验值小于10%临界值时,拒绝原假设,说明时间序列是平稳的;反之,说明时间序列是非平稳的。检验结果如表5-6所示,原始序列ADF检验值都接受了存在单位根的原假设,即时间序列非平稳;再进行一阶差分序列检验,ADF检验值都在10%显著性水平下拒绝了存在单位根的原假设,即序列是一阶单整序列。

表5-6 变量的ADF单位根检验

变量	*t* 统计值	临界值			
		1%显著性水平	5%显著性水平	10%显著性水平	显著性水平
Zgdp	-2.6955	-2.7175	-1.9644	-1.6056	0.0105
D(*Zgdp*)	-4.4919	-4.1220	-3.1449	-2.7138	0.0055
Zprice	-1.2909	-2.7175	-1.9644	-1.6056	0.1733
D(*Zprice*)	-1.9152	-2.7283	-1.9663	-1.6050	0.0553
Zsupply	-0.2457	-2.7175	-1.9644	-1.6056	0.5818
D(*Zsupply*)	-2.7747	-2.7283	-1.9663	-1.6050	0.0090

资料来源:笔者计算整理。

②Johansen 协整检验。

由于 *Zgdp*、*Zprice*、*Zsupply* 均为同阶单整序列,可以进行 Johansen 协整检验。根据协整理论,在进行协整检验之前需要确定向量自回归滞后阶数,本书根据AIC、SC准则判断滞后阶数(如表5-7所示),最终确定自回归模型的最优滞后阶数是1,协整检验结果见表5-8。

表5-7 VAR滞后顺序选择准则

Lag	LogL	LR	FPE	AIC	SC	HQ
0	-43.8051	NA	0.1031	6.2407	6.3823	6.2392

续表

Lag	LogL	LR	FPE	AIC	SC	HQ
1	-5.9780	55.4798 *	0.0023 *	2.3971 *	2.9635 *	2.3910 *
2	-0.7107	5.6184	0.0046	2.8948	3.8860	2.8842

资料来源：笔者计算整理。

注：* 表示在5%水平上拒绝原假设。

表5-8 协整检验

假设协整数量	特征值	迹检验值	5%临界值	显著性水平
None *	0.6685	34.2079	29.7971	0.0146
At most 1 *	0.5163	17.6450	15.4947	0.0234
At most 2 *	0.3624	6.7508	3.8415	0.0094

资料来源：笔者计算整理。

注：* 表示在5%水平上拒绝原假设。

由表5-8可知，在5%置信水平上拒绝了不存在协整方程的原假设，接受了存在协整方程的原假设，说明两者存在长期的协整关系，标准化后的协整方程如下：

$$Zprice = -0.0675 \times Zsupply + 0.4922 \times Zgdp \qquad (5-11)$$

Zsupply 的系数是-0.0675，说明当OPEC日均产量上涨1%时，国际油价会下跌0.0675%，即OPEC日均产量与国际油价具有负向协整关系。*Zgdp* 的系数是0.4922，说明当世界经济增长率上涨1%时，国际油价会上涨0.4922%，即世界经济增长率与国际油价具有正向协整关系。

对残差序列进行稳定性检验，*p* 值小于0.05，可以认为残差序列是平稳序列，如表5-9所示。因此，国际油价、OPEC日产量和世界GDP增长率之间具有长期均衡关系。如图5-21所示，单位根分布图检验结果从数值上看均小于1，所有单位根倒数的模均落在单位圆内，因此，建立的VAR（1）模型是稳定的。

表 5 -9　残差序列的 ADF 单位根检验

		t 值	显著性水平
ADF		-2. 7280	0. 0100
临界值	1% level	-2. 7283	
	5% level	-1. 9663	
	10% level	-1. 6050	

资料来源：笔者计算整理。

③格兰杰因果关系检验。

如表 5 -10 所示，在 1% 的显著性水平下，*Zsupply* 是 *Zprice* 的格兰杰成因，*Zprice* 是 *Zsupply* 的格兰杰成因，因此，*Zsupply* 与 *Zprice* 互为因果关系，表明国际油价变化影响 OPEC 日产量的变动，OPEC 日产量的变动也影响国际油价的波动。在 10% 的显著性水平下 *Zprice* 是 *Zgdp* 的格兰杰成因，但 *Zgdp* 不是 *Zprice* 的格兰杰成因，表明短期世界经济周期性波动不能解释国际油价波动，原因可能在于：在这一阶段，两次油价大幅上涨都为突发性事件造成，1973—1974 年的中东战争和阿拉伯石油禁运、1979—1980 年的伊朗伊斯兰革命及海湾战争等突发性事件都导致石油供短缺，从而造成了国际石油市场上供求关系的恶化，油价飙升。

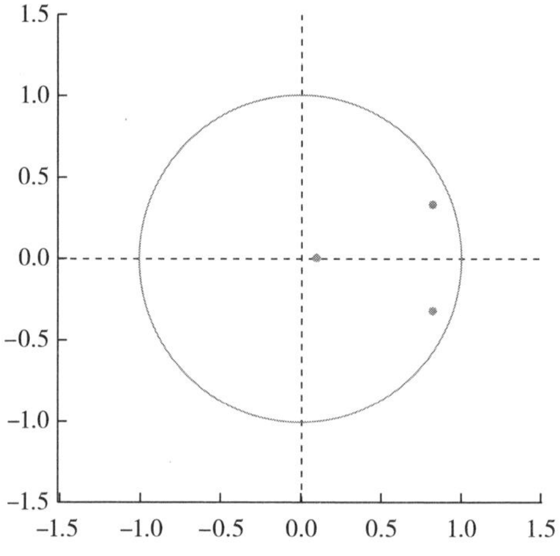

图 5 -21　单位根分布图检验

资料来源：笔者计算整理。

表 5-10 格兰杰因果关系检验

原假设	*F* 统计值	显著性水平
Zsupply 不是 *Zprice* 的格兰杰成因	9.3225	0.0092
Zprice 不是 *Zsupply* 的格兰杰成因	22.9869	0.0004
Zgdp 不是 *Zprice* 的格兰杰成因	0.8465	0.3743
Zprice 不是 *Zgdp* 的格兰杰成因	3.6019	0.0801
Zgdp 不是 *Zsupply* 的格兰杰成因	3.6396	0.0788
Zsupply 不是 *Zgdp* 的格兰杰成因	0.7586	0.3996

资料来源：笔者计算整理。

脉冲响应函数描述的是 VAR 模型中一个内生变量的冲击给其他内生变量带来的影响；随着时间的推移，观察模型中的各变量对于冲击是如何反应的。在此仅给出世界经济增长率与 OPEC 日均产量对国际油价冲击的脉冲响应图。如图 5-22 所示，国际油价（*Zprice*）对其自身的一个标准差信息立刻有较强反应，第 2 期价格增加了约 0.18，以后几期逐渐减弱。来自 OPEC 日产量（*Zsupply*）的影响到第 4 期较显著，价格增加了约 0.07，前 9 期都为正向反应，之后为负向反应。来自世界经济增长率（*Zgdp*）的影响在第 3 期较为显著，价格增加了约 0.11，以后各期逐渐减小，且在前 6 期影响要大于 OPEC 日产量对油价的影响。

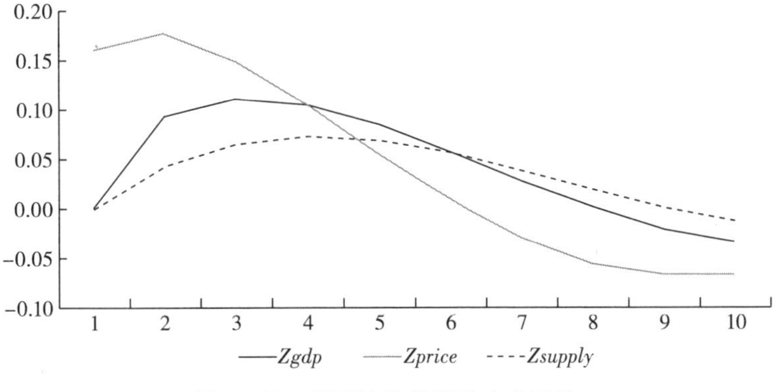

图 5-22 国际油价的脉冲响应函数

资料来源：笔者计算整理。

方差分解是通过分析每一个结构冲击对内生变量变化的贡献度，进一步评价不同结构冲击的重要性。通过比较不同变量贡献百分比的大小，可以估计出各变量效应的大小。同时，依据贡献百分比随时间的变化，确定一个变量对另一个变量的作用时滞。方差分解结果见图 5-23。由图 5-23 可知，原油价格对自身的影响逐渐变小，而世界经济增长率和 OPEC 日均产量对国际油价的影响逐渐增大，各周期世界经济增长率对油价的影响要大于 OPEC 日产量对油价的影响。

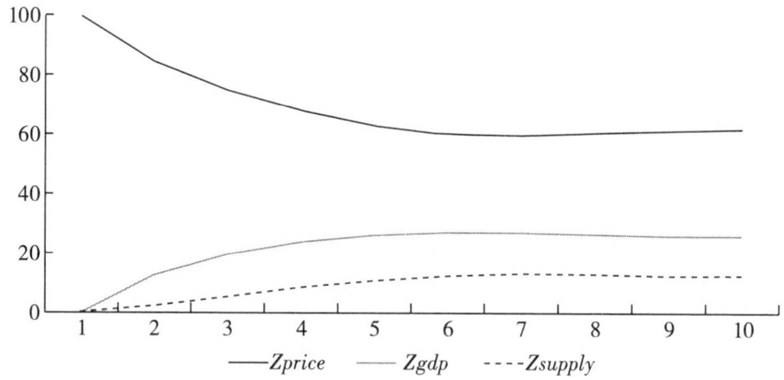

图 5-23 国际油价的方差分解

资料来源：笔者计算整理。

（2）第二阶段（1987—2020 年）实证研究

①单位根检验。

如表 5-11 所示，原始序列 ADF 检验值都接受了存在单位根的原假设，即时间序列非平稳；再进行一阶差分序列检验，ADF 检验值都在 10% 的显著性水平下拒绝了存在单位根的原假设，即序列是一阶单整序列。

表 5-11 变量的 ADF 单位根检验

变量	*t* 统计值	临界值			
		1% 显著性水平	5% 显著性水平	10% 显著性水平	显著性水平
Zgdp	-3.8752	-2.6369	-1.9517	-1.6106	0.0004
D（*Zgdp*）	-5.8486	-2.6417	-1.9521	-1.6104	0.0000
Zprice	-3.1022	-2.6607	-1.9550	-1.6091	0.0033
D（*Zprice*）	-5.7958	-2.6392	-1.9517	-1.6106	0.0000

续表

变量	t 统计值	临界值			
		1% 显著性水平	5% 显著性水平	10% 显著性水平	显著性水平
Zsupply	-1.9256	-2.6369	-1.9513	-1.6107	0.0528
D（*Zsupply*）	-3.3888	-2.6392	-1.9517	-1.6106	0.0014

资料来源：笔者计算整理。

②Johansen 协整检验。

根据 AIC、SC 准则判断滞后阶数，如表 5-12 所示，最终确定自回归模型的最优滞后阶数是 1。国际油价、OPEC 日产量和世界 GDP 增长率时间序列的协整检验结果见表 5-13。

表 5-12　VAR 滞后顺序选择准则

Lag	LogL	LR	FPE	AIC	SC	HQ
0	-104.2911	NA	0.2036	6.9220	7.0608	6.9672
1	-42.4874	107.6580*	0.0068*	3.5153*	4.0704*	3.6963*
2	-35.7966	10.3600	0.0080	3.6643	4.6357	3.9809
3	-27.1709	11.6863	0.0086	3.6884	5.0762	4.1408

资料来源：笔者计算整理。

注：* 表示在 5% 水平上拒绝原假设。

表 5-13　协整检验

假设协整数量	特征值	迹检验值	5% 临界值	显著性水平
None*	0.4658	30.6948	29.7971	0.0393
At most 1	0.2150	10.6316	15.4947	0.2352
At most 2	0.0863	2.8864	3.8415	0.0893

资料来源：笔者计算整理。

注：* 表示在 5% 水平上拒绝原假设。

由表 5-13 可知，在 5% 置信水平上拒绝了不存在协整方程的原假设，接受了存在协整方程的原假设，说明两者存在长期的协整关系，标准化后的协整方程如下：

$$Zprice = -3.7807 \times Zsupply + 5.7047 \times Zgdp \qquad (5-12)$$

Zsupply 的系数是 -3.7807，说明 OPEC 日均产量与国际油价具有负向协整关系，当 OPEC 日均产量上涨 1% 时，国际油价会下跌 3.7807%。

*Zgdp*的系数是5.7047，说明世界经济增长率与国际油价有同向协整关系，当世界经济增长率上涨1%时，国际油价会上涨5.7047%。

对残差序列进行稳定性检验，检验结果如表5-14所示。由于残差序列的ADF计算值绝对值大于显著水平为5%的临界值绝对值，且*p*值小于0.05，可以认为残差序列是平稳序列。因此，国际油价、OPEC日产量和世界GDP增长率之间具有长期均衡关系。如图5-24所示，所有单位根倒数的模均落在单位圆内，因此，建立的VAR（1）模型是稳定的。

表5-14 残差序列的ADF单位根检验

		*t*值	显著性水平
ADF		-5.0880	0.0000
临界值	1% level	-2.6417	
	5% level	-1.9521	
	10% level	-1.6104	

资料来源：笔者计算整理。

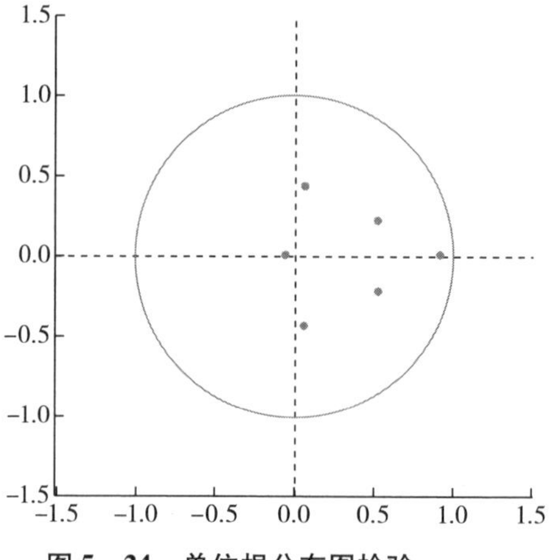

图5-24 单位根分布图检验

资料来源：笔者计算整理。

③格兰杰因果关系检验。

如表5-15所示，*Zsupply*不是*Zprice*的格兰杰成因，在5%的显著性水平下*Zprice*是*Zsupply*的格兰杰成因，表明国际油价变化对OPEC的日均产量变动产生一定的影响，但OPEC的日均产量变动不影响国际油价变动。

在10%的显著性水平下，*Zgdp*是*Zprice*的格兰杰成因，表明短期世界经济周期性波动能解释国际油价波动。原因可能是，OPEC的石油供给在整个石油供给中所占的比重逐渐减小，对油价的影响也跟着弱化。同时，随着一些国家石油储备的建立及石油期货市场的建立和完善，世界经济周期性波动对国际油价波动的作用得到进一步增强。

表5－15　格兰杰因果关系检验

原假设	*F*统计值	显著性水平
*Zsupply*不是*Zprice*的格兰杰成因	1.3320	0.3031
*Zprice*不是*Zsupply*的格兰杰成因	2.7927	0.0499
*Zgdp*不是*Zprice*的格兰杰成因	2.2162	0.0990
*Zprice*不是*Zgdp*的格兰杰成因	0.7867	0.5938
*Zgdp*不是*Zsupply*的格兰杰成因	1.4352	0.2655
*Zsupply*不是*Zgdp*的格兰杰成因	9.1467	0.0003

资料来源：笔者计算整理。

如图5－25所示，国际油价（*Zprice*）对其自身的标准差信息立刻有较强反应，价格增加了约0.41，以后几期逐渐减弱。来自OPEC日产量（*Zsupply*）的影响到第2期较为显著，价格增加了约0.03，各期都为正向反应。来自世界经济增长率（*Zgdp*）的影响在第2期较为显著，价格增加了约0.36，以后各期逐渐下降，且其影响要大于OPEC日产量对油价的影响。

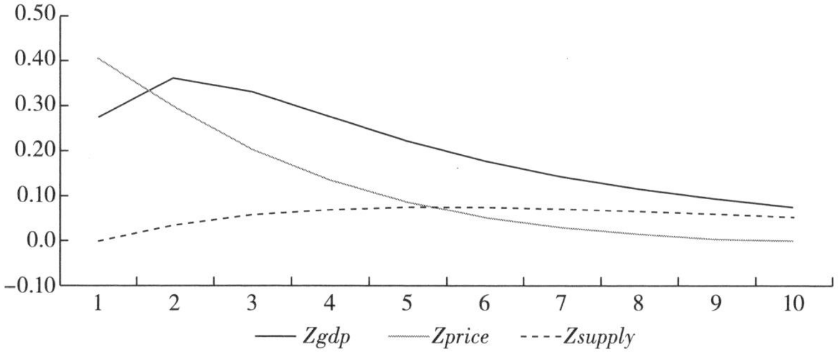

图5－25　国际油价的脉冲响应函数

资料来源：笔者计算整理。

方差分解结果见图 5－26。由图 5－26 可以看出，原油价格对自身的影响逐渐变小；而世界经济增长率和 OPEC 日均产量对国际油价的影响逐渐增大，各期中世界经济增长率对油价的影响要大于 OPEC 日产量对油价的影响。

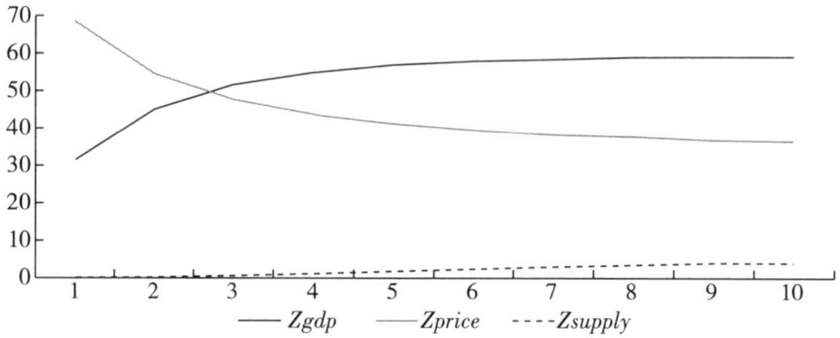

图 5－26　国际油价的方差分解

资料来源：笔者计算整理。

（3）结果分析

在以上两个阶段的实证分析中，OPEC 日产量与油价波动之间存在负相关关系，即 OPEC 增产有利于油价回落、限产有利于保价和提高价格。这一结果与 OPEC 政策在现实中的运用相吻合。世界 GDP 增长率和油价波动之间存在正相关关系，即世界经济繁荣对油价上涨具有拉动作用，世界经济下滑拉动油价回落。

在第一阶段（1970—1986 年），虽然世界 GDP 增长率与油价波动之间存在正相关关系，但世界经济周期性波动并不是油价波动的主要原因。这一阶段的石油价格两次大幅上涨主要由 1973—1974 年的中东战争和阿拉伯石油禁运、1979—1980 年伊朗伊斯兰革命及海湾战争等突发性事件引起，而不是世界经济增长引起石油供不应求造成的，所以，实证的结果是，世界经济增长率对国家原油价格的格兰杰因果关系不成立。

在第二阶段（1987—2020 年），虽然 OPEC 日产量与油价波动之间存在负相关关系，但 OPEC 日产量不是油价波动的主要原因。在这一阶段，OPEC 在全球石油供给的比重逐渐下降。另外，经过 20 世纪 70 年代后的两次石油危机，各国的产业结构发生了很大变化，第三产业发展迅速，在国民经济中所占的比重不断增大，在一定程度上减少了对石油的依赖，OPEC 对油价的影响也随之弱化。同时，随着一些国家石油储备的建立以及石油期货市场的建立和完善，世界经济周期性波动对油价波动的作用进一步增强，所以，实证的结果为 OPEC 的日产量不是国际油价的格兰杰成因，在 10% 的显著性水平下，世界经济增长率对国际油价存在单向格兰杰因果关系。从脉冲响应函数可以看出，各期中世界经济增长率对油价的影响要大于 OPEC 日产量对油价的影响。方差分解的结果也是各期中世界经济增长率对油价的影响要大于 OPEC 日产量对油价的影响。

在市场经济条件下，石油作为一种商品，决定其价格的最主要因素是石油市场上的供给和需求；同时，围绕供求关系的突发性事件、投机因素以及气候因素会对石油价格波动产生重要影响。此外，其他诸多因素，如石油资源分布的不均衡、世界原油储量的不确定性、世界石油大市场的非完全竞争性等，造成石油市场在一定程度上的价格扭曲，甚至在一定程度上油价不遵守供求规律。但是，归根结底，决定价格的核心因素还是供求关系，供求数量的变化是价格变动的基本动因。从长期趋势来看，石油价格必然遵守供求规律，石油供求关系的变化依旧会最终决定石油价格的长期走势。随着 OPEC 在全球石油供给的比重逐渐下降和石油期货市场的建立与完善，世界经济周期性波动对油价波动的作用进一步得到了增强。故本书认为，总体上经济周期性波动引导油价波动。

第6章 国际原油价格影响因素分析

石油既是一种商品，也是一种金融产品，因此，本书以石油具有的金融和商品双重属性为始点，重点分析对国际原油价格波动产生影响的因素[152]。如图6-1所示，将供给侧因素和需求侧因素作为石油商品属性决定性因素，将美元汇率和投机因素作为石油金融属性决定性因素，并且将影响油价的因素分为直接因素和根本因素。下文将阐述各因素对原油价格的影响机理。

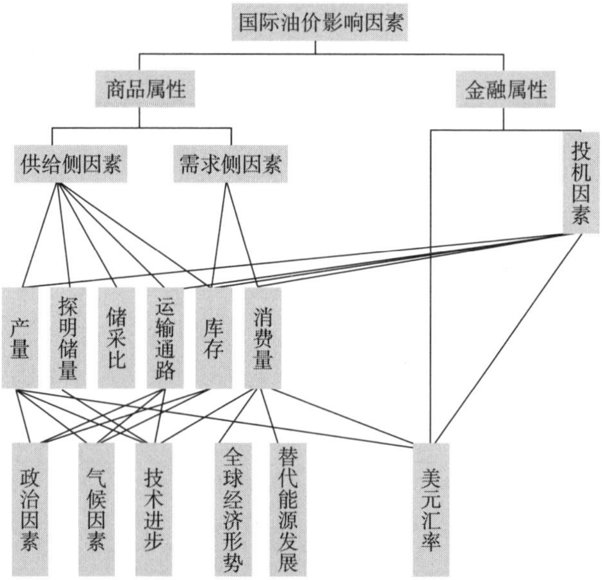

图6-1 国际原油价格影响因素结构

影响油价的直接因素为供给侧因素、需求侧因素以及投机因素。当供给稳定时，需求的增加会抬升油价；反之，则会对油价进行打压。当需求稳定时，供给的减少会抬升油价；反之，则会对油价进行打压。也就是说，供需关系的变化会影响油价。供需关系决定了油价在一个时期内的走势，而投机因素对油价变动通常起到推波助澜的作用[153]，即当供需因素（主要是石油的产量、库存、运输通路和消费量）或者美元指数出现较大波动或投机者对二者有一个发生较大变化的预期时，投机者就会蜂拥而至，进一步放大国际原油价格的波动。供给侧因素主要包括石油的产量、探明储量、储采比、运输通路及库存，需求侧因素主要包括石油的库存和消费量[154]。探明储量和储采比反映了长期的石油供给能力，二者的值越高，长期供给能力越强。产量则反映了石油供给的短期能力，产量越高，短期供给能力越强。当前的产量会通过影响当前的供给来影响油价，预期的产量则会通过影响预期供给来影响油价。石油运输通路是否通畅决定了石油产量能否转化为有效的供给。库存一般分为两种——商业库存和战略库存，因为战略库存一般比较稳定，所以主要是商业库存影响油价。库存对油价主要起稳定作用，并通过平衡供给和需求来实现：当供给严重不足时，可通过释放库存增加供给；当供给过剩时，可通过增加库存增加需求，且库存水平越高对供给侧的支撑作用越强，对需求侧的作用则相反[155]。对石油需求影响最大的因素就是石油的消费量，石油消费量和需求的变化趋势基本一致。

影响油价的根本因素包括政治因素、气候因素、技术进步、全球经济形势、替代能源发展及美元汇率[156]。政治因素主要通过影响石油的产量、运输通路和库存以及投机者对三者的预期影响石油供给进而影响油价，例如，中东地区爆发军事冲突或恐怖分子袭击石油设施导致石油减产和库存减少，俄罗斯和乌克兰产生冲突导致石油运输管线停运等。气候因素影响油价的主要途径和政治因素相同，如飓风袭击美国沿岸油气设施、台风阻断海上石油运输路线等。技术进步则主要通过影响石油的产量、探明储量、运输通路和消费量影响石油的供需进而影响油价，如美国的原油产量和探明储量在页岩油技术革命的牵引下大幅增长，油气管道建设技术突破使得运输通路增多，汽车发动机效率提高导致耗油量减少等。全球经济形势和替代能源发展均主要通过影响石油的消费量影响油价，全球经济形势转好，会促使石油的消费量增加；全球经济形势恶化，会促使石油的消费量减少，而替代能源的发展会促使石油消费量减少。美元汇率可以通过影响供需和投机因素影响油价，当美元汇率上升时，非美元本位货币国家（中国等）进口石油的成本提高，石油的消费量减少，同时非美元本位货币国家（沙特阿拉伯等）生产石油的成本降低，且出口有利，石油的产量增加，而且对石油价格下跌的预期使得投机者做空油价；当美元汇率下降时，市场不会看好美元，就会抛售美元资产，从而引起美元的进一步贬值，导致投机者预期石油价格上涨，使得投机者做多油价[157]。

6.1　原油供给

原油是一种不可再生的稀缺资源，并且在全球范围分布不均匀；同时，原油也是重要的商品，原油的供给量会对原油价格产生直接的、决定性影响。供给侧因素主要包括原油的产量、探明储量、储采比、运输通路及库存，探明储量和储采比反映了长期的原油供给能力，二者的值越高，长期供给能力越强。产量则反映了原油供给的短期能力，产量越高，短期供给能力越强。当前的产量会通过影响当前的供给影响油价，而预期的产量会通过影响预期供给影响油价[158]。

全球原油探明可采储量约为2444亿吨，可以满足约50年的全球生产需要。世界原油资源分布很不均衡，原油资源主要集中在中东地区，约占世界原油探明储量的46%，其中，OPEC国家约占70%。2023年，全球原油供应量产能显著增加，全年石油产量为48.19亿吨，同比上涨2.2%[159]。主要产油国家和地区是美国、沙特阿拉伯、伊朗、伊拉克、俄罗斯等，供应影响因素包括原油储量、原油产量、项目建设、上游成本等。

当前，国际石油地缘政治发生了巨大变化，国际石油供给市场的形势日趋复杂。美国、OPEC 和非 OPEC 产油国俄罗斯是国际原油供给市场的实际掌权者，三方在国际原油市场上围绕国际原油价格与市场份额持续“斗法”。三方的中短期原油供应政策直接影响中期以及短期国际原油市场供应水平和国际原油价格水平。在 2020 年 3 月 6 日“OPEC ＋”部长级会议中，OPEC 和非 OPEC 国家试图在已经批准的方案基础上通过进一步减产稳定油价，但沙特阿拉伯和俄罗斯在会议期间未对 150 万桶/日的减产计划达成协议，俄罗斯拒绝承担 50 万桶/日的减产份额。与此同时，此次会议也未对现有 210 万桶/日的限产协议进行延期。直到 4 月 12 日，以沙特阿拉伯和俄罗斯为首的“OPEC ＋”才达成三阶段递减式减产协议，即自 5 月 1 日起为期两个月日均减产 970 万桶，自 7 月 1 日至 12 月为期 6 个月日均减产 770 万桶，自 2021 年 1 月至 2022 年 4 月日均减产 580 万桶。但相对于全球每天 2500 万～3000 万桶的原油供给过剩，这项减产协议似乎杯水车薪。

6.1.1　世界石油产量

2021 年，全球石油产量约 44.23 亿吨，同比增长 1.3%，增量主要来自“OPEC＋”国家。2021 年 4 月以来，随着油价快速回升，“OPEC＋”国家开始逐步提高产量，其中，俄罗斯全年石油产量增加 2%，达到 5.34 亿吨；伊朗产量大幅增长 16.3%，达到 1.55 亿吨；利比亚军事冲突平息，建立过渡政府重启石油出口，产量翻倍增至 0.65 亿吨；沙特阿拉伯、伊拉克、阿联酋产量均有所下降。2023 年，世界石油产量 45.141 亿吨，OPEC 贡献了增量的 50% 以上，沙特阿拉伯、伊拉克、阿联酋、安哥拉产量增长均超过 5%；非 OPEC 国家增产 160 万桶/日。其中，前十大产油国是美国、沙特阿拉伯、俄罗斯、加拿大、伊拉克、中国、阿联酋、伊朗、巴西和科威特。这前十大产油国产油共计 32.475 亿吨，占世界总量的 73.6%。2011—2023 年世界石油产量及增长率见图 6－2。

6.1.2　OPEC 成员国石油产量

谈到石油供应方不得不提 OPEC，其石油产量约占全球石油产量的

35%，在原油供应和价格变化上起着举足轻重的作用。20世纪70年代发生的两次原油危机，引起原油价格剧烈波动，给世界经济造成消极影响。两次危机的价格战使OPEC认识到，无论是油价过高威胁世界经济并激励替代能源开发和促使非OPEC势力壮大，还是油价过低使OPEC在原油资源和原油收入方面蒙受损失，对OPEC都是不利的。OPEC基本确立了平衡的价格政策，使油价控制在相对稳定、能够使原油进口国和出口国都接受的水平上[160]。之后，1990年海湾战争、1998年亚洲金融危机、2008年国际金融危机、2014年下半年以后油价下跌等，OPEC都基本沿用此政策，同时1998年亚洲金融危机让OPEC进一步认识到其市场份额并未占到绝对的大多数，其减产促价必须获得非OPEC国家的支持才能成功。

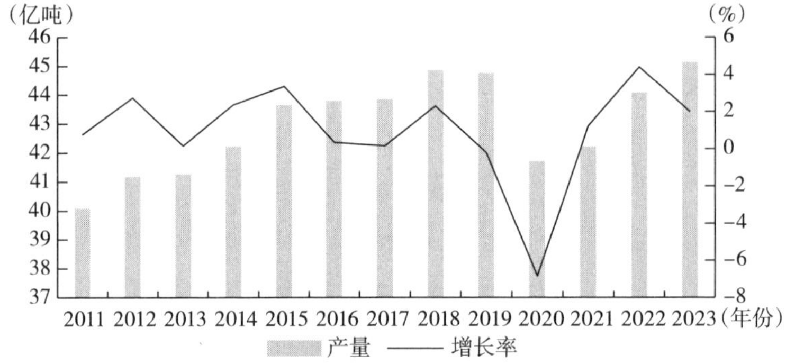

图6-2　2011—2023年世界石油产量及增长率

资料来源：《BP世界能源统计年鉴》。

剩余生产能力不足已经成为油价持续上涨的一个主要影响因素，原油剩余生产能力是衡量世界原油市场供应状况一个非常重要的指标。世界原油剩余生产能力与油价呈反方向变动，剩余生产能力越弱，油价越高；反之，油价会逐步走低。在剩余产能不足的情况下，原油市场供应增长困难，任何需求增长都无法得到满足，特别是在短期内，当剩余产能作为“缓冲器”的作用失灵时，很可能会出现油价屡创新高的情况[161]。

全球35%的原油来自OPEC国家，同时OPEC原油出口量占国际原油贸易总量的60%。OPEC国家的供给很大程度上影响国际原油价格。历史上，当OPEC产量目标削减时，原油价格大多会上涨，如图6-3所示。

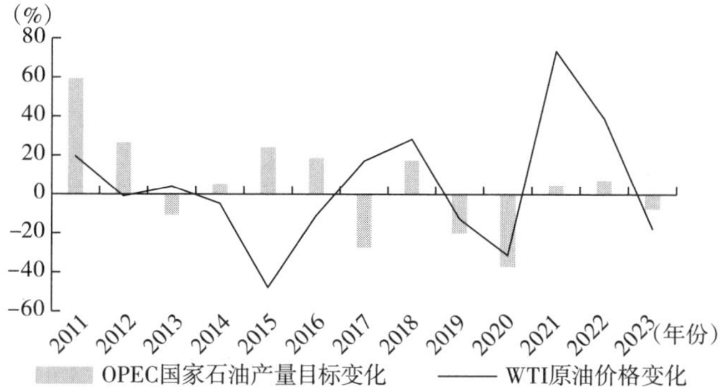

图6－3 2011—2023年OPEC国家石油产量目标变化与WTI原油价格变化

资料来源：《BP世界能源统计年鉴》。

OPEC剩余产能是评估全球原油市场应对原油供应减少风险的重要指标。当OPEC剩余产能降低到一定程度时，将推高原油价格风险溢价[162]。2003—2008年，经济对原油需求快速增长，而原油供给增长缓慢，导致OPEC剩余产能紧缩，总剩余产能低于或接近200万桶/日（或低于全球供应总量的3%），低剩余产能限制其对原油需求和价格上涨的反应能力；2009—2014年，随着美国原油进口逐步减少，OPEC剩余产能富余较多，市场份额逐步萎缩，以低成本价格换取市场份额的举措最终上演；2015—2019年，OPEC剩余产能整体处于小幅波动状态，2018年10月接近3300万桶/日；自2020年开始，受全球新冠疫情暴发、宏观经济下行、新能源替代等综合因素的影响，原油产量大幅下降，之后随着疫情缓解和经济逐渐恢复，原油产量有所回升。此外，OPEC成员国国内及各成员国之间地缘政治事件，包括对原油供应造成实际损失或潜在损失的事件都会对国际原油价格产生强烈影响。

尽管OPEC试图对原油产量进行管理以维持既定的价格水平，但其成员国并未一直遵守OPEC制定的产量目标，进而影响原油价格。作为全球最大的原油组织OPEC的重要组成国家和世界第二大原油出口国，沙特阿拉伯一直引领OPEC国家调控国际原油市场，以协助维持原油价格稳定。由于原油出口是本国的经济支柱，沙特阿拉伯积极号召OPEC国家主动减产，以求通过减产保价达到增加收入的目的[163]。在执行减产协议期间，OPEC 国家原油产量从 2018 年 1 月 3753 万桶/日下降至 2019 年 11 月 3486 万桶/日，产量减少 267 万桶/日，其中，沙特阿拉伯承担了大部分减产任务。2019 年，沙特阿拉伯的财政赤字为 -476 亿美元，已连续 6 年出现财政赤字。为扭转财政赤字，在 2020 年 3 月"OPEC +"减产协议宣布流产后不到 24 小时，沙特阿拉伯国有原油公司沙特阿美宣布大幅降低其出口向亚太、欧洲和美国地区的原油价格，并承诺在 4 月将产能扩大至 1300 万桶/日。这一举措引发市场恐慌，加剧油价下跌。近年来，非 OPEC 国家天然气产量不断上升促使天然气凝析液（NGL）产量出现显著增长，推动全球液体燃料供应总量上升，且 NGL 并未包含在 OPEC 产量配额中，有助于减缓原油价格上涨趋势。OPEC 原油产量在 2022 年 11 月创下了自 2020 年以来的最大降幅，以满足此前"OPEC +"达成的最新减产协议。当月，OPEC 所有成员国合计减产幅度略超过 100 万桶/日，令总产量降至 2879 万桶/日。其中，沙特阿拉伯减产 47 万桶/日至 1044 万桶/日，其他海湾产油国也跟进减产。

此外，国际原油价格的走向不仅取决于现有的供应量和需求量，还取决于对未来需求量和供应量的预测情况[164]。OPEC 根据现行供应情况和对未来供应的预期调整其成员国的产量目标，但是对未来供应情况的评估存在着很大的缺陷，尤其是在市场情况多变且存在很高的不确定性时，预测会更难，并存在很大的滞后性，也将影响原油价格。

6.1.3 非 OPEC 国家石油产量

非 OPEC 国家石油产量占世界原油总产量的 65% 左右。非 OPEC 国家的生产商通常被看作价格接受者，其产量的变化和国际原油价格的变化趋势几乎一致，如图 6 -4 所示。2010—2014 年，非 OPEC 国家石油产量显著上升，其中，增量主要来自美国。资料显示，美国原油生产从每天接近 600 万桶剧增到 870 万桶，创近 20 年新高，而同期美国的原油日均进口从 1400 万桶降至 800 万桶，作为主要消费国，美国逐步实现能源自给，原油价格承压下降是必然趋势[165]。

OPEC 成员国的常规原油资源成本较低，非 OPEC 国家原油生产集中在勘探成本和生产成本相对较高地区和开发还不成熟的领域，如深水、油砂等，原油生产处于成本劣势；但非 OPEC 国家通常又处于技术领先地位，随着美国页岩油等新生产技术突破并开发利用，原油生产成本显著降低，最终间接促使原油价格降低。原油价格不仅受到非 OPEC 国家实际产量影响，还与各国对未来原油供应期望值变化密切关联。2005—2008 年，非 OPEC 国家最终产量报告显示其原油产量连续低于预期，使全球对 OPEC 国家原油产量依赖度史无前例地提高，进一步降低了 OPEC 成员国剩余产能，对非 OPEC 国家产量预测值下调及原油价格上涨形成压力。

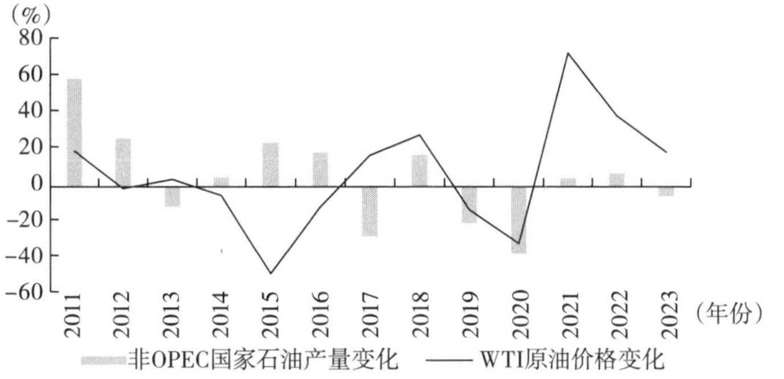

图 6-4　2011—2023 年非 OPEC 国家石油产量变化和 WTI 原油价格变化

资料来源：《BP 世界能源统计年鉴》。

俄罗斯是传统的原油生产国和出口国，2023 年，俄罗斯占世界石油市场的份额为 12.0%，世界排名第二[166]。为了共同应对美国在国际原油市场上的挑战，俄罗斯与 OPEC 国家组成“OPEC +”，联手推行限产保价政策。由于原油出口在本国经济中的占比不同，国际原油价格对俄罗斯和 OPEC 国家的影响也不同。对俄罗斯来说，原油出口在俄罗斯经济中的占比已从 2014 年的 70% 大幅下降至 2019 年的 50%；OPEC 国家则普遍在 80% 以上。因此，2017—2019 年，俄罗斯对减产协议一直保持平均 62% 的执行率，名义减产实际增产，其能源出口量从 2016 年的 2.53 亿吨增至 2018 年的 2.68 亿吨。其间，俄罗斯财政盈余和外汇储备不断增加。据国际货币基金组织（International Monetary Fund，IMF）统计，2019年，俄罗斯财政盈余153亿美元，连续两年实现财政盈余；财政预算均衡油价仅为42美元/桶，比沙特阿位伯低40美元/桶。在“OPEC+”减产协议谈判之前，俄罗斯认为保持50~60美元/桶的油价是其政策首选，即使受疫情影响全球原油需求降低，俄罗斯也没有减产必要。因此，2020年3月“OPEC+”会议上，俄罗斯拒绝承担减产份额。

6.1.4 美国页岩油产量

世界页岩油资源较为丰富，主要分布在北美洲、东欧和亚太地区。据EIA披露，全世界页岩油总储量约为3450亿桶，其中，俄罗斯750亿桶，美国580亿桶，中国320亿桶。俄罗斯页岩油储量几乎都蕴含于西西伯利亚巴热诺沃岩系的页岩油沉积层，在750亿桶总储量中，即使不考虑经济效益也只有6%可以开采。近年来，俄罗斯卢克石油公司、俄罗斯石油公司同美国埃克森美孚石油合作，俄罗斯天然气石油公司同壳牌公司合作，计划开始对页岩油进行试验性开采。和俄罗斯情况不同的是，由于压裂和定向钻井技术的广泛应用，美国页岩油开采已达石油开采总量的30%。

（1）美国页岩油成为全球原油供给的重要增量

美国页岩油资源丰富，技术可采储量约为580亿桶，位列全球第一。页岩油革命极大地改变了美国的原油供需格局，也重塑了全球油气能源版图。页岩油规模化生产之前，全球原油生产主要集中于OPEC及俄罗斯等部分非OPEC经济体；2011年以来，随着页岩油的快速发展，美国页岩油市场份额大幅回升，2018年约为15%，一举成为全球第一大产油国[167]。同时期，OPEC原油的市场份额约为41%，俄罗斯原油的市场份额约为13%，沙特阿拉伯原油的市场份额同俄罗斯一样约为13%。美国页岩油在世界原油中占据重要地位。

由于开采技术的突破，美国的页岩气革命取得了巨大成功，该国天然气产量近十几年实现了快速增长，使得其天然气对外依存度迅速下降，也迫使本国天然气价格持续下滑。但国际原油价格始终保持高位运行。许多油气投资商看到了这一机会，纷纷将资金由开采页岩气转向开采页岩油，页岩气和页岩油开采技术与设备的相互适用更是为这种转移创造了条件。美国利用水平钻法、水力压裂等关键技术进行大规模页岩油开采，大幅提高了美国本土的原油产量，随着原油产量逐年上升，美国对中东地区原油进口依存度下降，沙特阿拉伯等传统 OPEC 产油国的市场份额受到挤压。

（2）美国页岩油增产潜力巨大

美国约 80% 的原油产自美国 48 个州，约 16% 的原油产自墨西哥湾，剩余部分来自阿拉斯加地区。美国 48 个州的页岩油气生产集中于七大油气区，分别为 Appalachia、Anadarko、Bakken、Eagle Ford、Haynesville、Niobrara 和 Permian，其中 Permian、Bakken 和 Eagle Ford 是三大主要的页岩油产区（如图 6－5、图 6－6 所示）。2021 年，三大页岩油产区总产量为 8194. 8 万桶/日，剩下 4 个区页岩气日产量为 7166. 8 亿立方英尺①。EIA 会对以上七大油气区的原油开采活动进行跟踪，虽然七大油气区的原油生产不仅限于页岩油，使得七大油气区的原油总产量大于美国页岩油总产量，但通过研究七大油气区的原油生产情况，可以大致了解美国页岩油气的生产分布情况。

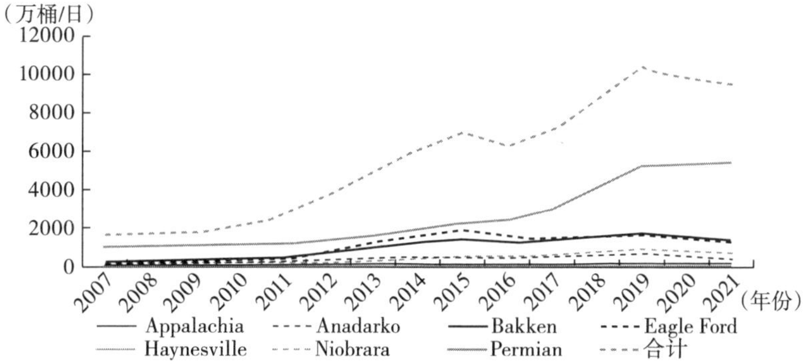

图 6－5　2007—2021 年美国各油气区页岩油产量

资料来源：EIA。

① 注：1 立方英尺约为 0. 028 立方米。

美国页岩油气资源非常丰富，是全球页岩油勘探开发最成功的地区。从2010年起，美国水平钻法和水力压裂技术普及，页岩油开采成本下降，单井产油能力普遍大幅提高，取得了举世瞩目的进步。美国成为近几年原油产量增长最快的石油生产国：2013年底，美国页岩油产量高达350万桶/日；2015年，美国页岩油对美国原油总产量的贡献过半；2018年，美国页岩油的产量达650万桶/日，贡献了美国原油总产量的59%。相比之下，美国传统油井产量相对稳定，维持在450万桶/日左右的水平上[168]。

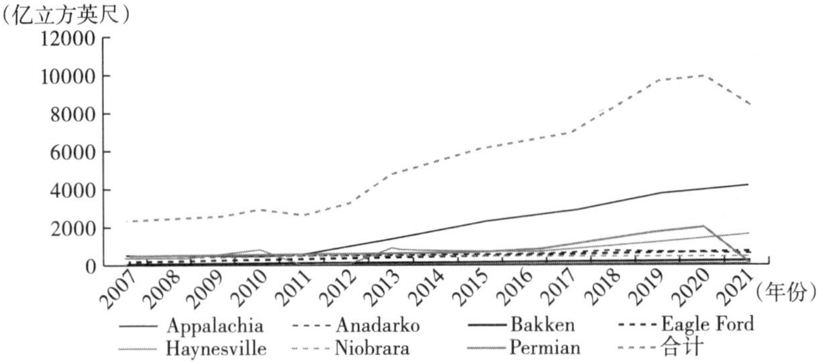

图6－6　2007—2021年美国各油气区页岩气日产量

资料来源：EIA。

根据EIA最新钻井生产力报告，自2019年初以来，美国七大页岩油主产区的综合完井率连续增长，9月综合完井率高达1.17%，为近三年最高值。其中，Permian盆地完井率回升至109%，较2019年1月大幅提高36个百分点；Eagle Ford盆地完井率回升至114%，较2019年1月大幅提高28个百分点；Bakken盆地完井率回升至120%，较2019年1月大幅提高32个百分点。

（3）页岩油生产企业集中度持续提升

与传统原油开发模式不同，美国页岩油产业的蓬勃发展由众多中小型公司推动。据统计，美国有7000多家涉及页岩油业务的公司，其中，有6900多家是中小型企业，这些企业或是独立油气生产商，或是油田服务公司，或是金融投资公司，彼此协作、相互依赖，支撑着美国页岩油产业稳步向前。页岩油属于非常规油气资源，页岩油井的有效生命周期为2～3

年，投产一年后其产量降幅会高达40%～50%。因此，在页岩油生产过程中不得不持续地钻探新井，这是典型的资本驱动行业。

不管是高油价时期还是低油价时期，美国大部分页岩油公司的财务状况都表现不佳，自2006年以来页岩油行业的年投资回报率未超过10%，投资者开始对页岩油产业持谨慎态度。据《华尔街日报》报道，2018年，美国页岩油生产商发行的债务和股权降至220亿美元，不到2016年募集金额的一半。中小型页岩油生产商一直维持较高的财务杠杆率，随着美联储暂停量化宽松，融资成本推高，同时，投资者对页岩油的债务推动型增长模式越发不满，派发股息压力增大，中小型页岩油公司的发展潜力受到制约。但这并不意味着美国页岩油产业将步入下坡路，因为埃克森美孚、雪佛龙等综合性国际能源巨头正推动页岩油的新一轮革命。

埃克森美孚、英国石油公司、壳牌等纷纷扩大了在Permian盆地的业务规模，雪佛龙更是以330亿美元的价格收购了独立石油公司阿纳达科，后者在Permian盆地的年产出约合40亿桶油当量[169]。由于这些石油巨头的财务状况更加健康，而且业务涵盖勘探开发、油气集输、炼油化工以及油品销售，具有全产业链竞争优势，抗风险能力要远远好于中小型页岩油生产商。根据Rystad Energy统计数据，截至2018年11月，以埃克森美孚、雪佛龙、壳牌等为代表的综合性国际能源巨头在页岩油板块产量同比增长近63%，而公开上市的前十大页岩油生产商的产量同比增长只有21.5%。BTU Analytics预计将有超过一半的页岩油生产商会在本轮并购潮中消失，能源巨头的入局将显著提升美国页岩油行业集中度，页岩油潜力有望得到进一步释放。根据Bloomberg统计数据，2019年综合性国际能源巨头将在美国本土投资近1240亿美元，占全球资本支出总额的1/3，该投资额较2018年同期增长10%。例如，2019年，雪佛龙在美国本土的资本开支占其全球资本总开支的比重升至近10年来最高水平，雪佛龙预计将在Permian盆地投资36亿美元，在其他页岩油盆地投资16亿美元。2019年3月，雪佛龙公开表示，预计到2020年底，其在Permian盆地的页岩油产量将达到60万桶/日，比2019年产量高出59%。

（4）从全球原油供需格局来看，美国页岩油将持续压制全球油价

2023 年，全球原油需求约为 10211 万桶/日，全球原油供给约为 9600 万桶/日，整体供不应求。据 EIA 的模型预测，美国原油产量在未来 10 年都会得到持续增长，2030 年，美国原油产量将会达到 1446 万桶/日。除此之外，美国页岩油气的开采生产具有对国际原油价格快速响应的特性。在低油价时期，页岩油产量会迅速下降；在高油价时期，页岩油产量会迅速提升。虽然 EIA 预测的产量不代表美国页岩油将会按照这个速度增产，但是该预测能说明美国页岩油增产潜力大，美国页岩油将会对全球原油价格产生持续压制作用。

6.1.5 石油储量

石油储量既反映了石油的长期总供给量，又反映了资源约束，是资源有限性的表现：储量降低，说明石油需求旺盛消耗了储量，供给紧张；反之亦然。一般，我们关注已探明储量（可采）、剩余储量、储采比等指标，受勘探投入、勘探技术进步的影响，石油储量会逐年小幅递增，若伴随大油田的发现，则该年探明储量增长幅度较大。总的来说，石油储量与石油价格呈负相关关系。

2023 年《BP 世界能源统计年鉴》数据显示，全球剩余探明石油储量在 1980 年为 0.68 万亿桶，1989 年增加到 1 万亿桶，2009 年增加到 1.53 万亿桶，2017 年增加到 1.73 万亿桶，2022 年为 1.76 万亿桶，2023 年为 1.54 万亿桶。如图 6 -7所示，2022 年全球剩余探明石油储量比 1980 年增加了1.08 万亿桶，比2020 年增加了0.03 万亿桶；2022 年的全球剩余探明石油储量规模是 1980 年的 2.59 倍、2000 年的 1.35 倍。2000—2022 年，世界石油累计总产量为 36.08 万亿桶，年均产量为 1.57 万亿桶。也就是说，自 2000 年以来，在平均每年产出 1.57 万亿桶石油之后，除 2023 年外，全球剩余探明石油储量仍然呈现增加的趋势。

储采比是年底油田剩余储量与当年产出量的比值，也就是按当年的生产水平还可以开采原油的年数。公式为：$n = (R_0 - R_p) \div Q$ 。其中，n 为储

采比，R_0 为总可采储量，R_p 为到当年累计产油量，Q 为当年石油产量。当石油探明储量的增长速度小于石油开采量的增长速度时，会引起储采比的减小，储采比的减小会带来未来供给减少的预期，从而引起石油价格的变化。

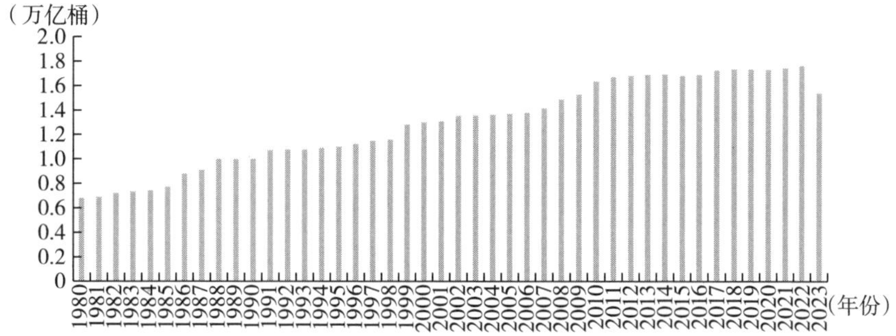

图 6－7　1980—2023 年全球剩余探明石油储量

资料来源：2022 年《BP 世界能源统计年鉴》。

《BP 世界能源统计年鉴》数据显示，1979 年，全球剩余探明石油储量为 6826 亿桶；世界石油产量为 6606.7 万桶/日，折合约为 241.15 亿桶/年。这样算来，1980 年 1 月 1 日，全球剩余探明石油储量的开采年限为 28.3 年，不到 30 年。1999 年，全球剩余探明石油储量为 1.28 万亿桶；世界石油总产量为 7151.8 万桶/日，折合约为 261.04 亿桶/年。这样算来，2000 年 1 月 1 日，全球剩余探明石油储量的可开采年限为 49 年，比 1980 年增加了 20 年。2010 年，全球剩余探明石油储量为 1.38 万亿桶，储采比为 46.2%。2019 年，全球剩余探明石油储量为 1.73 万亿桶；世界石油总产量为 9491.6 万桶/日，折合约为 346.44 亿桶/年。这样算来，2020 年 1 月 1 日，全球剩余探明石油储量的可开采年限为 50 年，比 2000 年增加 1 年，比 1980 年增加 21 年。2023 年，全球剩余探明石油储量为 1.54 万亿桶。2003—2022 年全球石油储采比如图 6－8 所示。

Rystad Energy 统计数据显示，2021 年，全球可采石油储量为 1.572 万亿桶；根据英国石油公司的统计数据，2021 年，世界石油产量为 8987.7 万桶/日，折合约为 328.05 亿桶/年，则 2022 年 1 月 1 日，全球剩余探明石油储量的可开采年限为47.9年，不仅低于2020年的可开采年限，而且已下降到50年之下。

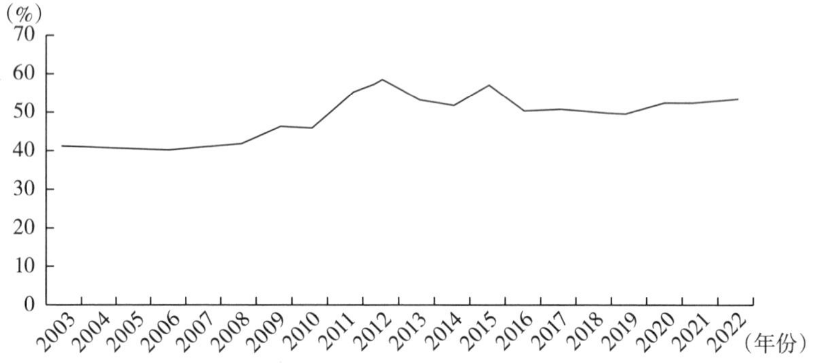

图6-8　2003—2022年全球石油储采比

资料来源：《BP世界能源统计年鉴》。

6.2　原油需求

原油作为重要的化工原料和燃料，被称为“工业的血液”。在国际能源市场主导地位这一前提下，世界各国经济发展、生产能力提高、消费水平升级将会增加对原油的需求，从而带动原油期货价格上涨；同时，经济的衰退会导致原油需求量减少，致使原油期货价格下滑。一般来说，经济水平较高、工业生产发展较为成熟和人口较多的地区，对原油的需求量更大。

从原油产业链的角度来看，其主要消费需求集中在炼化产业、交通工具燃料等方面。从石化产业链角度来看，由于工业生产对原油的消费需要炼厂对原油进行预加工，一般用炼油厂实际加工情况衡量工业原油需求，炼油厂实际加工情况又可以用炼厂实际加工量和炼厂开工率两项指标进行衡量。除了工业消费，原油的需求端还包括库存这一重要指标，库存包括商业库存和国家石油战略储备[170]。一般来说，库存反映的是供给和需求之间的相对关系，当需求提升幅度超过供给时，库存会有所下降；当供给提升幅度超过需求时，库存会随之提高。原油战略储备对国家能源安全的保障十分关键。20 世纪 70 年代初爆发石油危机之后，西方国家为了预防石油危机建立了巨大的石油储备。80 年代前后，这部分石油储备不仅对打压国际原油价格起到重要作用，而且是 OPEC 限产保价政策失败的因素之一。

全球原油需求量在过去的半个世纪里快速增长，1965 年，世界原油总需求量仅为 15.2 亿吨；到 2023 年，世界原油总需求量已经上升至 50.3 亿吨，较 1965 年增幅高达 215.10%。而以国家为单位，美国和中国的需求量分别居世界第一位和第二位，占世界原油需求总量的比例分别为 19.95% 和 14.35%。2020 年以来，新冠疫情在全球范围内的蔓延严重打击了全球原油的需求，造成全球经济预期悲观，全球原油需求量 10 年来首度减少，全年的需求量为 44.1 亿吨，同比下降 7.9%。

6.2.1 世界原油总需求

2011 年以来，全球石油消费总量保持平稳增长势头；2020 年，受全球新冠疫情影响，各地能源需求下降，石油消费有所下滑，总消费量为 40.2 亿吨，同比下降 9.7%，创近 10 年石油消费总量新低；2021 年，全球石油市场迎来复苏，世界石油市场由供应过剩转向供应短缺，处于持续降库存状态，世界石油需求量同比增长 2.3 亿吨，升至 42.5 亿吨，达到疫情前的 96%；2023 年，世界原油需求量升至 50.3 亿吨，如图 6-9 所示。

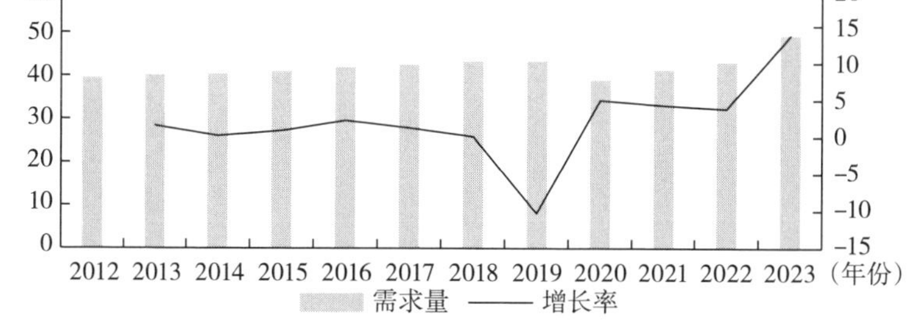

图 6-9 2012—2023 年世界原油需求量与增长率

资料来源：《BP 世界能源统计年鉴》。

6.2.2 非 OECD 国家需求

近年来，非 OECD 国家（包含主要发展中国家）的原油消耗量大幅上涨。2010—2014 年，OECD 成员国的原油消耗量呈缓慢降低趋势，而非 OECD 国家的原油消耗量则大幅上涨 40% 以上，其中，上涨最快的国家有中国、印度和沙特阿拉伯。非 OECD 国家 GDP 增长率和原油消耗量之间存在显著相关性（如图 6-10 所示），尤其是 2010 年至 2014 年中期，经济增长导致的需求增长超出了较高价格施加给原油消耗量下降的压力。

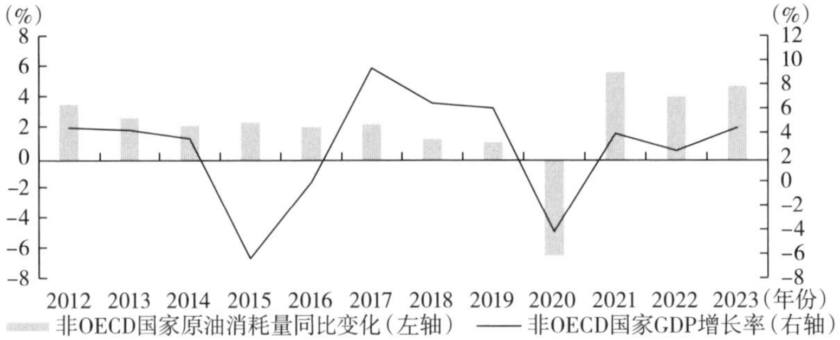

图 6-10　2012—2023 年非 OECD 国家原油消耗量变化与 GDP 增长率

资料来源：《BP 世界能源统计年鉴》、世界银行。

原油消耗量上涨反映了这些国家的经济快速增长。经济增长的当前和预期水平对全球原油需求和原油价格的影响最大，尤其是商业和交通运输活动需要大量的原油，并直接与经济状况挂钩。同时，许多非 OECD 国家还经历着人口快速增长，这也导致原油消耗量强劲增长。

原油价格和经济增长之间的联系与各个国家的经济结构有很大关系。在发展中国家，制造业占经济总量比重较大，相对于服务业属于能源密集型产业。尽管在非 OECD 国家中，原油的运输消耗仅占总消耗量的一小部分，但是这一比例将随着经济的发展不断增大，非 OECD 国家人均汽车保有量与收入的上涨呈正相关关系，并具有很大的上升空间。据《英国石油公司（BP）2035 能源展望》预测，在未来 20 年内，原油消耗量所有净增长都将来自非 OECD 国家。

原油消费与经济活动有关，能源政策则强化了二者的关联性。例如，许多发展中国家对终端用户价格施行管控或发放补贴，以防止消费者对市场价格变化做出过激反应。这使得需求对价格变化不敏感，进一步使经济增长成为推动非 OECD 国家需求和促使全球原油价格变化的重要因素。未来经济状况的展望也会对原油价格产生直接影响。

6.2.3 OECD 国家需求

2020 年，OECD 国家原油消耗量高于非 OECD 国家，占当年全球原油消耗总量的 69.2%，消费增长率较低。2010—2014 年，OECD 国家原油消耗量实际呈下降趋势，而非 OECD 国家原油消耗量同期上涨 40% 以上；2015—2020 年，与非 OECD 国家相比，OECD 国家的原油消耗量随着原油价格的上涨而上涨，并在经济低迷时大幅下跌；2021—2022 年，OECD 国家原油消耗量实际呈逐年上升趋势，如图 6－11 所示。由于经济增长速度相对较慢而运输体系较成熟，原油价格对 OECD 国家原油消耗量的影响比对非 OECD 国家原油消费量的影响更加突出。

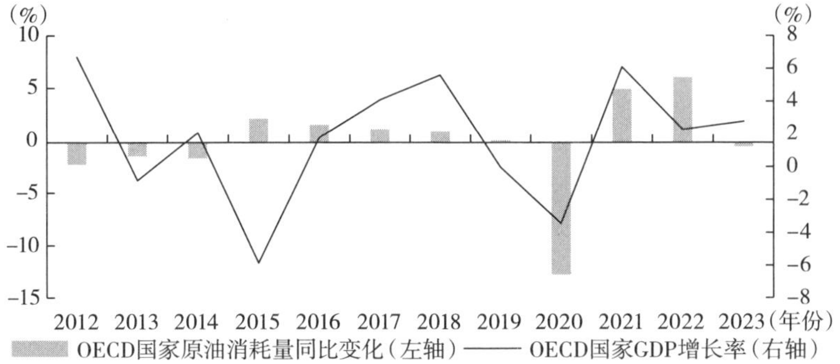

图 6－11 2012—2023 年 OECD 国家原油消耗量变化与 GDP 增长率

资料来源：《BP 世界能源统计年鉴》、世界银行。

与非 OECD 国家相比，OECD 国家人均汽车保有量较高，运输行业较成熟且增长较慢，占原油消耗总量的比例较大。经济状况与政策决定运输量，进而影响 OECD 国家的原油消耗总量。许多 OECD 国家设置了较高的燃油税，出台了提升新型汽车燃料经济性政策，推广生物燃料使用，即使在经济强劲增长时期，这些措施也起到减缓原油消耗量增长的作用。此外，在 OECD 国家中，服务行业份额大于制造业份额，因此，这些国家经济的强劲增长并未对原油消耗量产生如非 OECD 国家那样强烈的影响。OECD 国家对终端用户价格的补助较少，市场上原油价格的变化通常会快速传递给消费者，原油价格预期值变化还会影响消费者对运输方式选择和车辆购买决策。

6.2.4 替代能源

当两种商品互为替代时，一种商品的价格与其替代品的需求量同方向变动，两者之间的替代程度可以用需求交叉弹性表示。在世界能源消费结构中，石油、煤、天然气属于一次化石能源，核能、水能等再生能源属于新兴能源，是在 20 世纪 70 年代油价飙升后逐步发展起来的。可再生能源作为替代能源得到大力发展，导致原油需求下降。作为重要的替代能源，可再生能源的发展是制约国际原油价格上涨的一个重要因素，而可再生能源的发展取决于两个因素，即国际原油价格水平和应对气候变化的需要[171]。

首先，国际原油价格大幅上涨往往会刺激替代能源的开发，而替代能源的开发成本将会决定原油价格的上限。当国际原油价格高于替代能源开发成本时，消费者将倾向于使用替代能源；反之亦然。为了避免受国际原油价格剧烈波动对本国能源进口安全的影响，全球主要原油进口国努力调整能源消费结构，寻求更多地使用替代能源，减少对进口原油的依赖。其次，为应对全球气候变化，各国大力发展低碳经济和循环经济，加快开发和推广污染物排放少的清洁生产技术、开发可再生能源和高附加值产品已成为未来发展方向。根据相关统计数据，可再生能源发电的温室气体排放量远低于使用煤炭、石油、天然气等化石能源发电的温室气体排放量。化石能源温室气体排放量均在 250gCO_2/kWh 以上，其中，煤炭、原油和天然气的温室气体排放分别大约在 1000gCO_2/kWh、800gCO_2/kWh 和 500gCO_2/kWh。而可再生能源提供电力供应产生的温室气体排放量基本在 50gCO_2/kWh 以下。因此，随着可再生能源的开发如火如荼，全球能源结构正在发生变化，国际原油需求也在减少。

积极发展可再生能源已成为全球大多数国家的共识，推动可再生能源发展现在已成为许多国家能源规划中的重要组成部分。2019 年，全球一次能源消费增长 1.3%，其中，可再生能源消费增长贡献最多，为 41%，其次是天然气消费增长贡献 36%。全球可再生能源消费量不断增长，在一次能源中的比重不断上升。截至 2019 年底，风能对可再生能源增长贡献最大，同比增加 0.14 万兆焦耳，占比 44%；太阳能同比增加 0.12 万兆焦耳，占比 37%；其他可再生能源同比增加 0.03 万兆焦耳，占比 19%。根据 IEA 发布的最新报告，截至 2023 年底，全球可再生能源发电装机容量达 3653 吉瓦（如图 6－12 所示）。其中，水电所占份额最大，为 1268 吉瓦；光伏和风能分别为 1044 吉瓦和 1021 吉瓦；其他可再生能源装机包括生物质能 140 吉瓦、地热 18 吉瓦（如图 6－13 所示）。在可再生能源发电产业中，太阳能光伏发电行业增长强劲；风力发电市场保持稳定的新增装机速度，价格有所下降，离岸风力发电的发展获得高度关注，在欧洲发展较为成功；水电在可再生能源发电的领域仍占重要地位，市场稳定；生物质能发电发展相对缓慢。

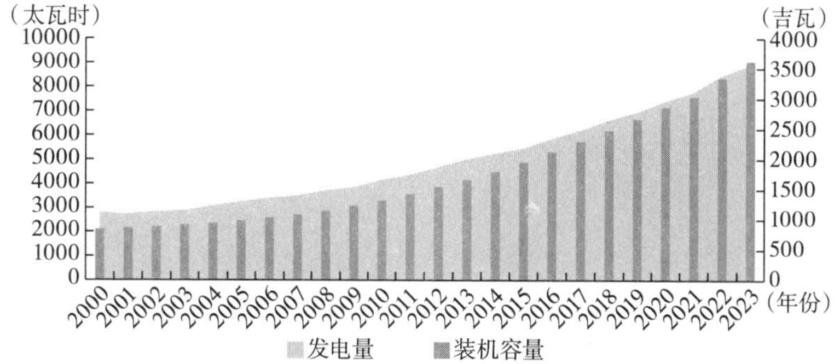

图 6－12　2000—2023 年全球可再生能源装机容量和发电量

资料来源：IEA。

从全球各国可再生能源发电量来看，中国再次成为可再生能源增长最大的贡献者。2019 年，中国光伏发电量 2243 亿千瓦时、风能发电量 4057 亿千瓦时、水力发电量 13019 亿千瓦时、生物质能发电量 1111 亿千瓦时，均居世界第一位。截至2023年底，中国可再生能源装机容量突破15亿千瓦，达到15.16亿千瓦，占全国发电总装机容量的51.9%，较2022年提高4.6个百分点。其中，风能4.4亿千瓦、太阳能6.09亿千瓦、生物质能0.44亿千瓦、常规水电3.72亿千瓦、抽水蓄能0.51亿千瓦。值得一提的是，在2022年底，中国可再生能源装机总量就已经历史性地超过了煤电装机。生物燃料的生产以美国和巴西为主，两国的产量达到全球的69%。

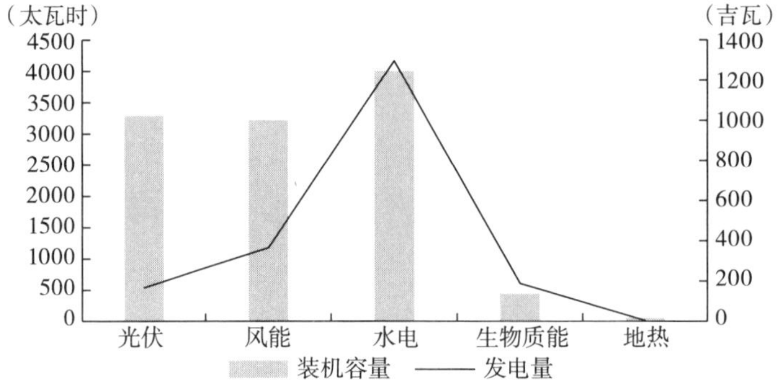

图6－13　2023年全球主要可再生能源装机容量和发电量

资料来源：IEA。

根据各国际机构预测，面向2040年展望中，石油在一次能源中占比将处在27%～31%，煤炭占比将处在20%～22%，天然气占比将处在25%～26%，核能占比将处在4%～6%，可再生能源占比将处在17%～22%。随着全球能源向低碳、清洁能源过渡，实现碳减排目标，化石能源将失去大量市场份额。另据IEA预测，到2050年，全球一半发电量来自风能及光伏，而化石能源发电量仅占全球发电量的31%。可再生能源的蓬勃发展直接促使全球一次能源消费结构发生变化，可再生能源在全球一次能源消费中的占比从2008年的7%上升至2022年的7.5%，化石能源占比从2021年的82.3%下降至2022年的81.8%。

新能源汽车是汽车产业应对气候变化、环境保护和产业结构升级的重要突破口，也是推动世界经济可持续发展的重要战略性新兴产业[172]。全球各国都在倡导碳中和，通过积极的节能减排，实现“双碳”目标，促进经济社会全面绿色转型。为此，各国积极提倡新能源汽车，推出了各项支持政策，促进汽车产业向节能减排和可持续转型，为新能源汽车产业的发展营造了良好的环境。在燃油车禁售和碳排放政策的推动下，2019—2023年，全球新能源汽车产量持续增加，年平均增长率达 47.6%，如图 6-14 所示，2023 年全球新能源汽车产量达到 1500.0 万辆，同比增长 31.00%，2022—2023 年平均增长率为 50.57%，增速较为平稳。

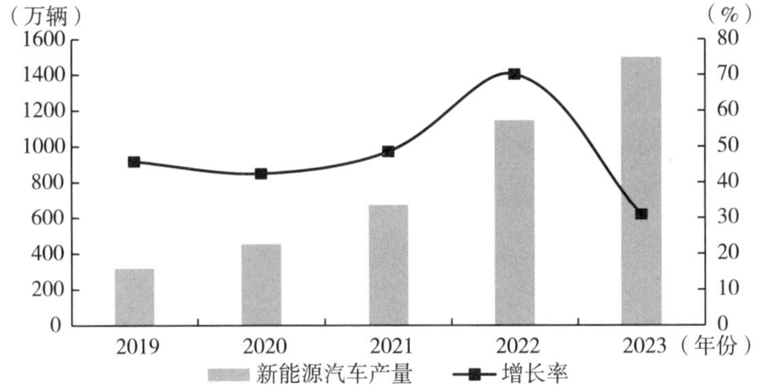

图 6-14 2019—2023 年全球新能源汽车产量和增长率

资料来源：EV Sales。

从需求端来看，2019—2023 年，全球新能源汽车销量持续增长，年平均增长率为 48.94%，2022 年以后增速急剧下降，如图 6-15 所示，2023 年，全球新能源汽车销量达 1339.4 万辆，同比增长 32.73%。

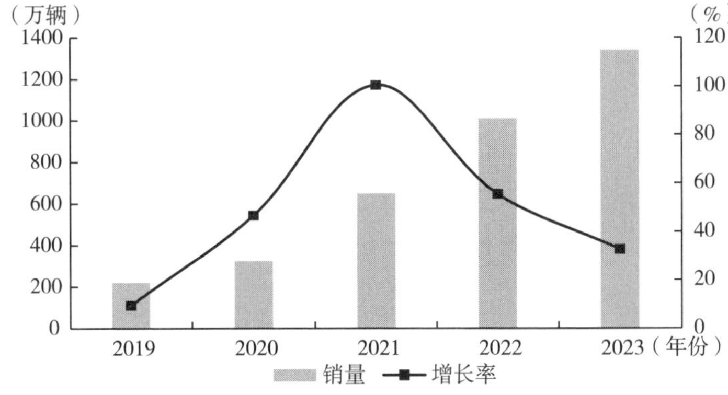

图 6-15 2019—2023 年全球新能源汽车销量和增长率

资料来源：EV sales、Clean Technica。

在碳中和目标和燃油车禁售政策推动下，2023 年，全球新能源汽车渗透率达到 17%，增速持续提升，如图 6－16 所示。虽然 2019—2023 年全球新能源汽车渗透率不断提升，但与传统汽车相比提升空间仍然较大。中国新能源汽车渗透率最高，远超欧洲、美国。据中汽协（中国）、ACEA（欧盟）、Markline（美国）等机构统计，2023 年，中国、欧洲、美国的新能源汽车渗透率分别为 31.6%、20.7%、9.3%。

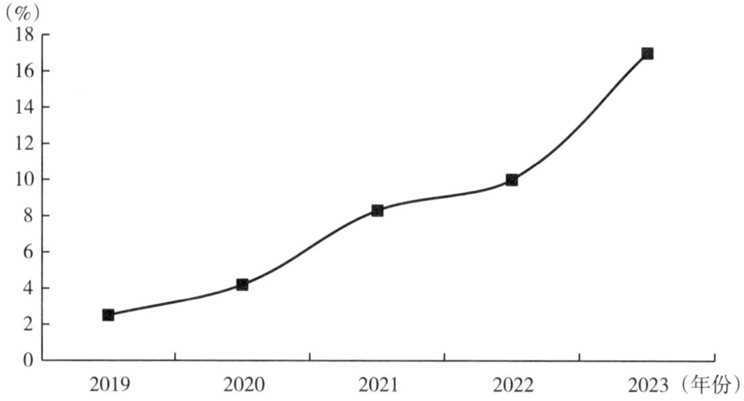

图 6－16　2019—2023 年全球新能源汽车渗透率

资料来源：EV sales、IEA、Clean Technica。

6.2.5　天然气价格

国际天然气市场的贸易主要集中在北美洲、欧洲和亚洲三个区域，因此，选取这三个区域具有代表性的天然气价格数据进行分析，北美洲的价格以美国亨利港（Henry Hub，HH）价格为代表；欧洲以英国国家平衡点（National Balance Point，NBP）交易的平均价格为代表；亚洲天然气价格以日本液化天然气（Liquefied Natural Gas，LNG）到岸价为代表。2005—2023 年国际三大区域天然气价格走势如图 6－17（a）所示。

由图 6－17 可以看出，原油价格与国际市场天然气价格的变化趋势比较一致，两者的变化呈现较强的正相关关系。虽然从短期来看，天然气价格变动与原油相比有不同的推动因素，而且季节性特征非常明显，但从长期来看，天然气价格与原油价格存在经济意义上的联系，主要表现在以下几个方面。

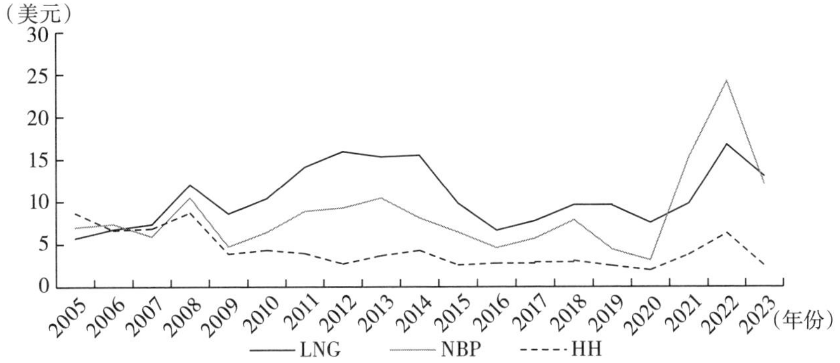

(a) 国际三大区域天然气价格走势

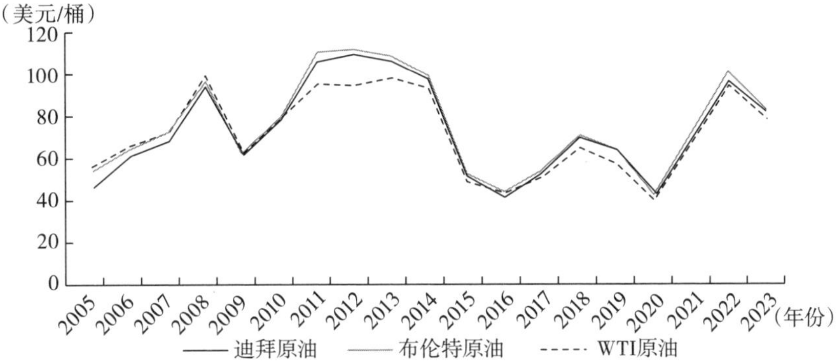

(b) 国际原油现货价格走势

图 6－17　2005—2023 年国际三大区域天然气价格与国际原油现货价格走势

资料来源：《BP 世界能源统计年鉴》。

（1）工业发电领域和私人消费领域，天然气与石油互为替代品

长期以来，天然气与石油都是工业发电领域的主要燃料。2021 年，全球 30.4% 的电力燃料是石油，24.4% 的电力燃料是天然气。拥有混合燃料锅炉的电厂根据天然气与石油的相对价格变化，短期内即可在两种燃料之间进行转化。在长期，即便是单种燃料的电厂，也可以根据天然气与石油价格变化做出从一种燃料的锅炉设备更替为另一种燃料的锅炉设备的决定。此外，天然气机动车的出现使人们在选择燃料动力车时有了更多选择，并且从长期来看，某一种燃料价格的上升会使人们在考虑长期燃料成本的情况下做出购买另一种燃料动力机动车的决定。因此，从这个角度来看，天然气价格的上升会使电厂和私人消费者更多地转向消费石油，从而

使石油价格因需求增加而上升[173]。

（2）部分天然气是开采石油时的副产品

在开采石油时，与原油一同储藏在地层深处的油田伴生气也被开采出来。通常，每开采一吨原油，就伴生几十立方米至几百立方米的油田气，尤其是新油田，油田气产量更大。2006 年，在美国页岩气开始大量生产之前，油田气占美国天然气总产量的 24%；2020 年，即使美国页岩气产量很高，油田气也在美国天然气总产量中占 11.4%。因此，油价变化引起的石油产量增加或减少也会相应地使天然气产量增加或减少，进而引起天然气价格变化。

（3）天然气和石油在开采与生产阶段存在资源竞争关系

天然气和石油的勘探开发需要基本相同的油气人力资源与勘探开发设备。当天然气价格上升时，天然气开采或生产活动随之增加。在经济资源有限的条件下，这会使有关的生产要素价格上升，从而推高石油生产的成本和价格。另外，油气价格的相对变化在长期必然会影响投资于油气开发与勘探设备的资金流，更多的投资会流向价格相对较高的能源，最终使其产量增加、价格下降。通常，投资者在石油价格或天然气价格上升时会增加油气资源的勘探与开采投资。因此，当天然气价格上升时，因油气勘探开发设备等资源的增加，石油的产量也会增加，从而使石油的价格下降。

以上从经济理论角度的分析表明，天然气价格与石油价格之间的确存在紧密联系。互为替代品、共同竞争生产资源，这些因素都使石油价格在长期与天然气价格保持基本一致的变动趋势。另外，油气相对价格的变化在长期会影响投资资金的流向，从而产生一种石油价格与天然气反向变动的力量。

6.2.6 全球经济

世界经济活动水平对石油需求的影响较大。一般来说，当世界经济稳步增长时，各行各业由于扩大生产，对能源的需求量相应增加。而经济的发展同时促进了居民收入的增长，使得生活能源的需求进一步增加。反之，当世界经济发展停滞甚至倒退时，生产能源和生活能源的需求量都会下降，如经济危机对国际原油需求的影响是立竿见影的。IEA 认为，全球经济增速放缓将导致原油需求量下调。本书的研究对象是世界经济整体，考虑到指标获取的可行性，并且该指标能够代表世界整体经济总量变动情况，选取经济增长率代表世界经济波动情况。经济增长率（用 GDP 增长率表示）是度量经济周期波动和社会财富累积程度的重要标准，反映了经济运行的活力。2010—2022 年世界原油需求增长率与 GDP 增长率之间的关系如图 6－18 所示。由图 6－18 可以看出，一般情况下世界经济增长率与世界原油需求增长率之间的变动趋势是大致相同的，但在 2020—2022 年受新冠疫情影响，二者出现反向波动。

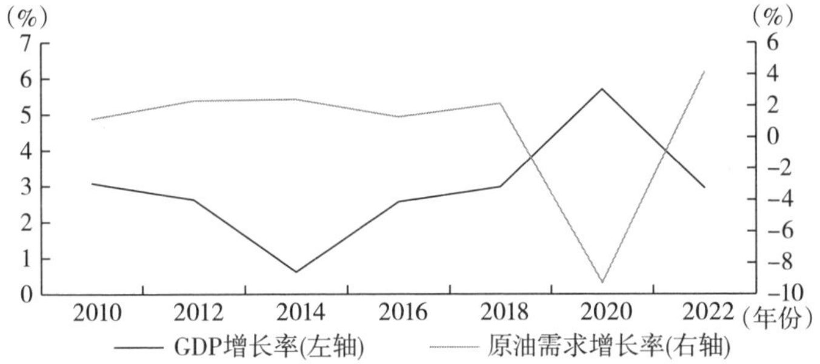

图 6－18　2010—2022 年世界原油需求增长率与 GDP 增长率

资料来源：2022 年《BP 世界能源统计年鉴》。

以 2008 年美国次贷危机引发的国际金融危机为例。当时，油价下跌到 35 美元/桶左右，为近 10 年的最低水平。次年，各国政府纷纷出台经济刺激政策，发达国家的经济稳步复苏，全球经济逐渐开始温和恢复，对石油需求量也在不断增加，原油价格也顺势上涨。到 2010 年，原油价格突破 80 美元/桶。2014 年，国际原油价格从年初的 100 美元/桶以上跌至 40 美元/桶以下，整个过程如坐过山车一般。究其原因，全球经济整体状况不理想，导致对原油的需求量不断下降。发达国家除美国等少数国家经济发展保持增长，其他国家经济发展仍比较缓慢，而作为发展中国家里最大的经济体，中国在 2014 年 GDP 增速降到 7.4%，其他国家经济更是缺乏增长动力。

货币政策的宽松或紧缩会导致投资者持有美元或其他货币的意愿变化，进而影响原油市场价格。美国的 CPI 能够反映美国居民家庭消费的物价水平变动。一般来说，该数据越高，说明美国的物价增加越快，通胀水平越高。然而，通胀过高，GDP 却未能反映经济表现向好时，会引起恶性通货膨胀，因此，在 CPI 数据高企，导致社会生产活动出现过分供应，造成货币流动性二次增加，继而形成恶性循环时，美联储为了抑制恶性通胀增长，很可能采取加息措施。所以，美国 CPI 增长越快，数值越高，越会促使美联储实行加息的决策。美联储如果加息，美元就会升值，同时资金从其他市场流出，流向美元资产，原油价格将会下跌；美联储如果降息，美元就会贬值，资金从美元资本市场流出，流向其他市场包括原油市场，原油价格将会上涨。

生产者物价指数（PPI），是能够衡量制造商出厂价，也就是企业生产成本的平均变化指数。而这些支出，最终将会由于消费者购买商品而转移到消费者身上。因此，PPI 反映的经济状况跟 CPI 是一样的。也就是说，美国的 PPI 增长越快，反映美国通胀水平越高，或诱发通胀率偏离经济正常增长轨道，因此，美联储加息的可能性就越大。这些数据不但会为美联储加息决策提供依据，还会影响加息的时机。

6.3 原油库存

6.3.1 OECD 国家石油库存

OECD 共有 38 个成员国，涵盖了世界主要发达国家，其石油库存量大、抗冲击能力强，是国际原油价格波动的重要指示器。OECD 国家石油库存分为战略和商业两种，其商业库存跟踪石油期货走势，是期货引导现货的中介变量，当期货与现货之间价差较大时，通过调节商业库存可以缩小价差，因此，对油价影响较大。如图 6 – 19 所示，截至 2023 年底，OECD 国家原油总库存大幅下降，仅有 39.77 亿吨，比 2020 年少了 5.97 亿吨，同比下降 13%，接近 2013 年以来最低位。

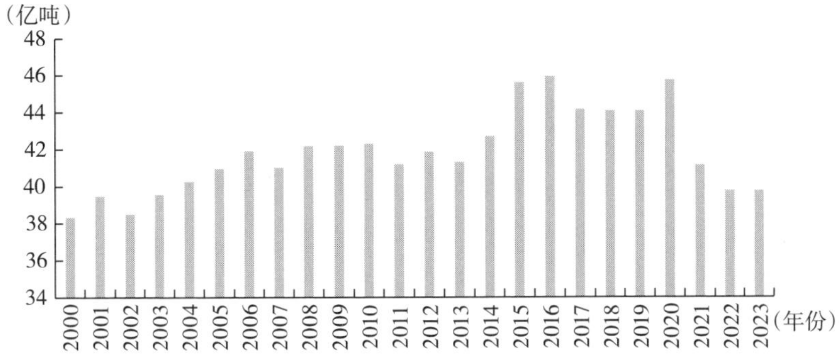

图 6－19　2000—2023 年 OECD 国家原油总库存

资料来源：EIA。

6.3.2　美国石油库存

美国石油库存有战略库存、商业库存两种机制。战略库存反映美国政府态度：如果战略库存大幅增加，则表明美国政府认可当时的油价，增加战略库存抢夺原油资源，从而激化供需矛盾导致油价上涨；如果美国政府认为油价已高，则不会增加乃至释放战略库存来平抑油价，导致油价下跌。商业库存反映供求关系：商业石油库存直接与生产相关，供给主要来自国内石油生产与海外进口，需求主要来自下游产业生产需要。商业库存平稳增长，说明石油供大于求；商业库存连续减少，说明供不应求；商业库存时增时减，说明供求基本处于动态平衡中。如图 6－20 所示，2023 年，美国原油库存为 8.07 亿桶，较 2022 年减少了 1.03 亿万桶，同比下降 11.32%。

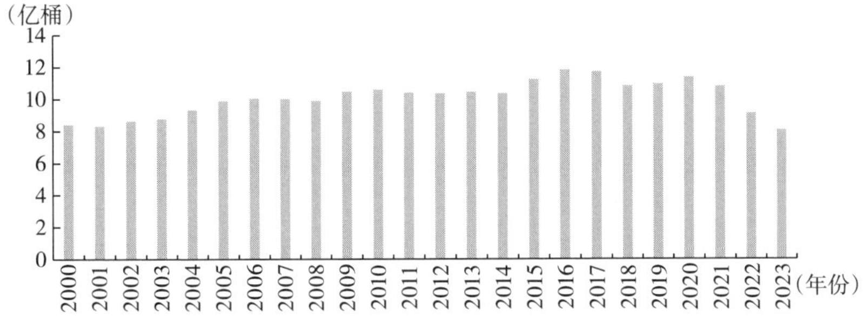

图 6－20　2000—2023 年美国原油库存

资料来源：EIA。

6.3.3 美国石油战略储备库存

美国石油战略储备主要储藏在墨西哥湾沿岸的得克萨斯州和路易斯安那州，也就是美国两个最大的石油化工城市，且美国的石油储备多是高品质的石油原油。据美国能源部公布的数据，全美石油战略储备总库容为7.140亿桶。如图6－21所示，从2015年至今，美国石油战略储备库存从近7亿桶不断减少至如今的3.54亿桶（截至2023年12月31日），占全美库存石油总量的比率也从62%以上下滑至40%～45%区间。

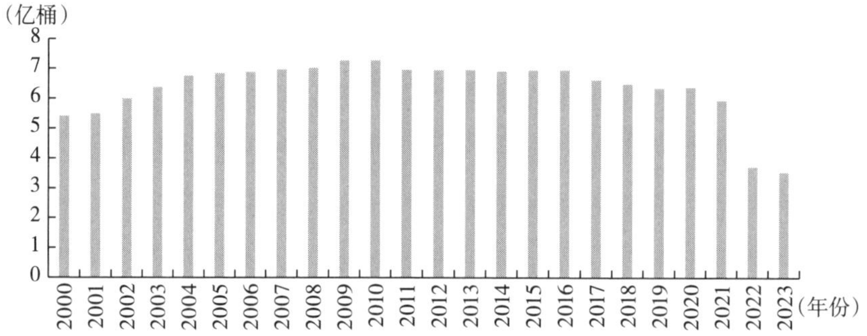

图6－21　2000—2023年美国石油战略储备库存

资料来源：EIA。

6.4 金融期货

石油期货市场上有三个交易主体，套期保值者、套利者和投机者，三者缺一不可。套期保值者是风险厌恶者，利用期货市场进行买入或卖出为其现货采购或生产保值；套利者是风险中立者，其行为会使不同市场间的价格迅速达到平衡；投机者大大提高了市场交易的活跃程度，是风险偏爱者。

石油投机行为大致可以分为两种：其一，资本具有天生的投资需求，石油期货市场本身存在的巨大机遇吸引了大批非商业的投机者。石油期货投机者在判断准确的情况下会通过低买高卖获利。在石油期货行情看涨时，非商业投机者会大批购入，拉高市场的需求，导致石油期货价格进一步上涨；而在石油期货行情不好时，非商业投机者会抛售手上囤积的期货，达到止损的目的，这样一来，进入石油期货市场的期货量增大，会加剧石油期货价格下跌。其二，石油期货市场具有规避风险的作用，一些石油相关企业通过套期保值降低油价波动带来的损失，但是对市场来说不合理的、过于激烈的套期保值行为会加剧油价的波动。综合来看，石油投机的行为会在油价出现或将要出现波动时，放大国际原油价格的波动。

在国际石油期货市场上，国际投机资本的操作是影响国际原油价格不可忽略的因素。尤其是某些突发性事件发生的时候，大量的投机资本便在国际原油期货市场上进行操作，加剧了国际石油价格的动荡。自 20 世纪 90 年代以来，石油期货市场的价格对国际原油价格的影响显著增强，已形成了由期货市场向现货市场传导的价格形成机制。由于大量的国际游资进入国际商品市场，尤其是原油市场，不可避免地推高了国际原油价格，使其严重偏离了基本面[174]。

英、美等西方国家为了维护本国利益，建立了以谋求原油定价权为目的的原油期货市场。1983 年，NYMEX 成功推出了 WTI 原油期货；1988 年，伦敦国际石油交易所（IPE，后被 ICE 收购）成功推出了 Brent 原油期货；2007 年，DME 推出了 OMAN 原油期货。在投资银行和对冲基金的推动下，石油价格的金融化程度日益加深。全球原油期货的日成交量在 6 亿～15 亿桶，平均日成交量在 12 亿桶左右，仅仅期货的交易量就高达原油产量的 12 倍，其中，WTI 的平均日成交量约在 8 亿桶，ICE Brent 的平均日成交量约在 4 亿桶，DME OMAN 的平均日成交量较少。Brent 原油和 WTI 原油在品质和价格上均非常接近，Brent 原油涨跌幅度在一定程度上跟随 WTI 原油波动。由于美国这个超级原油买家的实力，加上 NYMEX 本身的影响力，以及 WTI 合约具有良好的流动性及很高的价格透明度，以 WTI 为基准油的原油期货交易成为全球商品期货品种中成交量的龙头。

虽然现货市场是国际石油贸易基准油价格形成的基础，但绝大部分石油商品通过期货市场进行交易，期货市场能更快速地反映市场中的各种信息，具有价格发现功能。期货市场价格发现和风险规避功能的实现依赖于投机活动，而投机活动也能把市场预期的变化转化为市场价格的变化。实践中，在推动国际原油价格上涨过程中的投机因素主要来自非商业多头头寸。

6.4.1 美元汇率波动

美元作为国际原油价格的计价货币，对原油价格的影响远高于其他货币，如欧元、日元等。如果美元指数下跌，则美元贬值，国际原油价格上升；反之亦然。一般来说，美元走势对国际原油价格的影响是短期的，不会造成长期的国际原油价格波动。例如，2017 年 7 月下旬，美元走弱，一定程度推动了这段时间原油价格上涨。因此，美元内在价值的变动将影响原油价格。国际金融危机后，各国量化宽松政策使得全球流动性泛滥，金融市场对国际原油价格的影响力多数时间超过了供需关系的影响[175]。

从统计数据来看，WTI 原油期货价格与美元指数存在明显负相关性。从欧元或日元角度来看，当美元指数走弱时，以美元计价的原油价格相对价值下降，原油需求量上升，价格上升；反之，原油需求量下降，价格下降。2022 年 3—10 月，美元指数从 98. 35 上升至 111. 58，上涨了 13. 45%，如图 6 –22 所示。其间，WTI 国际原油价格从 108. 5 美元/桶下跌至 87. 55 美元/桶，下降了 19. 31%。从影响原油需求的角度来看，由于各国货币体系有差异，而原油以美元计价，美元汇率波动会导致全球原油市场的不均衡。对于非美元本位币国家，美元升值会使该国原油进口成本大幅增加，处于不利地位；而美元贬值会使该国原油进口成本降低，促进原油进口增长，并引起国际原油价格上涨。

美元是国际原油的计价货币，也就是衡量尺度。美元对其他货币持续贬值，客观上是尺子变短了。美元贬值从三个方面推升石油价格：其一，美元贬值意味着以美元计价的名义油价上升；其二，为规避美元贬值风险，投资者转向石油商品市场，增加了额外的石油“需求”，推动油价上升；其三，随着美元贬值，财富基金的抛售进一步加剧美元贬值的趋势，

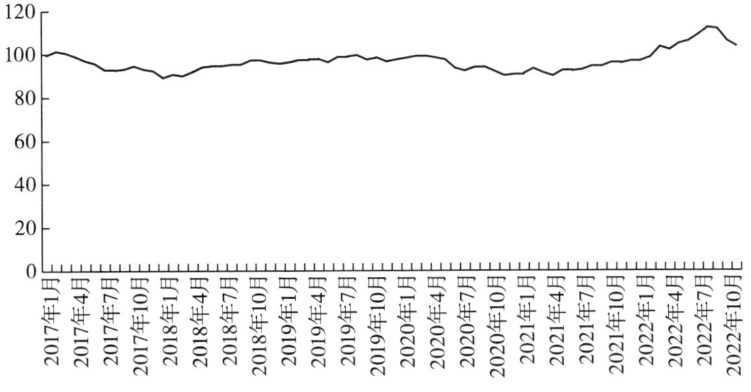

图 6－22 2017—2022 年美元指数走势

资料来源：新浪财经。

推升国际原油价格[176]。

石油美元加剧美元汇率波动，石油以美元计价和结算，石油领域出现巨额“石油美元”。石油美元是石油出口国在高油价时获得的对外收支的巨额顺差，石油出口国为寻求这些富余资金的高收益，不断将其投向伦敦、华尔街等国际金融市场，成为美国和其他西方国家股票、国债的重要投资力量，从而形成“石油美元环流”[177]。浮动汇率制度下，外汇市场上大量石油美元的存在给美元带来了巨大的贬值压力，“石油美元环流”中美钞的印刷加剧了这一行为。在美元贬值情形下，石油美元转投现货市场和期货市场，这一行为会作用于石油供求和石油投机，加剧国际原油价格波动。

美元汇率波动还会对国际原油价格波动产生系统性影响，美元币值的波动引起以美元为主的石油计价体系内在不稳定，对国际石油价格波动构成了系统性影响。首先，石油用美元计价，美元币值的变化必然带动油价变化。其次，美元汇率变化会引起石油供求变化。一方面，由于石油生产成本通常以本币计算，美元贬值，本币相对升值，从而引起石油生产成本的相对上升，在石油价格变化不大的情况下，会打击石油供给；另一方面，美元贬值引起非美元国家购买力上升，从而推升石油需求，两个方面共同作用会引起石油价格上升。最后，美元汇率变化会引起期货市场石油投机变化。美元贬值会促使美元及美元资产的抛售，纷纷走向石油期货市场增加多头头寸，这一普遍行为会进一步推动石油期货价格走高。一旦有了美元不断贬值、石油价格不断上涨的预期，各项投机资金就会做空美元、做多原油，结果必将是进一步加剧美元贬值和石油价格上升[178]。

6.4.2 石油金融衍生工具

随着金融创新的发展，石油金融衍生工具经过衍生再衍生、组合再组合的螺旋式发展，现在种类已经十分繁多。现阶段，石油金融衍生产品几乎涵盖了所有金融衍生品的种类。无论从时空布局、交易方式、交易规模、产品种类、市场参与者结构，还是从市场功能来看，石油衍生品市场都已成为联结国际石油市场、资本市场和金融市场的重要纽带。石油金融衍生工具是把“双刃剑”，利用得当可以转移风险、保值获利，促进石油市场发展；利用不当则会带来石油价格频繁波动，严重时甚至会引起金融危机，造成社会动荡。同时，由于对美元贬值的担心，包括养老基金、共同基金、基金会基金、公司基金和私人投资等在内的众多投机基金纷纷进入商品市场，导致全球商品价格普遍上涨。石油作为重要的不可再生工业原料，以及具有政治、战略的敏感性，成为它们追捧的首选产品。

投机力量在活跃市场的同时，丰富了国际石油市场的交易方式和投资理念，它们的参与使国际石油市场的投机气氛越来越浓烈。国际石油市场的投机力量虽不是行情的创造者，但是趋势的忠实跟随者和推动力，加剧和扩大了期货消极因素的影响，在推动石油价格飙升方面发挥了主要作用。而石油金融衍生工具对油价波动的消极作用主要来自市场风险。市场风险是合约价值随着相关市场价格的水平或波动性的运动产生的风险，是石油金融衍生工具最普遍、最常见的风险。石油金融衍生工具的杠杆效应会放大市场风险，价格的变动幅度也远大于基础市场价格变动的幅度，石油衍生品的这一特点也加剧了近年来国际石油价格的波动态势。

6.4.3 投机因素

如图 6 – 23 所示，2019 年，NYMEX WTI 基金净多头数量在震荡起伏后最终停留在较高点处。1—2 月，WTI 基金净多头数量整体呈下降趋势，这是由于世界石油需求增长疲软，尽管世界石油产量有所下降，但世界石油供给仍然大于需求，同时美国商业原油库存上升，使得投机者看空原油市场；3—5 月，WTI 基金净多头数量整体呈上升趋势，这是由于世界石油需求继续增长，世界石油产量下降迅速，世界石油供给小于需求，尽管美国商业原油库存及美元指数上升，但投机者仍看好原油市场；6 月，WTI 基金净多头数量整体呈下降趋势，这是由于世界石油需求增长乏力，世界石油产量下降减缓，美国商业原油库存上升，尽管美元指数下降，但投机者仍看空原油市场；7—9 月，WTI 基金净多头数量整体呈上升趋势，这是由于世界石油需求增长强劲，同时世界石油产量继续减少，美国商业原油库存下降，尽管美元指数上涨迅速，但投机者仍看好原油市场；10 月，WTI 基金净多头数量整体呈下降趋势，这是由于世界石油需求增长放缓，同时世界石油产量不降反升，美国商业原油库存上升，尽管美元指数有所下降，但投机者仍看空原油市场；11—12 月，WTI 基金净多头数量整体呈上升趋势，这是由于世界石油需求继续增长，同时世界石油产量增速放缓，美国商业原油库存先升后降，美元指数下降迅速，投机者看好原油市场。

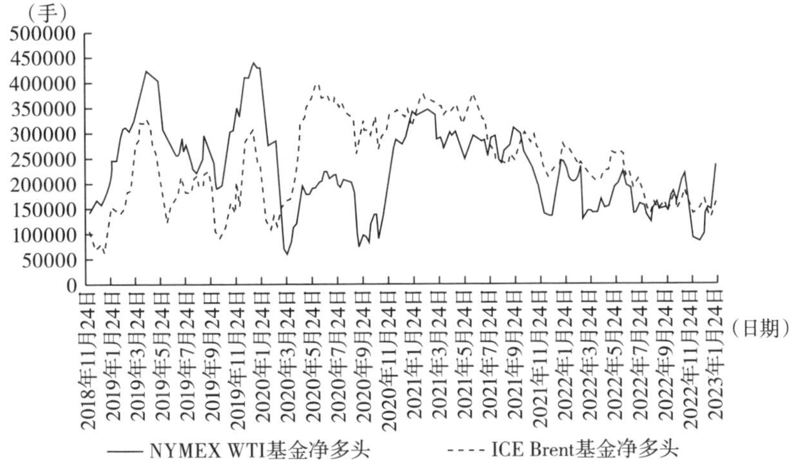

图 6－23　2018 年 11 月 24 日至 2023 年 1 月 24 日 NYMEX WTI 基金与 ICE Brent 基金持原油期货净多头

资料来源：CFTC。

6.5 机构言论

研究机构言论和关键事件对国际原油价格的波及效应，首先需要明确国际原油价格的指向。从市场格局来看，国际石油市场历经上百年的发展，形成了五大现货市场和三大主要期货市场；五大现货市场包括西北欧市场、地中海市场、加勒比海市场、新加坡市场和美国市场；三大主要期货市场是 NYMEX、ICE 和 DME。在国际石油贸易中，最广泛应用的原油价格包括现货市场价格、期货交易价格[179]。由于石油属于大宗贸易，较少从事实际现货交易，现货市场价格还包括机构根据石油市场交易记录、供需基本面等对市场价格应有水平做出的估价。因此，现货市场价格不仅更反映市场对原油的供需情况，还包括石油生产成本、炼制成本和销售利润等。期货交易价格依托于石油的金融属性，受到各种因素影响产生的波动较大，例如，市场的投机行为、期货套利、炒作信息等因素，都可以直接推高或打压国际原油价格，因此，原油期货价格还起到发现价格的作用，以引导现货价格。

EIA、OPEC、IEA、API 等国际能源资讯机构通过发布原油市场月度报告，表明对未来原油产量增长和原油需求增速的预期。原油价格除了供需基本面外，对于价格的预期主要来自国际上权威的能源资讯机构，这些机构对于原油价格的预期很大程度上参考库存因素，因此，库存数据格外重要，其中，应用最广泛的是 EIA 的原油库存数据、API 的库存数据。原油库存或储备是通过机构言论影响油价变动的因素之一，在机构言论的引导下，一方面投资者对市场库存的预期受到影响；另一方面原油库存对价格产生影响，主要是由于期货价格和现货价格价差影响供应商行为，进而导致市场原油现货数量变动引起价格变化，例如，当现货价格与期货价格价差达到一定标准时，原油供应商或公司倾向于购买原油，增加库存，导致市场原油现货数量减少、现货价格降低。

6.6　关键事件

基于关键事件对国际原油价格影响的性质，可将其分为三类：脉冲式事件、台阶式事件、混合式事件。其中，脉冲式事件，是指事件会造成国际原油价格的突然上升或下降，然而在一段时间后，国际原油价格又会回到以前的水平，如突然爆发的战争、事故灾难等，一般会造成短期内的影响；台阶式事件，是指关键事件会造成国际原油价格的突然变化，在国际原油价格的发展中会产生可以改变作用机理和发展趋势的结构性断点，从而使国际原油价格无法回到原先的价格水平，例如，1973—1974 年的石油危机，结束了原油价格历史高点；混合式事件，是指事件同时具有脉冲式事件和台阶式事件的特点，但其划分特点趋于模糊，一般不做单独分析[180]。

另外，基于关键事件自身的性质，还可将其分为三种类型：

第一类是政治事件和战争，包括突然爆发的战争、石油贸易国之间的政治博弈、石油贸易国的内部动乱等，如海湾战争、伊拉克战争、伊朗伊斯兰革命这类事件主要影响石油的供给和需求，同时，突然的政治事件和战争极易改变投资者的投资心理预期，从而加剧对国际原油价格的影响。石油价格受政治因素，尤其是中东地缘政治的影响。历史上，中东地缘政治引发了两次世界石油危机。地缘政治事件主要通过影响石油产量、运输等，短期内对石油市场造成强烈的供给不足预期，影响石油的供给从而影响国际原油价格，导致国际原油价格剧烈波动。中东地区拥有近世界石油一半的储量和 1/3 的产量，不仅有中东国家与西方国家的矛盾，在阿拉伯国家之间也有各种各样的斗争。在研究政治因素对石油价格影响时，需要重点关注中东地缘政治。

第二类是社会安全事件，主要由社会因素造成，包括恐怖袭击、人为事故灾难、经济安全事件和地缘突发事件等，例如，“9·11”事件、亚洲金融危机、石油工人罢工、次贷危机等。更多的是在事件的大背景下，石油投资者对市场预期消极，经济形势紧张的局面更加剧投资者对市场看法朝悲观恐慌方向发展。

第三类是自然灾害，主要包括海洋灾害、地质灾害、气象灾害等，例如暴风雪、飓风、干旱、地震、海啸等。其会对石油勘探开采、石油生产基础设施、石油运输航线造成破坏，造成短期内石油供给减少，带来石油供给短缺预期，从而影响国际原油价格。随着对石油的需求量越来越大，自然灾害、事故灾难等对石油生产设施及石油产业链的破坏力也越来越大，表明石油产业具有明显的脆弱性。但天气因素对石油价格的影响比较短暂，一旦天气因素解除，石油恢复生产，市场对石油正常生产重拾信心，价格就会很快回归。1861—2021 年国际原油价格走势及关键事件如图 6－24 所示。

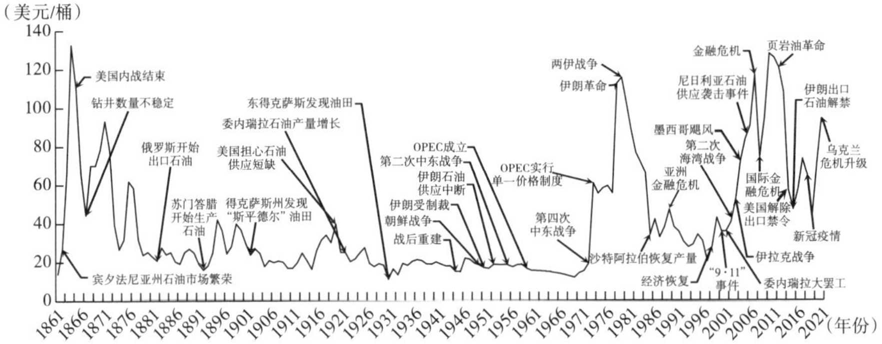

图 6－24　1861—2021 年国际原油价格走势及关键事件

资料来源：《BP 世界能源统计年鉴》。

6.7　交易情绪

行为金融学以实验认知心理学家的认识为基础，将人视为“普通人”，即不完美的人。由于信息处理能力有限，人们在决策时容易做出有偏误的判断。情绪金融学是行为金融学中的一个新领域，依靠精神分析方法理解人类的思维，借助最早由西格蒙德·弗洛伊德提出的理论，并结合威尔弗雷德·比昂的动态心理状态描述潜意识如何驱动投资决策和金融活动。情绪金融理论认识到，一个高度复杂、模糊、无法预期和充满竞争性的市场环境将导致投资者普遍受到情绪的绑架。因此，情绪金融理论认为，投资判断可能是在或强或弱的潜意识力量影响下做出的，而潜意识的力量影响往往不被意识到。市场的不确定，会带来一些情绪上的后果，金融市场是基本的社会情境，人们在其中参与资产定价。资产价格反映了对未来的预期，而包含这些预期的市场本身具有内生的不确定性，这种不确定性会生成神经和心理层面的情绪反应，主要表现为带来压力的焦虑感。此外，资产评估的实际过程是复杂和不确定的。因此，人们被迫回归到利用直觉分析市场，这将进一步提高他们感受的压力。如果人们更加充分地意识到投资时面对不确定性产生的内生疑惑和相应潜意识的衍生物，那么他们将能够在处理相应的焦虑和压力方面表现得更有效率[181]。

在原油交易中，波及效应是指在某条供应链上，某个成员因某种行为的发生而导致其他变量（如价格、时间、需求等）在数量上发生变动，而这种变量的变化又会作用于某种联系。例如，产业供应链成员间或不同产业供应链的相互联系，对整条产业链产生较大影响的一个时刻变动的过程。该条产业链各部分和各环节之间联系得越紧密，这种波及影响就越强烈，如原材料价格和市场价格变化、时间变化、营销策略以及库存策略等都会引起波及效应。

投资者情绪是投资者基于对资产未来现金流和投资风险的预期形成的一种信念。充满未知和竞争性的市场环境将导致投资者对于资产未来所能创造的现金流大小及风险变化在当下很难做出准确的评估，只能对其形成一种预期或信念。这种预期或信念不仅与资产基本面相关，还与投资者自身的认知水平和个人经历息息相关，是投资者对资产未来价值产生的一种主观判断与客观事实综合而成的产物，即“情绪”[182]。一般来说，即便是同一资产，不同投资者产生的信念也不同，但当市场上的投资者形成同质预期，相同个人投资者情绪合力在市场占据主导地位时，就会上升成为市场投资者情绪。投资者情绪是指投资者对未来预期的系统性偏差。在经济活动中，情绪是不确定因素，会影响投资者对未来收益的主观判断，进而影响其投资行为，形成合力后，会导致资产价格偏离其正常水平，引发市场动荡[183]。

交易情绪主要体现在原油产业链贸易各主体之间。原油产业链各主体之间、供给端与需求端之间的联系越密切，国际原油价格变化引起的波动效应就越大。在关键事件发生后，分析原油主体（国家、组织或企业）对国际原油价格变化后，根据自身利益和对未来国际局势的判断提出的应对政策与措施，一般可以分为三种情况：第一种是原油贸易主体顺应关键事件的产生，并只能使这种行为延续，无法做出改变；第二种是石油贸易主体可以通过自身调整结束关键事件带来的影响，使其朝着其他方向发展；第三种是原油贸易国无法做出改变，持观望态度。

交易情绪对利好或者利空消息的反馈并放大使未来市场产生剧烈波动，往往成为爆发系统性风险的诱因。譬如，2008 年，美国次贷危机爆发引发市场投资者情绪急剧下降，恐慌指数（VIX）激增，股市遭遇重挫[184]。2020 年 3 月，由于新冠病毒在全球范围内暴发叠加国际原油价格大幅下跌的不利因素，投资者形成恐慌情绪，冲击之下引发全球股市跳水[185]。2020 年 3 月 9 日，美国股市开盘仅 4 分钟，标普 500 指数就暴跌 7%，触发第一层熔断机制，英国、法国、德国、意大利、希腊等市场皆暴跌，跌幅高达7% ~13%。恐慌情绪下，各国公布的“救市”计划收效甚微，市场犹如失控的列车，急转直下，标普 500 指数从历史最高点暴跌 30% 只花了 22 天，创下有史以来最快纪录。纵然美国证券市场一直以稳定著称，恐慌情绪的冲击也使得美股出现两周四次熔断的罕见现象。

6.8 国际原油价格影响因素解释结构模型分析

根据前文的分析，总结出 11 类影响国际原油价格的因素：原油供给（S_1）、原油需求（S_2）、替代能源（S_3）、原油库存（S_4）、机构投机（S_5）、美元汇率（S_6）、机构言论（S_7）、关键事件（S_8）、交易情绪（S_9）、剩余探明石油储量（S_{10}）、全球经济（S_{11}）。为研究上述影响因素间的相互关系，本书采取解释结构模型（Interpretative Structural Modeling，ISM）。

ISM 是一种综合性的系统科学方法，用于分析各种复杂体系构成元素之间的相互依赖与制约关系，其基本原理是把复杂体系的各构成要素分解为若干子元素，经过一系列的拓扑运算，以结果数据为导向求出单个层级图，并将各层级图按照从上到下的顺序排列成一个多级递阶结构，即“从因到果”求得因果可达序列，以层次化的有向拓扑图表达。据此构建模型的基本过程如下：

$$\boldsymbol{A} \xrightarrow{\boldsymbol{A}+1} \boldsymbol{B} \xrightarrow{\text{连乘}} \boldsymbol{R} \xrightarrow{\text{层级抽取，代入}\boldsymbol{M}} \text{绘制多级递阶有向图}$$

其中，$\boldsymbol{A}$ 为原始布尔关系矩阵；$\boldsymbol{B}$ 为相乘矩阵；$\boldsymbol{R}$ 为可达矩阵；$\boldsymbol{M}$ 为一般性骨架矩阵。

6.8.1 解释结构模型建立

（1）判定国际原油价格影响因素间二元关系

根据影响因素个数绘制判定要素间二元关系方格图，并在每行右端依次注上各要素的名称，通过两两比较，直观地确定各要素之间的二元关系，并在两要素交会处的方格内用符号 V、A 和 X 加以标识，其中，V 表示方格图中的行（上位）要素直接或间接影响列（下位）要素，A 表示图中列（下位）要素对行（上位）要素有直接或间接影响，X 表示行、列两要素相互影响（称为强连接关系），如图 6－25 所示。因为，含相互影响

	V						A			S_{11}
V				V					S_{10}	
					A		A	S_9		
V	V			V	V	V	S_8			
		A	A			S_7				
					S_6					
A		A	A	S_5						
			S_4							
	V	S_3								
V	S_2									
S_1										

图 6－25 判定要素间二元关系方格图

的模型研究较为复杂，本模型暂不考虑，如遇两因素间确实存在相互影响，则以其主要影响方向为准。

（2）建立可达矩阵

根据图 6－1 所示国际原油价格各影响因素间的关系，建立邻接矩阵 $\boldsymbol{A}$（见图 6－26），矩阵中为 1 的元素表示该行因素对该列因素有影响，矩阵中为 0 的元素表示该行的因素对该列的因素无影响。可达矩阵，是指用矩阵形式描述图的各节点之间经过一定长度的通路后可达到的程度，本书用矩阵形式描述国际原油价格各影响要素间经过一定长度通路后的可达程度。本书所求可达矩阵是在邻接矩阵 $\boldsymbol{A}$ 的基础上加单位矩阵 $\boldsymbol{I}$，经自乘的布尔代数运算操作后，直到包括第 k 次幂的全部乘积相等，该乘积即为所求的可达矩阵，具体求解过程如下：

$$\boldsymbol{A}_1 = \boldsymbol{A} + \boldsymbol{I}, \boldsymbol{A}_2 = (\boldsymbol{A} + \boldsymbol{I})^2, \cdots, \boldsymbol{A}_{r-1} = (\boldsymbol{A} + \boldsymbol{I})^{r-1} = \boldsymbol{R}$$

进行布尔运算，直到 $(\boldsymbol{A}+\boldsymbol{I})^{k-1} \neq (\boldsymbol{A}+\boldsymbol{I})^{k} = (\boldsymbol{B}+\boldsymbol{I})^{k-1}$，由此，计算出可达矩阵 $\boldsymbol{R}$，如图 6－27 所示。本书中 $(\boldsymbol{A}+\boldsymbol{I})^2 = (\boldsymbol{A}+\boldsymbol{I})^3 = \boldsymbol{R}$。

A=

	S_1	S_2	S_3	S_4	S_5	S_6	S_7	S_8	S_9	S_{10}	S_{11}
S_1	0	0	0	0	1	0	0	0	0	0	0
S_2	1	0	0	0	0	0	0	0	0	0	0
S_3	0	1	0	0	1	0	1	0	0	0	0
S_4	0	0	0	0	1	0	1	0	0	0	0
S_5	0	0	0	0	0	0	0	0	0	0	0
S_6	0	0	0	0	0	0	0	0	1	0	0
S_7	0	0	0	0	0	0	0	0	0	0	0
S_8	1	1	0	0	1	1	1	0	1	0	1
S_9	0	0	0	0	0	0	0	0	0	0	0
S_{10}	1	0	0	0	1	0	0	0	0	0	0
S_{11}	0	1	0	0	0	0	0	0	0	0	0

图 6－26　国际原油价格影响因素的邻接矩阵 A

（3）区域划分与层级划分

区域划分是将构成系统的要素集合 S 分割成关于给定二元关系的相互独立区域。可达集 $R(S_i)$ 是可达矩阵中由 S_i 可到达的诸要素构成的

$$
R=\begin{array}{c|ccccccccccc|}
 & S_1 & S_2 & S_3 & S_4 & S_5 & S_6 & S_7 & S_8 & S_9 & S_{10} & S_{11} \\
S_1 & 1 & 0 & 0 & 0 & 1 & 0 & 0 & 0 & 0 & 0 & 0 \\
S_2 & 1 & 1 & 0 & 0 & 1 & 0 & 0 & 0 & 0 & 0 & 0 \\
S_3 & 1 & 1 & 1 & 0 & 1 & 0 & 1 & 0 & 0 & 0 & 0 \\
S_4 & 0 & 0 & 0 & 1 & 1 & 0 & 1 & 0 & 0 & 0 & 0 \\
S_5 & 0 & 0 & 0 & 0 & 1 & 0 & 0 & 0 & 0 & 0 & 0 \\
S_6 & 0 & 0 & 0 & 0 & 0 & 1 & 0 & 0 & 1 & 0 & 0 \\
S_7 & 0 & 0 & 0 & 0 & 0 & 0 & 1 & 0 & 0 & 0 & 0 \\
S_8 & 1 & 1 & 0 & 0 & 1 & 1 & 1 & 1 & 1 & 0 & 1 \\
S_9 & 0 & 0 & 0 & 0 & 0 & 0 & 0 & 0 & 1 & 0 & 0 \\
S_{10} & 1 & 0 & 0 & 0 & 1 & 0 & 0 & 0 & 0 & 1 & 0 \\
S_{11} & 1 & 1 & 0 & 0 & 1 & 0 & 0 & 0 & 0 & 0 & 1
\end{array}
$$

图 6－27 国际原油价格影响因素的可达矩阵 *R*

集合；先行集 A（S_i）是在可达矩阵中 S_i 可到达的诸系统要素构成的集合；共同集 C（S_i）是 S_i 在可达集和先行集的交集；系统要素集合 S 的起始集是在 S 中只影响（到达）其他要素而不受其他要素影响（不被其他要素到达）的要素所构成的集合，记为 B（S_i）。对要素的可达集、先行集、共同集和起始集列表，如表 6－1所示。

表 6－1 要素可达集、先行集、共同集和起始集

(S_i)	$R(S_i)$	$A(S_i)$	$C(S_i)$	$B(S_i)$
S_1	1，5	1，2，3，8	1	
S_2	1，2，5	2，3，8	2	
S_3	1，2，3，5，7	3	3	3
S_4	4，5，7	4	4	4
S_5	5	1，2，3，4，5，8	5	
S_6	6，9	6，8	6	
S_7	7	3，4，7，8	7	
S_8	1，2，5，6，7，8，9	8	8	8
S_9	9	6，8，9	9	
S_{10}	1，5，10	10	10	
S_{11}	1，2，5，11	8，11	11	

当集合满足 $C(S_i) = R(S_i)$ 时，可以确定最高一级因素的集合。将

可达矩阵中最上级影响因素所在的行和列剔除之后，再从剩下的影响因素中找到最高级要素的集合，重复上述步骤，得到层级划分结果如表6－2所示。

表6－2 层级划分结果

层级 L_i	包含要素（S_i）
L_1	S_5,S_7,S_9
L_2	S_1,S_4,S_6
L_3	S_2 ，S_{10}
L_4	S_3,S_8 ，S_{11}

（4）提取骨架矩阵与绘制多级递阶有向图

由可达矩阵 $\boldsymbol{R}$ 进行缩点，即把可达矩阵中的回路当成一个点，称为“缩点”。缩点后得到可达矩阵 $\boldsymbol{R}'$，然后进行缩边运算，缩边运算本质是把重复的路径删除，方法为：$\boldsymbol{M}' = \boldsymbol{R}' - (\boldsymbol{R}' - \boldsymbol{I})^2 - \boldsymbol{I}$，$\boldsymbol{R}'$ 进行缩边得到 $\boldsymbol{M}'$，即骨架矩阵，把回路要素代入即可得到 $\boldsymbol{M}$，即一般性骨架矩阵，如图6－28所示。

$$
\boldsymbol{M}=\begin{array}{c|ccccccccccc|}
 & S_1 & S_2 & S_3 & S_4 & S_5 & S_6 & S_7 & S_8 & S_9 & S_{10} & S_{11} \\
S_1 & 0 & 0 & 0 & 0 & 1 & 0 & 0 & 0 & 0 & 0 & 0 \\
S_2 & 1 & 0 & 0 & 0 & 0 & 0 & 0 & 0 & 0 & 0 & 0 \\
S_3 & 0 & 1 & 0 & 0 & 0 & 0 & 1 & 0 & 0 & 0 & 0 \\
S_4 & 0 & 0 & 0 & 0 & 1 & 0 & 1 & 0 & 0 & 0 & 0 \\
S_5 & 0 & 0 & 0 & 0 & 0 & 0 & 0 & 0 & 0 & 0 & 0 \\
S_6 & 0 & 0 & 0 & 0 & 0 & 0 & 0 & 0 & 1 & 0 & 0 \\
S_7 & 0 & 0 & 0 & 0 & 0 & 0 & 0 & 0 & 0 & 0 & 0 \\
S_8 & 0 & 1 & 0 & 0 & 0 & 1 & 1 & 0 & 0 & 0 & 1 \\
S_9 & 0 & 0 & 0 & 0 & 0 & 0 & 0 & 0 & 0 & 0 & 0 \\
S_{10} & 1 & 0 & 0 & 0 & 0 & 0 & 0 & 0 & 0 & 1 & 0 \\
S_{11} & 0 & 1 & 0 & 0 & 0 & 0 & 0 & 0 & 0 & 0 & 0
\end{array}
$$

图6－28 一般性骨架矩阵 $\boldsymbol{M}$

根据要素的骨架矩阵，绘制多级递阶有向图，将影响因素填入框图，可得到完整的解释结构模型，如图 6－29 所示。

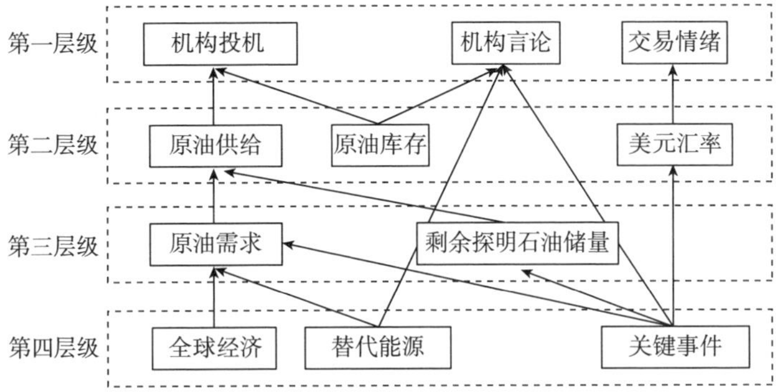

图 6－29　国际原油价格影响因素解释结构模型

6.8.2　解释结构模型分析

由图 6－29 可以看出，影响国际原油价格的直接因素是机构投机、机构言论和交易情绪，即人们对原油价格的预期；中层因素是原油供给、原油库存和美元汇率；深层原因是原油需求和剩余探明石油储量；根本原因是关键事件、替代能源以及全球经济。

（1）直接原因分析

机构投机因素加剧了国际原油价格的上涨。2001 年美国股市泡沫破灭后，全球资本市场失去了 20 世纪 90 年代的“牛气”，美联储为了防止资本市场崩溃而释放的多余流动性资金无处投资，到处寻找机会。而当时的石油市场成为全球资本市场上各种投资机构瞄准的目标。据报道，当前石油期货市场有上万亿美元的投机资金。机构言论对国际原油价格的影响在于，机构在发布言论后，将以相关关键信息引导原油市场走向，进而正向或负向影响市场预期。交易情绪对利好或者利空消息的反馈并放大使得未来市场产生剧烈波动，往往成为爆发系统性风险的诱因。

（2）中层原因分析

原油供给不足使发达国家的原油储备政策发生变化，从而促使油价进一步升高。2004 年以来，沙特阿拉伯、伊朗和非洲、美洲一些石油出口国的国内局势不安定使世界石油的供给受到很大影响。虽然俄罗斯石油出口量的逐年增长使这方面的影响得到缓解，但是总的形势仍旧很紧张。从原油库存来看，以美国为首的西方国家大量增加石油储备，激化石油供需矛盾，加剧油价上涨。布什政府上台后，一直坚持要把美国的石油战略储备提高到 7 亿桶，在油价不断攀升的情况下，布什政府并未表示有改变此政策的意愿。美国国会中甚至有议员建议把石油战略储备提高到 10 亿桶，以应付可能出现的比伊朗战争更坏的局面。在世界经济高速增长、对原油需求不断增加的情况下，原油供给捉襟见肘，以美国为首的西方国家却大量增加石油储备，无疑增加了原油的需求，激化了原油供需矛盾，对原油价格上涨起到了推波助澜的作用。

（3）深层原因分析

原油需求和剩余探明石油储量是影响国际油价更深层次的原因。随着全球经济高速发展，主要发达国家和发展中国家的经济增长速度均有所加快，发达国家特别是美国的经济发展迅速，发展中国家则以中国和印度为代表，已经成为全球石油需求稳步增长的主要推动力。同时，全球低利率政策下的高投资率引起对石油等能源消耗出现较大幅度增长，石油需求增长超过预期。1965 年，世界原油总需求量仅为 15. 2 亿吨；到 2023 年，世界原油总需求量已经上升至 50. 3 亿吨，比 1965 年增长 230. 9%。

（4）根本原因分析

关键事件、替代能源和全球经济是影响国际油价的根本原因。近些年新冠疫情、乌克兰危机升级等事件，给石油出口国的正常生产造成了不小的影响，进而使得油价上涨。同时，一些战争、动乱等也会影响美元汇率，如美国“9・11”事件后，美元汇率从巅峰跌落，此后再未回到峰值。从替代能源的开发与利用来看，新型、环保、优质、高效能源具有广阔的市场前景，天然气、电力、太阳能、核能在一定程度上可以取代石油，从而减少对石油的需求，间接影响油价。

第 7 章　国际原油价格预测数据库建立

7.1　数据库建立的必要性

数据库是“按照数据结构来组织、存储和管理数据的仓库”，是一个长期存储在计算机内、有组织、可共享、统一管理的大量数据的集合。数据库是一个实体，是能够合理保管数据的“仓库”，用户在该“仓库”中存放要管理的事务数据，“数据”和“库”两个概念结合成为数据库。数据库是数据管理的新方法和技术，能更合适地组织数据、更方便地维护数据、更严密地控制数据、更有效地利用数据。

7.1.1　提供业务参考

数据库在系统设计，尤其是软件编程中很常见，但数据库的作用并不止于此。数据库是为了满足实际需求设计的。从本质上看，数据库的设计是将实体与实体间的关系进行规划和结构化。因此，数据库不仅是一种数据存储工具，更是一种数据处理器，良好的数据库可以充分满足业务的需求，并将数据之间的关系完备地表现出来。

7.1.2　提升信息查询效率

国际油价数据库建立的必要性体现在国际油价预测涉及的数据量极

大。国际油价的影响因素众多，本书主要从原油供给、原油需求、金融期货、机构言论、关键事件与交易情绪等方面对其进行研究。由前文分析可知，上述几类因素涵盖的数据内容极其庞大，且各因素内部还存在不同类别的子因素，因此，必须通过专门数据库对数据进行存储，以提升信息的查询效率。

7.1.3 为油价预测提供依据

此外，数据库对数据的加工预处理功能对国际油价预测十分重要。研究国际油价波动时，涉及的并不单纯是产量、销量或价格等定量的数值型数据，还存在各种政策、气候及舆情等无法直接量化的性质类因素，这些数据不能直接被用来对油价进行预测研究，而是需要参照相关的理论将定性的描述转为定量的影响，因此，需要充分借助数据库的数据预处理功能。

基于以上分析，本书建立了由供给数据库、需求数据库、金融期货数据库、机构言论数据库、个人言论数据库及关键事件数据库构成的国际油价数据库。

7.2 数据库建立的原则

数据库建立主要遵循以下几点原则。

7.2.1 一致性原则

一致性原则，即对建立数据库所有数据的来源进行统一、系统的分析。建立数据库时，虽有很多来源可供我们收集数据，但数据库中的所有数据需要保证来源统一、数值准确，目的是保证数据一致性与有效性，使后续对数据的使用更加方便、高效。

7.2.2 完整性原则

建立数据库时，必须确保存储的数据正确无误，并且保证逐年的数据详尽完整。数据的来源众多，准确性也参差不齐，因此，在建立数据库时，我们要确保每一项数据年份完整、数值准确，目的是保证数据完整性与精准性，在后续使用数据建模或预测时，提高数据的可参考性，从而提高模型的精度。

7.2.3　安全性原则

建立数据库时，要求充分保障数据的安全性，对所有数据严格保密，避免数据泄露、更改或被破坏。数据库作为一个相对独立又较为完整的信息系统，内部存储了大量关于该行业的信息，泄露一个小小的数据都会使整个系统的信息安全受到威胁；任何一个数值的篡改都会使数据库的有效性降低。我们要保证数据库内的所有数据和信息严格保密，目的是保证数据库中的内容与信息长期有效，在使用数据时，时刻注重信息安全、防止数据被泄露篡改。

7.2.4　可扩展性原则

数据库的结构设计需要考虑发展的需要，随着统计预测项目的增多，数据需要扩充。数据库不是一成不变的，而是需要随着时间的推移不断更新数据、拓展维度、扩张规模，不仅是增加信息的数目，也是完善数据库的结构，从而使数据库能够储存更多维度的信息，提高其功能性。

7.2.5　规范化原则

建立数据库时，数据的存储一定要按照统一的原则进行规范。按照规范方法储存数据、设计模型、建立公式，通过规范化的数据设计减少操作时可能发生的错误。

7.2.6　准确性原则

为数据库收集数据来源时，一定要确保数据来源的可靠性以及所有数据的准确性。建立数据库时，数据的准确性参差不齐，要确保每一项数据来源可信、数值精确，目的是保证数据误差小、准确度高，从而提高数据库的参考价值与使用效果。

7.3 国际油价预测数据库建立

国际油价的影响因素众多，既包括美元汇率、全球经济发展情况等客观因素，又包括交易情绪、权威言论等主观因素。所以，本书将国际油价的影响因素分为客观因素与主观因素两类，并针对每个类别，逐级划分结构层次，建立数据库。

7.3.1 国际油价客观因素数据库的建立

本书数据库包含的影响国际油价的客观因素包括：原油供给量、原油需求量、原油期货价格。

供给和需求是直接影响具有市场属性商品的两大因素，原油作为国际贸易中交易量较高的大宗商品，其价格由市场供需状况直接影响，其他的各种作用因素也基本是通过影响原油的供需来影响原油价格，国际油价供需数据库是预测国际油价的主要依据。原油的开采与加工量直接决定了市场供给，国际油价供需数据库中储存的数据含有全球产量与炼厂开工率；原油的消费受经济形势的直接影响，故国际油价供需数据库中的数据含有全球的 GDP 与原油消费量。

现货市场是国家石油价格形成的基础，但随着金融的发展，期货市场对油价的作用力越来越强，且期货市场对于市场变动的反应更为迅速，因此，本书不仅建立了原油现货的供需数据库，还建立了期货数据库。期货数据库中主要参考的数据是美元指数以及原油期货持仓净头寸。

其中，全球的历年原油价格、原油供给量与原油消耗量数据来源于《世界能源统计年鉴》《BP 世界能源统计年鉴》；全球原油产量数据来源于 OPEC 报告；全球 GDP 和原油期货价格数据来源于新浪财经；原油期货持仓净多头的数据来源于 CFTC；天然气价格、可再生能源发电量等数据来源于 IEA。

7.3.2 国际油价主观因素数据库的建立

主观因素不会直接影响原油的储量及市场的需求，但会通过影响原油开采、运输、销售、购买等商业过程影响原油的供需，从而影响国际油价。本书数据库包含的主观因素有：权威言论、关键事件、交易情绪。

权威言论包括机构言论、个人言论，二者不会直接影响国际油价，但可能对国际油价产生波及效应，本书分别对机构与个人建立了数据库。机构数据库主要收集国际组织、国际石油公司、投资银行以及与石油供需关联度较大的国家政府机构对油价做出的研判；个人数据库中的数据主要来源于国际组织、政府机构中的权力人物，国际石油公司或其他行业企业的高层精英以及高校或科研机构的科研学者。数据库存储的数据主要有各个机构或个人过往的预测价格与对应的实际油价以及预测的偏离度等，其会依据各机构或个人的历史预测与实际油价的偏差进行分类。

本书所指的关键事件主要包括自然界或人类社会中发生的可能会对国际油价产生重大影响的突发事件。在国际油价关键事件（交易情绪）数据库中，依据关键事件的影响范围将其划分为国家事件与国际事件。国家事件主要指发生在原油供需大国并会对原油供需产生较大影响的事件，国际事件是指会影响全球原油供需的事件，事件发生对于市场交易情绪与油价趋势的影响也会被记录；同时，数据库将存储根据专家意见对各事件的影响程度进行的分级打分结果。本书采用专家打分的方法确定关键事件对国际油价的影响，打分的专家须在能源行业从业 5 年以上或在能源相关高校任教 3 年以上。专家打分时，应判断该事件会导致国际油价正向还是负向变动，若该事件导致国际油价上升，则该分数记为正；若该事件导致国际油价下降，则该分数记为负。并且，按照事件对原油价格影响的程度，专家所打出的分数分为 5 个等级，分别为“1 分”“3 分”“5 分”“7 分”“9 分”。

交易情绪，是指消费者对商品以及市场未来发展的心理预期，如果交易情绪乐观，消费者就会更愿意对远期商品进行投资，期货的持仓量以及期货价格都会随之升高，即交易情绪可以反映在期货市场上，故本书以原油的期货价格量化交易情绪。

第 8 章　国际原油价格预测模型构建及预测

8.1　国际油价预测模型及建模方法

本书基于原油价格的众多影响因素，在多元回归模型的基础上建立国际原油价格预测模型。本书与其他国际油价预测模型最大的不同是在因素选取上具有较大新颖性，构建了涵盖供给、需求、交易情绪、权威言论、关键事件和金融等六个不同维度的多元分析指标框架，将尽可能多的预测因子纳入指标集，采用多元回归方法更完整、更全面地预测半年或一年的国际油价趋势，对国际油价的异常波动更具解释性。

8.1.1　国际原油价格预测模型构建

在国际原油价格预测模型中，本书主要考虑的因素包括三个层次：第一层次为国际原油价格；第二层次为直接影响国际原油价格的五个因素——世界原油供给量、世界原油需求量、交易情绪、权威言论以及关键事件；第三层级是第二层级因素的进一步划分，其结构如表 8－1 所示。

表 8－1　国际原油价格影响因素

二级影响因素	三级影响因素	指标含义
世界原油供给量	页岩油产量	页岩油的开采量
	库存	世界原油的库存总量

续表

二级影响因素	三级影响因素	指标含义
世界原油需求量	天然气价格	原油互替商品的价格
	新能源汽车使用量	对原油需求具有替代作用
	可再生能源发电量	风、光、水、生物质等可再生能源发电量
	GDP	世界各国 GDP
交易情绪	原油持仓净多头	购买原油期货看涨的数量
	美元指数	反映美元汇率的重要指标
权威言论	个人言论	能源领域的学者、专家对国际油价的预判
	机构言论	投资银行、国际组织等金融权威机构对油价的预判
关键事件		对国际原油交易产生重大影响的事件，采用专家打分的形式来量化

由于原油的供给、需求以及交易情绪是国际原油价格走势的直接因素，权威机构与个人对国际油价的预判可以在一定程度上影响国际油价水平，关键事件则会从各个方面造成原油市场波动。所以，本书首先将原油的供给、需求以及交易情绪三个自变量与国际原油现货价格这一因变量构建回归模型，得到国际原油回归价格 P_1；其次将权威机构与个人言论对国际油价的预测水平加权平均得到国际原油预判价格 P_2；最后将关键事件作为整体国际油价的调节系数，乘以 P_1 与 P_2 加权平均值，得到国际原油价格预测的最终模型。假设供需、投资因素与主观因素按照不同的权重对国际原油价格产生影响，国际原油价格与以上四个因素的函数关系如下：

$$P = (w_1 \times P_1 + w_2 \times P_2) \times (1 + u_3) \quad (8-1)$$

$$P_1 = \beta_1 + \beta_2 S + \beta_3 D + \beta_4 F \quad (8-2)$$

$$P_2 = \gamma_1 u_1 + \gamma_2 u_2 \quad (8-3)$$

其中，S 为原油供给量；D 为原油需求量；F 为交易情绪；u_1 为权威机构对国际油价的预判；u_2 为有影响力的个人对国际油价的预判；u_3 为关键事件分数；β_1、β_2、β_3、β_4 为变量系数，w_1、w_2、γ_1、γ_2 为权重系数，国际油价回归值所占权重 $w_1 = 0.7$，国际油价预判值所占权重 $w_2 = 0.3$，机构言论

所占权重 $\gamma_1 = 0.6$，个人言论所占权重 $\gamma_2 = 0.4$。

8.1.2 多元回归分析

多元回归分析（Multiple Regression Analysis，MRA）是从经典统计学中发展起来的一个分支，是一种综合分析方法，能够在多个对象和多个指标互相联系的情况下分析它们的统计规律，很适合农业科学研究的特点。

早在19世纪，统计学就出现了处理二维正态总体的一些方法，但系统地处理多维概率分布总体的统计分析问题开始于20世纪。1928年，维夏特分布的导出是多元分析成为一个独立学科的标志。20世纪30年代，R. A. 费希尔、H. 霍特林、许宝禄以及S. N. 罗伊等做出了一系列奠基性的工作，使多元统计分析在理论上得到了迅速发展。40年代，多元分析在心理、教育、生物等方面获得了一些应用。由于应用时常需要大量的计算，加上第二次世界大战的影响，其发展停滞了相当长的时间。50年代中期，随着电子计算机的发展和普及，多元分析在地质、气象、标准化、生物、图像处理、经济分析等领域得到了广泛应用，也促进了理论的发展。MRA最早用于研究经济学中供需关系的影响因素，后来被广泛应用于工程、数学、医药、化学等各个领域。

MRA自问世起便被广泛应用于经济学、社会学、地质学、医学等各个领域，作为多因素分析模型，兼容性较强，可以和神经网络、Logistic等理论结合，分析和预测效果都较为准确。2014年，卢磊建立MRA，探究影响股票投资与收益的四个主要指标，并进行实证分析，对我国农业银行和滨江股份股票的价格走势进行预测，准确度较高[186]。2014年，李生彪分析兰州市商品房价格，通过建立MRA探究商品房投资成本、住房贷款市场利率等因素对房价的影响[187]。2022年，郭书生等以MRA为基础，对钻井工程中钻头前方压力变化与钻头前方地层速度进行影响因素分析和预测[188]。2020年，谭伟华基于MRA，结合神经网络理论，建立物流需求预测系统，并分析江西省物流发展趋势[189]。2018年，张新顺等在对致密油可采资源进行探究评价时，建立MRA，分析脆性矿物含量、孔隙度等影响因素[190]。2016 年，许人等将 LogisticMRA 与人工神经网络理论相结合，探究判断进展期胃癌的淋巴结转移情况[191]。

多元回归是研究一个因变量与两个或两个以上自变量的回归，也称“多元线性回归”，是反映一种现象或事物的数量依多种现象或事物的数量变动而相应地变动的规律，建立多个变量之间线性或非线性数学模型数量关系式的统计方法，一个因变量受多个自变量影响。模型阐述见式（8－4）、式（8－5）：

$$Y=\begin{bmatrix} y_1 \\ y_2 \\ \vdots \\ y_m \end{bmatrix}, X=\begin{bmatrix} x_{11} & x_{12} & \cdots & x_{1n} \\ x_{21} & x_{22} & \cdots & x_{2n} \\ \vdots & \vdots & \ddots & \vdots \\ x_{m1} & x_{m2} & \cdots & x_{mn} \end{bmatrix}, b=\begin{bmatrix} b_0 \\ b_1 \\ \vdots \\ b_m \end{bmatrix}, \varepsilon=\begin{bmatrix} \varepsilon_1 \\ \varepsilon_2 \\ \vdots \\ \varepsilon_m \end{bmatrix} \tag{8-4}$$

$$Y = Xb + \varepsilon \tag{8-5}$$

其中，Y 为因变量，X 为自变量，b 为自变量的系数，ε 为随机误差项。

8.1.3 误差检验

本书通过对 2011—2021 年的油价相关影响因素进行多元回归分析与线性拟合，建立了国际油价的预测公式，并用得到的预测公式得出 2011—2021 年的油价预测值，将预测值与实际值相对比，检验它的误差，从而判断模型的准确程度和可信度。

后验差法又称“新复极差法”，是一种方差分析中均值比较的方法，常用于检验预测模型的准确度。后验差法于 1955 年由 Duncan 在 Newman 及 Keuls 的复极差法基础上提出，与 Tukey 法相类似，适用于 $n-1$ 个试验组与 1 个对照组均数差别的多重比较，多用于证实性研究。Dunnett－t 统计量的计算公式与 LSD－t 检验完全相同。

后验差法的检验公式涉及的统计量较多，故能较为全面地分析预测值与实际值的相对误差、方差、残差等内容，对模型的检验准确度高。2021 年，肖利芳等建立灰色模型预测全国稻谷产量，并使用后验差检验法进行误差分析，检验模型的准确度[192]。2019 年，贾敏等研究预测城市建成区的面积，建立岭回归模型，并采用后验差法进行精度检验[193]。2016 年，余兰和岳建平建立 BP 小波神经网络预测模型，探究该模型的收敛速度，并通过后验差比值等参数分析模型的预测精度[194]。2000 年，苏银法等建立药物体外溶出模型来控制药物质量，并使用后验差检验法检验模型的拟合优度[195]。

本书使用的误差检验方法是后验差法，其相关参数定义和检验方法见表 8－2。

表 8－2　后验差法误差检验表达式定义

误差检验相关参数	计算公式
残差	$e(k) = x^{(0)}(k) - x^{(1)}(k)$
相对误差	$\Delta k = \left\| \frac{e(k)}{x^{(1)}(k)} \right\| \times 100\%$
平均相对误差	$\bar{\Delta k} = \frac{1}{n}\sum_{k=1}^{n}\Delta k$
残差平均值	$\bar{e} = \frac{1}{n-1}\sum_{k=2}^{n}e^{(0)}(k)$
原始数据平均值	$\bar{x} = \frac{1}{n}\sum_{k=1}^{n}x^{(0)}(k)$
原始数据方差	$s_1^2 = \frac{1}{n}\sum_{k=1}^{n}[x^{(0)}(k) - \hat{x}]^2$
残差方差	$s_2^2 = \frac{1}{n-1}\sum_{k=2}^{n}[e^{(0)}(k) - \hat{e}]^2$
残差方差的均方差比值	$c = s_2/s_1$
小误差概率	$p = p\{ \| e^{(0)}(k) - \bar{e} \| < 0.6745 s_1 \}$

后验差法是指通过计算多组数据预测值与实际值的误差相关检验参数，得到残差方差的均方差比值 c 与小误差概率 p 作为误差检验的主要判断标准，常用于检验预测模型中预测值和实际值的偏差。一般来说，相对误差 Δk、残差 $e(k)$ 、残差方差 s_2^2 的均方差比值 c 越小，小误差概率 p 的

值越大，模型的精确程度越高。当小误差概率 $p>0.95$，残差方差的均方差比值 $c<0.35$ 时，模型的精度达到一级；当小误差概率 $p>0.8$ 时，模型精度达到二级，模型合格；当小误差概率 $p\geq0.7$，模型精度达到三级，模型勉强合格；当小误差概率 $p<0.7$ 时，模型不合格。

8.2 基于供需、言论和交易情绪的国际油价预测模型构建

根据事件调查结果，本书主要从两个方面来考虑：客观因素及主观因素。客观因素包括供给、需求以及金融期货；主观因素包括机构言论、个人言论、交易情绪以及关键事件。决定商品价格最根本的因素便是供需关系，从长期的规律来看，在金融市场上，期货与现货的价格总存在一定的线性关系，所以，金融期货也作为本书构建国际油价预测模型的重点因素。关键事件是原油作为能源战略物资特有的影响因素，机构言论、个人言论以及交易情绪并不会直接决定国际原油价格，但该因素会影响消费者对原油的购买意愿，从而影响原油的需求量，间接对国际原油价格产生影响。

8.2.1 原油供给模型构建

（1）MRA 回归结果及检验

原油的供给受原油储量、开采量、原油库存等因素的影响，本书通过对 2011—2021 年原油供给进行回归，尝试挖掘原油消耗影响因素的变化及这些因素与原油供给量的定量关系。原油的供给量主要与原油库存量相关，并受页岩油最终互替商品产量的影响，而世界超过 90% 的页岩油来自美国，所以，本书选取美国页岩油产量 x_1 、世界原油库存 x_2 两个自变量构建原油供给模型。假设国际原油供给模型为

$$S=b_0+b_1\cdot x_1+b_2\cdot x_2 \tag{8-6}$$

其中，b_0 为常数项，b_1 为美国页岩油产量的系数，b_2 为世界原油库存的系数。

利用 MATLAB 软件对数据进行多元回归分析。回归结果显示，R^2 为 0.768、F 值为 12.881、p 值为 0.008，由于 R^2 较大接近 1 且 p 值小于 0.01，回归精度较高，全年原油供给预测的回归模型与半年原油供给预测的回归模型分别如下：

$$S_{全} = 3122.48 + x_1 + 8.2x_2 \quad (8-7)$$

$$S_{半} = 2962.65 + 0.95x_1 + 9.84x_2 \quad (8-8)$$

2011—2021 年国际原油供给预测值与实际值对比如图 8-1 所示，从图 8-1 来看，随着时间的推移和原油采储比、国际原油库存等供给因素的变化，预测值与实际值的变化趋势几乎一致，且二者在数值上相差较小。总体来说，预测值与实际值的数值差异较小，模型的拟合精度高，可以用于预测。

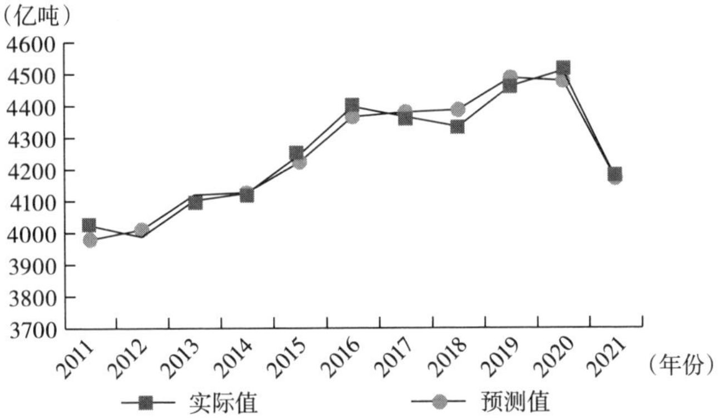

图 8-1 2011—2021 年国际原油供给预测值与实际值对比

（2）误差检验

本书采用后验差法，对原油价格的预测值与实际值进行对比，通过 MATLAB 软件，求解 2011—2021 年预测值与实际值的残差方差的均方差比值以及小误差概率，如表 8-3 所示。

表 8-3 原油供给模型误差检验

预测误差		全年回归模型	半年回归模型
原油供给模型	p	0.900	0.900
	c	0.038	0.038

按照精度等级评判上述模型，原油供给量模型的小误差概率 $p>0.800$，残差方差的均方差比值 $c<0.350$，达到二级精度的要求，模型合格，原油供给模型满足原油供给预测的精度要求，可以用于预测。

8.2.2 原油需求模型构建

（1）MRA 回归结果及检验

原油互替商品的供应量、国际经济形势等因素都会对原油的需求产生影响，本书通过对 2012—2021 年原油需求进行回归，尝试挖掘原油需求影响因素的变化及这些因素与原油需求量的定量关系。原油需求量主要与可再生能源发电量、天然气等互替商品相关，并受世界经济的影响，同时，随着新能源汽车行业的逐渐兴起，新能源汽车的使用对成品油消耗也有着很大程度的冲击作用，所以，本书考虑了 4 个原油需求模型的影响因素：可再生能源发电量 y_1 、天然气价格 y_2 、世界 GDP y_3 、全球新能源汽车销量 y_4 。假设原油需求模型为

$$D = c_0 + c_1 \cdot y_1 + c_2 \cdot y_2 + c_3 \cdot y_3 + c_4 \cdot y_4 \tag{8-9}$$

其中，$c_1 \sim c_4$ 为各变量的系数。

利用 MATLAB 软件对数据进行 MRA，回归结果显示，R^2 为 0.916、F 值为 13.640、p 值为 0.007，由于 R^2 较大接近 1 且 p 值小于 0.01，回归精度较高，全年原油需求预测的回归模型与半年原油需求预测回归模型分别如下：

$$D_{全} = 1340.12 - 0.12y_1 - 0.38y_2 - 15.56y_3 + 44.58y_4 \tag{8-10}$$

$$D_{半} = 1603.65 - 0.08y_1 - 0.43y_2 - 15.18y_3 + 40.23y_4 \tag{8-11}$$

2011—2021 年国际原油需求预测值与实际值对比如图 8－2 所示，随着时间的推移和天然气价格、可再生能源发电量等需求的变化，实际值与预测值的变化趋势大体相同，但实际值的数值变化较为平缓，预测值的变动幅度较大。总体来说，预测值与实际值之间的数值差异较小，二者的变化趋势相似，模型的拟合精度较高，可用于预测。

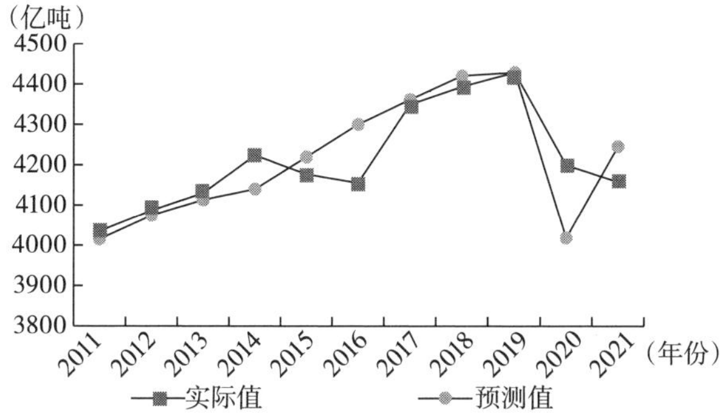

图 8-2 2011—2021 年国际原油需求预测值与实际值对比

（2）误差检验

本书采用后验差法，对原油价格的预测值与实际值进行对比，通过 MATLAB 软件，求解 2011—2021 年预测值与实际值的残差方差的均方差比值以及小误差概率，如表 8-4 所示。

表 8-4 原油需求模型误差检验

预测误差		全年回归模型	半年回归模型
原油需求模型	p	0.89	0.93
	c	0.01	0.01

按照精度等级评判上述模型，小误差概率 $p>0.80$，残差方差的均方差比值 $c<0.35$，达到二级精度的要求，模型合格，原油需求的线性回归模型满足精度要求，可以用于预测。

8.2.3 交易情绪模型构建

（1）MRA 回归结果及检验

交易情绪，是指消费者对商品以及市场未来发展的心理预期，如果交易情绪乐观，消费者就会愿意对远期商品进行投资，期货的持仓量以及期货价格都会随之升高，即交易情绪可以反映在期货市场上。故本书以原油的期货价格量化交易情绪，对 2012—2021 年金融期货进行回归，尝试挖掘原油期货价格影响因素的变化及这些因素与原油期货的定量关系。国际上原油大多采用美元结算，所以，美元的汇率会对原油期货价格造成很大的影响，同时，原油期货的持仓多头数量也会对原油的期货价格产生影响。在分析原油期货价格时，本书以美元指数 z_1 、原油期货持仓多头数量 z_2 为自变量进行回归分析。假设原油金融期货模型为

$$F = d_0 + d_1 \cdot z_1 + d_2 \cdot z_2 \tag{8-12}$$

利用 MATLAB 软件对数据进行多元回归分析。回归结果显示，R^2 为 0.807、F 值为 16.730、p 值约为 0.001，由于残差较小且 p 值远小于 0.01，回归精度较高，全年原油金融期货预测的回归模型与半年原油金融期货预测的回归模型分别如下：

$$F_{全} = 339.24 - 2.94z_1 + 0.33z_2 \tag{8-13}$$

$$F_{半} = 337.49 - 2.92z_1 + 0.18z_2 \tag{8-14}$$

2011—2021 年国际原油期货价格直接预测值与实际值对比如图 8-3 所示。随着时间的推移和美元指数、持仓净多头数量等金融因素的变化，直接预测值与实际值的变化趋势大致相同，但个别年份的数值差异较大。总体来说，直接预测值与实际值的数值差异较小，二者的变化趋势相近，模型的拟合精度较高，可用于预测。

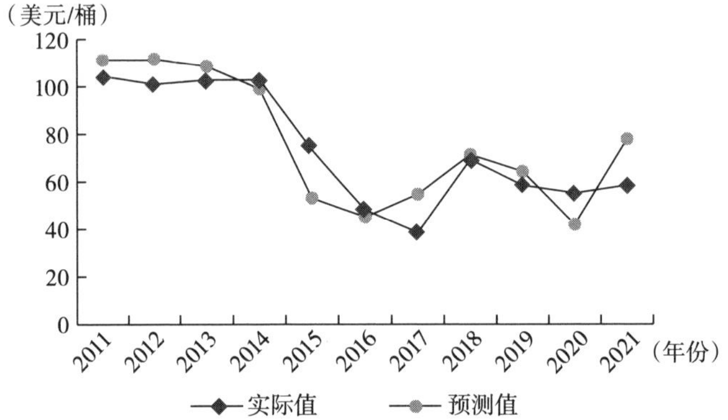

图 8-3　2011—2021 年国际原油期货价格直接预测值与实际值的对比

（2）误差检验

采用后验差法对原油期货价格的预测值与实际值进行对比，通过 MATLAB 软件，求解 2011—2021 年预测值与实际值的残差方差的均方差比

值以及小误差概率，如表 8－5 所示。

表 8－5 原油期货模型误差检验

预测误差		全年回归模型	半年回归模型
原油期货模型	p	0.89	0.89
	c	0.0496	0.0493

按照精度等级评判上述模型，原油期货模型的 $p>0.80$，残差方差的均方差比值 $c<0.3500$，达到二级精度的要求，原油期货线性回归模型满足预测的精度要求，可以用于预测。

8.2.4 国际原油价格预测模型构建

通过上述对原油供给、原油需求以及交易情绪模型的构建，本小节对原油供给、需求以及交易情绪的预测公式进行归纳，为回归价格 P_1 和预判价格 P_2 赋予不同的权重，根据大量数据拟合结果，最终确定原油回归价格 P_1 所占权重为 70%，原油预判价格 P_2 所占权重为 30%。

利用 MATLAB 软件对回归价格模型进行多元回归分析。回归结果显示，残差 R^2 为 0.989、F 值为 9.343、p 值约为 0.000，由于残差较小且 p 值远小于 0.01，回归精度较高，全年原油回归价格模型与半年原油回归价格模型分别如下：

$$P_{1全} = -29.82 + 0.042S - 0.036D + 1.03F \quad (8-15)$$

$$P_{1半} = -33.69 + 0.038S - 0.032D + 1.04F \quad (8-16)$$

2011—2021 年国际原油回归价格直接预测值与实际值对比如图 8－4 所示，直接预测值与实际值的变化趋势大致相同，直接预测值与实际值的数值差异较小，模型的拟合精度较高，可用于预测。

采用后验差法对国际原油价格的预测值与实际值进行对比，通过 MATLAB 软件，求解 2011—2021 年预测值与实际值的残差方差的均方差比值以及小误差概率，如表 8－6 所示。

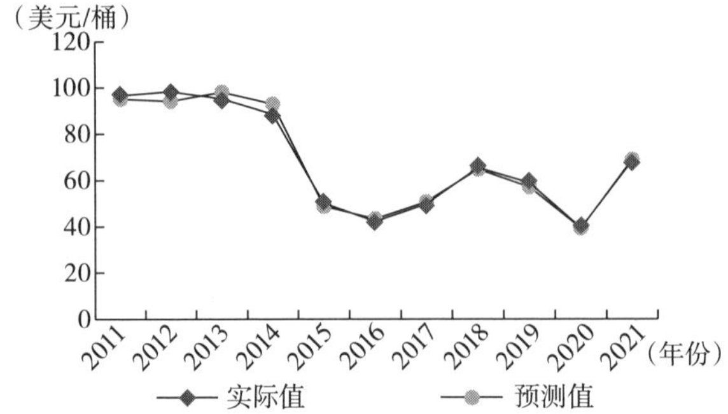

图 8－4　2011—2021 年国际原油回归价格的直接预测值与实际值的对比

表 8－6　原油回归价格模型误差检验

预测误差		全年回归模型	半年回归模型
原油回归价格模型	p	0.99	0.97
	c	0.01	0.03

按照精度等级评判上述模型，原油回归价格模型的小误差概率 $p>0.95$，残差方差的均方差比值 $c<0.35$，达到一级精度的要求，模型精度高，油价的间接线性回归模型满足原油价格预测的精度要求，用于预测国际原油价格准确度高。

8.3　国际原油价格总预测模型及最终预测结果

8.3.1　国际油价预测总模型构建

除了原油供给、需求以及交易情绪等直接影响国际油价的因素，还有权威言论和关键事件等因素，其不直接影响原油的产量与市场需求量，而是通过影响供给方或需求方的交易意愿，改变供需关系和市场平衡，进而影响国际油价。

在机构言论以及个人言论中，根据预测误差的不同，本书对重要的金融机构以及业内人士对国际油价的预判值取平均数，并赋予机构言论与个人言论不同的权重，假设机构言论对主观因素的影响程度占 60%，个人言论对主观因素的影响程度占 40%。在机构言论中，选取预测偏离度最小的

4 个金融机构：高盛、摩根大通、花旗、瑞银。将这 4 个机构对国际油价预判的平均值作为权威机构的国际油价预判值，得到国际油价预判模型：

$$P_2 = 0.6u_1 + 0.4u_2 \tag{8-17}$$

关键事件包括国际上所有能够影响原油市场的重要事件，如国际上发生的战争、国际组织贸易政策、自然灾害等，通过影响原油的开采、运输、交易等环节间接影响国际油价。由于不同事件对国际油价的影响程度不同，本书采用专家打分的方法赋予不同事件不同的分值，对国际油价正向影响的因素赋值为正，负向影响的因素赋值为负。

$$1 + \frac{u_3}{30} \tag{8-18}$$

得到机构与权威个人对国际油价的预判后，与原油回归价格进行加权平均，再乘以关键事件这一调节系数，得到国际油价预测的最终模型(8－19)。

$$P = (0.6 \times P_1 + 0.4 \times P_2) \times (1 + \frac{u_3}{30}) \tag{8-19}$$

将模型（8－15）和模型（8－17）代入模型（8－19），可得全年的国际油价预测最终模型（8－20）。

$$P = [0.6 \times (-29.82 + 0.042S - 0.036D + 1.03F) + 0.4 \times (0.6u_1 + 0.4u_2) \times (1 + \frac{u_3}{30})] \tag{8-20}$$

将模型（8－16）和模型（8－17）代入模型（8－19），可得半年的国际油价预测最终模型（8－21）。

$$P = [0.6 \times (-33.69 + 0.038S - 0.032D + 1.04F) + 0.4 \times (0.6u_1 + 0.4u_2) \times (1 + \frac{u_3}{30})] \tag{8-21}$$

对总预测模型进行后验差法误差检验，按照精度等级评判其小误差概率 $p > 0.70$，残差方差的均方差比值 $c < 0.35$，达到合格的要求，模型精度达标，可以用于预测国际油价，如表 8－7 所示。

表 8－7　国际油价总预测模型误差检验

预测误差		全年回归模型	半年回归模型
总预测模型	p	0.78	0.82
	c	0.10	0.08

8.3.2　国际油价预测结果

本书的预测分为以1年为周期的预测以及以半年为周期的预测，国际油价数值以WTI原油价格和布伦特原油价格的平均值为基础。在以1年为周期的预测中，基于2011—2023年的数据，预测得到2024年国际原油平均价格为81.48美元/桶。在以半年为周期的国际原油价格预测中，2024年上半年的国际油价为82.69美元/桶；以2011—2023年以及2024年上半年数据为基础，预测2024年下半年的国际油价为84.14美元/桶。

第 9 章　中国能源结构、原油储备及运行机制

9.1　中国能源结构现状及特点

多年以来，中国能源的生产与消费呈现以煤炭为主、多能互补的结构[196]。这主要是因为中国是一个煤炭资源丰富的国家，煤炭储量居世界第三位。相对能效更高的石油、天然气资源，中国的储量在世界上的地位不如煤炭，而新能源的开发与利用在整个能源体系中还不足以处于主导地位。截至 2022 年，中国一次能源消费结构中煤炭占比最大，为 56.2%，占据中国能源产量的主导地位；石油占比为 17.9%；清洁能源占比为 25.9%。

但是，近年来，中国一方面大力发展新能源，加强清洁能源输送和消纳；另一方面着力推进北方清洁供暖和电能替代等，供给侧结构性改革叠加需求侧管理。在技术改革和政策引导的双重影响下，中国能源消费增速明显放缓、结构持续优化，清洁能源消费比重持续提高[197]。自 2010 年以来，中国清洁能源在能源消费中的比重逐年增长，从 11% 增长到 2023 年的 26%，如图 9－1 所示。

9.2　中国原油供需现状及特点

原油产品在社会经济发展中具有非常广泛的作用与功能。现代交通工

业的发展与燃料供应息息相关，毫不夸张地说，没有燃料，就没有现代交通工业。金属加工、各类机械都需要各类润滑材料及其他配套材料，消耗了大量原油产品。建材工业是原油产品的新领域，如塑料管材、门窗、铺地材料、涂料被称为“化学建材”。轻工、纺织工业是石油产品的传统用户，新材料、新工艺、新产品的开发与推广，无不有原油产品的身影。

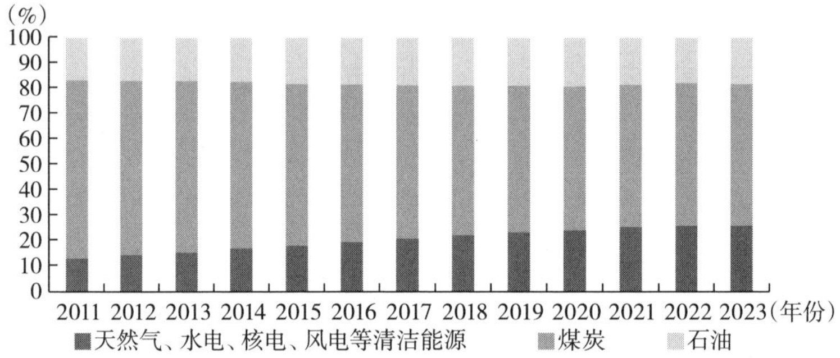

图 9-1　2011—2023 年中国一次能源消费结构

资料来源：国家统计局。

9.2.1　原油产量持续震荡，整体走势稳定

2010 年以来，中国原油产量呈现先升后降的趋势。2010—2015 年连续六年中国原油产量保持在 2 亿吨以上。国内原油总产量在 2015 年达到 2.1 亿吨（1 吨原油约等于 7.389 桶）的峰值。而后受到不稳定的全球宏观经济和政治局势，以及中东地缘政治形势的较大不确定性和石油危机的影响，中国油气资源勘查开采投资和实物工作量开始大量下滑，2016—2018 年连续三年呈下降趋势。2016 年和 2017 年，中国原油产量分别为 2.0 亿吨和 1.9 亿吨，同比分别下降 7.4% 和 4.1%。2018 年，中国原油产量为 18911 万吨，同比下降 1.3%。2016 年，中国油气勘查和开采投资分别为 527.5 亿元和 1333.4 亿元，同比分别下降 12.1% 和 29.6%，与 2007 年相比分别下降了 14.4 亿元和 197.4 亿元，回到了 10 年前的水平。高歌猛进的中国石油勘探在 2016 年突然变缓，这也导致 2016 年跌破了国内原油产量 2 亿吨线，也是自 2010 年以来首次降至 2 亿吨以下。

2019 年以来，中国原油产量温和上涨，并在 2019 年扭转连续几年下降势头，为 1.91 亿吨，主要原因是国际形势变化和国内能源需求发展。国际形势上，2019 年，美国成为现代石油工业诞生地，70 余年来首次实现月度数据上从净进口国到净出口国的转变，影响全球能源市场，非 OPEC 国家在美国的快速增产带动下，让全球原油供给骤降 180 万桶/日，全球原油供需差从 2018 年的 100 万桶/日缩减至 2019 年的总体平衡，世界石油市场供应和需求达到了“脆弱”的平衡。此外，2018 年沙特阿拉伯受袭和 2019 年美伊冲突，地缘政治不稳定，全球特别是亚洲地区面临石油供应中断风险显著提高。对中国来说，在复杂多变的形势下，需要加大力度保证国内能源供给安全。随着中国石油行业的发展，国内油气开发勘探力度加大，由于七年行动计划的实施，中国非常规油气勘探技术频频突破，中国已经进入“石油大开发”新时代，2019—2021 年原油产量呈小幅上升趋势，油气对外依存度快速增长的势头得到了遏制[198]。2023 年，中国原油产量为 2.09 亿吨，如图 9－2 所示。

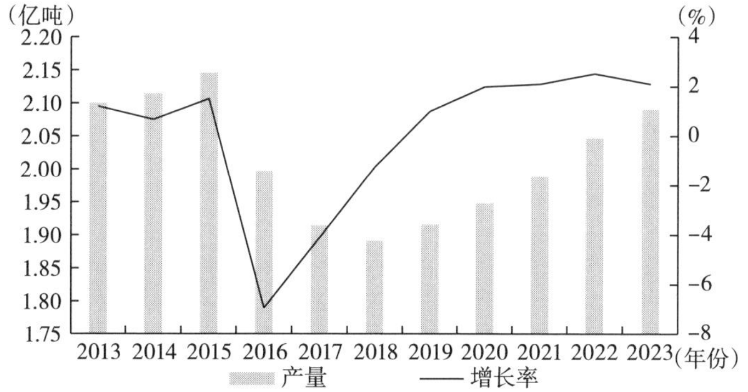

图 9－2　2013—2023 年中国原油产量及增长率

资料来源：《BP 世界能源统计年鉴》。

9.2.2　原油加工量持续上升，燃料需求加大

随着中国炼化技术的创新发展，中国石油企业在炼化技术、工程建设、装备制造等方面已具有和发达国家同台竞技的实力。特别是，在经历

2016 年国际油价剧烈波动后，多个油气资源国加快产业结构调整也给中国石油企业“走出去”带来机遇。中国石油企业参与建设了中东、东南亚、中亚地区多个炼化项目，树立了良好的品牌形象。《区域全面经济伙伴关系协定》(*Regional Comprehensive Economic Partnership*，RCEP) 的达成将更有利于炼化行业开拓海外市场[199]。

2010—2021 年，中国原油加工量呈平稳增长趋势，增速波动较大。2010—2013 年，中国原油加工量增速下降；2014—2015 年，中国原油加工量增速短暂上升后下降；2016—2019 年，中国原油加工量增幅平稳上升；2020 年，受新冠疫情等事件影响，中国原油加工量增速大幅下降；2021 年，中国原油加工量为 7.0 亿吨，相比 2010 年上升 66.4%。受国际油价剧烈波动、石油出口配额下降等因素影响，2022 年，中国原油加工量同比下降 2.86%，仅 6.8 亿吨。2023 年，中国原油加工量出现小幅度上升，为 7.3 亿吨，同比增长 9.3%，如图 9－3 所示。

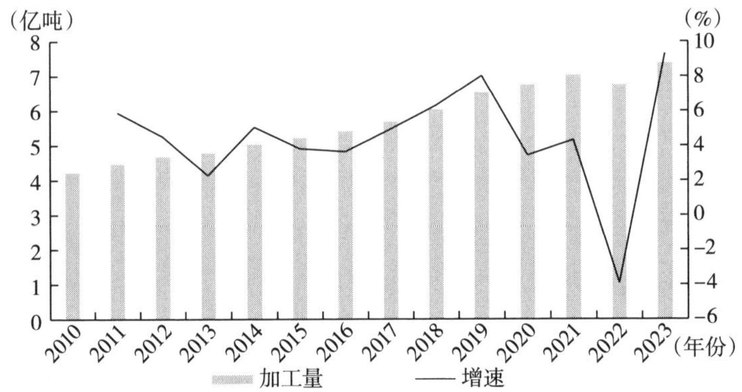

图 9－3　2010—2023 年中国原油加工量及增速

资料来源：国家统计局。

9.2.3　原油消费量增速总体呈增加趋势

近年来，中国 GDP 增速一直保持在较高水平，对石油消费需求不断走高。中国原油主要消费在工业部门，其次是交通运输、农业、商业和生活消费等部门。其中，工业部门石油消费占全国石油消费总量的比重一直保持在50%以上；交通运输部门石油消费量仅次于工业部门，占25%左右。推动中国石油消费因素主要包括：中国社会进入汽车时代，人均汽车保有量较少，汽车保有量继续增长的空间仍然比较大；中国的工业化进程仍在继续，而工业化尤其是重化工业生产活动对石油消费的依赖程度高，工业用油对中国石油消费起到一定的支撑作用。结合中国原油产量及进出口数量分析可知，2010—2021 年，国内石油消费量整体处于缓慢上涨态势，2010 年，中国原油消费量为4.4 亿吨；2015 年，中国原油消费量为5.6 亿吨，相比2010 年上涨27.3%，年均上涨幅度为4.5%；2023 年，中国原油消费量为6.7 亿吨，同比增长1.82%，如图9－4 所示。

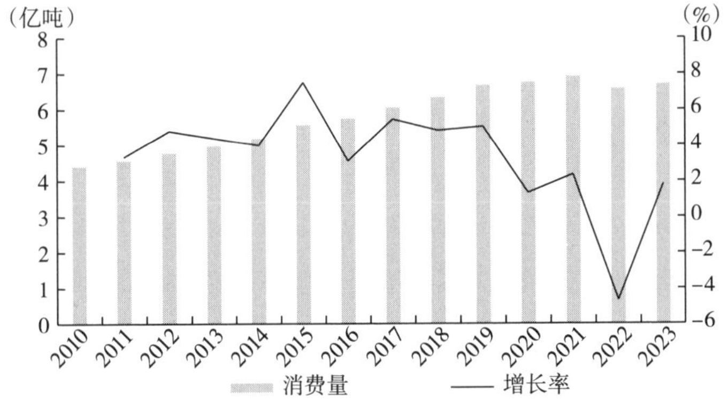

图9－4　2010—2023 年中国原油消费量及增长率

资料来源：《BP 世界能源统计年鉴》。

9.3　中国原油贸易现状及特点

9.3.1　原油进口量持续增加，进口来源多元化

石油被誉为“工业的血液”“黑色的金子”，在国民经济中的地位和作用十分重要。百年来，石油促进了世界社会经济的发展，而经济的发展又推动着石油消费的增长。由于中国石油资源匮乏，已探明储量较低，长期以来中国石油都严重依赖进口。2010—2020 年，中国原油进口量一直保持温和增长，年均增长率接近9.7%。近年来，中国原油进口来源多元化程

度持续提高。进口来自中东、中亚、俄罗斯、非洲、拉丁美洲、北美洲和东南亚等世界多个国家和地区[200]。影响中国原油进口的主要因素仍是出口国政治经济形势、中国与相关国家双边关系、运输通道风险性等，多重因素叠加影响使得中国原油进口面临不确定性和波动性风险。

随着中国经济的发展，中国的原油消费及进口量也快速增长。从 2000 年起，中国的原油进口量连涨 20 年。2000—2010 年，中国原油进口量上涨趋势较大，其中，2000 年，原油进口量为 7027 万吨；2005 年，原油进口量为 12682 万吨，相比 2000 年增长 80.5%；2010 年原油进口量上涨至 23768 万吨，相比 2005 年增长 87.4%。2010—2020 年中国原油进口量温和增长，其中，2010 年，原油进口量为 23768 万吨；2017 年，原油进口量达 46189 万吨，一举超过美国的 39500 万吨，首次成为全球最大的原油进口国。中国是过去 10 年全球石油需求的主要推动者，2015—2019 年的进口增幅达全球进口增幅的 44%。2019 年，中国原油进口量为 50568 万吨，同比增长 12.8%。公开数据显示，2020 年，虽然新冠疫情的出现对国内生产经营产生一定的冲击，但中国原油进口量依然达到了 54201 万吨，创下历史最高值。2020 年，中国的原油进口量仍较上年增长了 7.2%。2021—2022 年，受国家政策及规范化监管升级等因素影响，中国原油进口量出现收缩，2022 年，原油进口量为 50828 万吨，相比 2021 年的 51292 万吨下降 0.9%。2023 年，原油进口量出现小幅上涨，为 56399 万吨，同比增长 11%。2000—2023 年中国原油进口量及增速如图 9－5 所示。

2023 年，我国石油总进口量为 5.64 亿吨，主要进口来源国和地区是俄罗斯、沙特阿拉伯、伊拉克、马来西亚、阿联酋、阿曼和其他中东国家（见图 9－6）。我国原油进口国中俄罗斯、沙特阿拉伯、伊拉克贸易量排前三，2023 年进口量俄罗斯为 1.07 亿吨、沙特阿拉伯为 0.86 亿吨、伊拉克为 0.59 亿吨。

9.3.2 原油对外依存度持续增加，依赖性逐渐增强

随着经济社会的快速发展，中国原油供需缺口越来越大，在其他能源

还不能全面替代原油的情况下，原油消费将在较长一个时期继续依赖进口，居高不下的原油进口依存度短时期内难以改变。

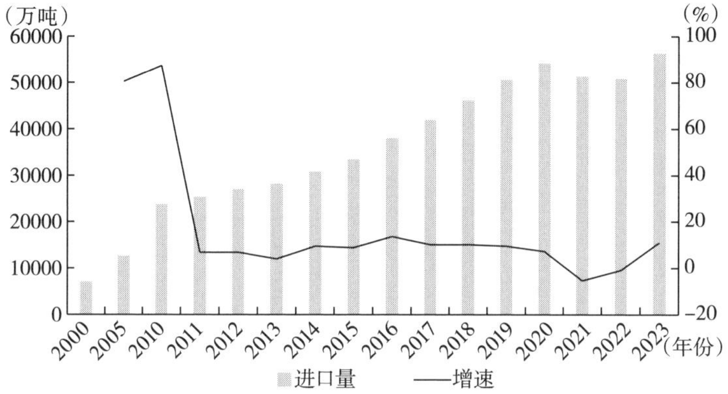

图 9－5　2000—2023 年中国原油进口量及增速

资料来源：国家统计局。

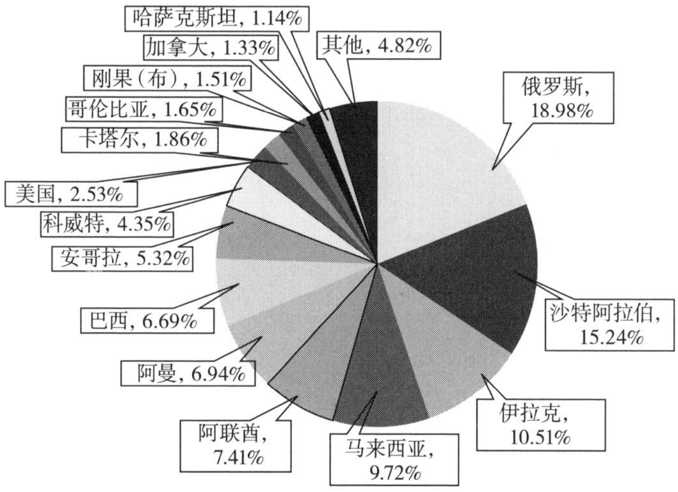

图 9－6　2023 年中国原油进口贸易国家和地区占比

资料来源：《BP 世界能源统计年鉴》。

进口依存度是指原油净进口量占国内原油消费量的比例，体现了中国对国外原油的依赖程度，是衡量原油安全的重要指标。随着经济发展对能源需求的进一步增加，2010—2020 年，中国的原油对外依存度逐年提升，2010 年为 53.9%，2015 年为 61.0%，2019 年为 72.5%，2020 年为

74.1%。2015 年以后，中国的原油对外依存度进一步增强，由 2015 年的 61.0% 跃升至 2020 年的 74.1%，增加了 13.1 个百分点。2021—2022 年，中国原油产量增加，消费需求下降，从而导致原油依存度持续下降。2023 年，中国原油对外依存度为 72.0%，如图 9－7所示。

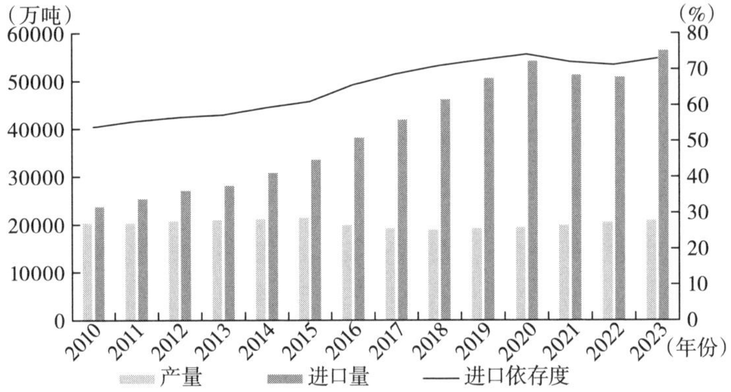

图 9－7　2010—2023 年中国原油进口依存度

资料来源：中国石油和化学工业联合会。

9.3.3　原油进口金额除疫情期间呈增长趋势

2018—2022 年，中国原油进口金额分别是 2404 亿美元、2424 亿美元、1785 亿美元、2585 亿美元、3621 亿美元，如图 9－8 所示。2018—2019 年变化较小，但 2020 年受新冠疫情影响中国原油进口金额大幅减少，同比减少 26.36%。随着经济逐渐复苏，2021—2022 年，中国原油进口金额呈增长态势，均超过疫情前水平。2023 年，中国原油进口金额为 3374.94 亿美元，同比下降 7.7%。

9.3.4　原油非国营贸易进口允许量上涨，使用效率逐渐提升

自中国原油非国营贸易进口权开放以来，原油非国营贸易进口允许量呈逐年增长态势，其中，2014 年和 2015 年较为平稳，2014 年的原油非国营贸易进口允许量为 2910 万吨，2015 年为 3760 万吨。2016—2019 年原油非国营贸易进口允许量整体增长幅度较大，由 8760 万吨上升至 20200 万

吨，增幅为 130.6%。2021 年原油非国营贸易进口允许量继续保持高增长态势，增至 24300 万吨，相比 2020 年增长 20.3%。2022 年原油非国营贸易进口允许量与 2021 年持平，如图 9－9所示。

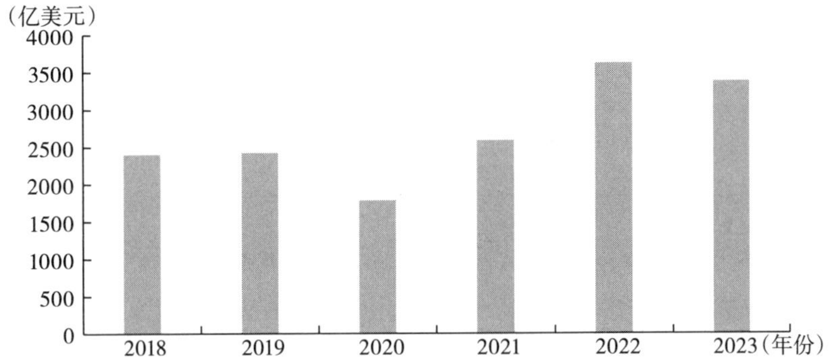

图 9－8　2018—2023 年中国原油进口金额

资料来源：国家统计局、中国石油和化学工业联合会。

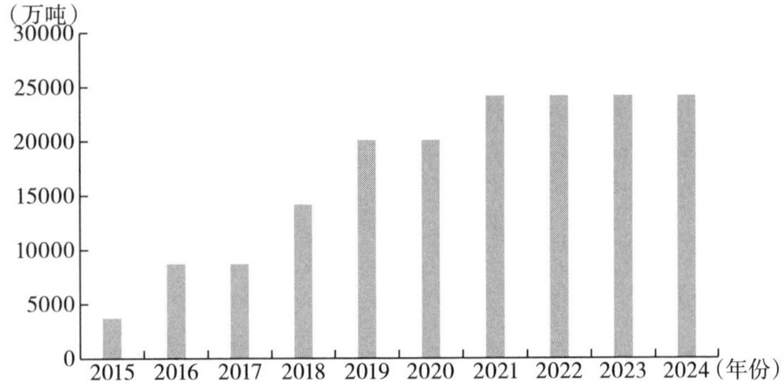

图 9－9　2015—2024 年中国原油非国营贸易进口允许量

资料来源：国家统计局、海关总署。

原油非国营贸易进口允许量的制定注重提高使用效率，商务部在 2017 年首次明确了分批下达、追加调整、严格考核的分配原则。实际进口原油使用率较低的企业，获得的允许量也相应较低，且连续两年无进口的企业将不再安排允许量[201]。中国致力于有序地放开原油进口，增加原油非国营贸易进口允许量，同时加强监管，阶段性停止审批进口原油使用权。

2023 年，中国成品油出口配额共下放 3 批，合计 3999 万吨，同比上涨 7.35%。其中，中国石化配额依然最多，为 1571 万吨，与 2022 年相比增加 2.27%；浙江石化配额有所下降，下跌 41.16%；中国石油、中国海油、中化集团、中国兵器配额均有所增长，同比涨幅分别为 14.29%、8.7%、4.21%、37.14%；中国航油出口配额更是出现明显增加，由 15 万吨增加至 174 万吨，如表 9－1 所示。

表 9－1　2023 年中国成品油出口配额统计　　单位：万吨

企业	第一批	第二批	第三批
中国石油	596	263	365
中国石化	741	355	475
中国海油	176	84	108
中化集团	193	100	128
中国航油	167	3	4
浙江石化	6	83	104
中国兵器	20	12	16
合计	1899	900	1200
总计	3999		

资料来源：隆众资讯。

近几年，在国内炼能持续扩张、隐性资源巨大的背景下，成品油资源供应过剩形势严峻，商务部积极鼓励成品油出口以化解压力。通过近 6 年商务部下发的成品油出口配额可以看出，我国出口配额前 3 年呈快速上升的趋势，2020 年配额总量以 5903 万吨成为有史以来的最高水平。但在“双碳”目标要求以及确保国家能源安全等背景下，2021 年下半年，中国成品油出口步伐出现急刹车，全年配额同比大跌 36%。为顺应“双碳”目标及能源双控，2021 年、2022 年成品油出口配额持续下跌，但 2023 年出口配额再次上涨，如图 9－10 所示。

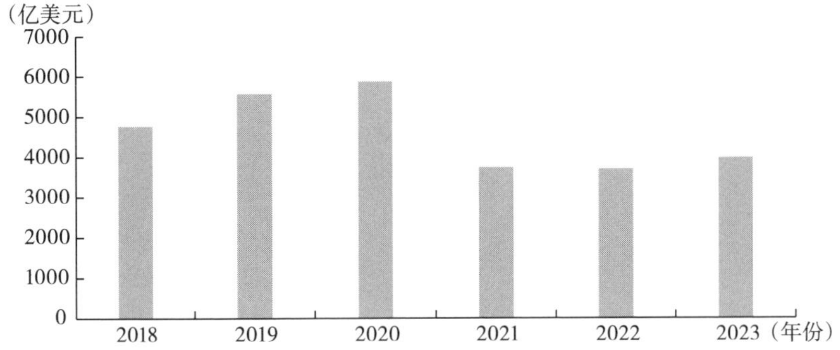

图 9-10 2018—2023 年中国成品油出口配额

资料来源：海关总署、商务部。

9.4 中国石油储备管理体制和运行机制现状及问题

9.4.1 中国石油储备体系基本情况

中国石油储备由政府储备和企业储备两个方面构成。政府储备包括国家直接投资运营的储备基地和国家出资租赁企业仓储设施收储的战略储备，储备石油的所有权属于国家；企业储备只包括从事原油加工、成品油批发和原油进出口的企业的自有周转库存，未来还应包括其承担的社会责任储备，这部分储备石油的所有权属于企业。截至 2020 年，中国已基本形成具有一定保障能力、空间布局基本合理、管理层次较为清晰的国家石油储备体系，形成了国家相关主管部委（国家发展改革委、国家粮食和物资储备局、国家能源局、财政部）、国家石油储备中心、国家石油储备基地的三层管理架构[202]。

按照《国家石油储备中长期规划（2008—2020 年）》（以下简称《规划》）目标，到 2020 年前，中国要形成相当于 100 天净进口量储备量。如果按照中国境内全口径石油库存统计，则已完成这一目标，但其中包含大量的企业自有生产库存，如果只看中国战略原油储备量，那么距离应实现政府储备原油的规划目标还有一定缺口。根据《规划》，中国的战略石油储备建设共分为三期，2020 年全部建设完成。2017 年 12 月 29 日，国家统计局发表《国家石油储备建设取得重要进展》一文，披露至2017年年中，中国建成舟山、舟山扩建、镇海、大连、黄岛、独山子、兰州、天津及黄岛国家石油储备洞库共9个国家石油储备基地，利用上述储备库及部分社会企业库容，储备原油3773万吨。

9.4.2 中国石油商业储备基本情况

2006年底，财政部出台用所得税返还建立原油“国家商业储备”的政策，明确原油商业储备通过所得税返还建立，油库建设财政出资100%，采购储备原油财政出资30%；政府要求保持一定储备总量，企业可根据生产需要短期内动用并返还。批准中国石油、中国石化两家国有集团公司用该政策建立2400万吨原油商业储备。出台所得税返还建立石油储备的政策，有利于调动企业参与石油储备建设的积极性，但在政府全额出资建设储存设施和收储原油的同时，又让企业出资70%收储原油，使“国家商业储备”产权成为政府和企业共同拥有，边界不易界定；政策还规定“根据生产需要，企业可短期动用并返还”，这就进一步模糊了“国家商业储备”的性质，它既非政府战略储备，又不像企业商业或社会责任储备。

此外，中国相关企业还建有生产周转所用的自有石油库存，加上上述商业储备，共有8000万吨左右，相当于65天石油进口量。

9.4.3 中国石油储备管理体制和运行机制

2002年，国家计委启动了石油储备基地的建设工作。2003年5月，负责建设和管理国家战略石油储备基地的国家石油储备办公室正式开始运作。2005年，国家四大石油储备基地公司成立。2007年，国家石油储备中心正式成立，其运作模式类似于国家粮食和物资储备局，即受国务院委托以国有独资的方式进行国家储备的管理，自主经营、自负盈亏，接管建成的国家石油储备基地，管理数十亿乃至数百亿美元的石油资产。

可以说，中国已基本搭建起决策层（国家石油储备办公室）—执行层

（国家石油储备中心）—操作层（国家石油储备基地公司）三个层面的机构，初步形成了决策层、管理层和操作层相分离的管理体制。但是，这一体制仍不完善，各机构的职能、相互关系需要进一步完善。

中国石油储备的购买、入库、轮库、动用等环节应坚持市场化运作。应通过招投标的方式引进竞争机制。国家石油储备中心和国家石油储备基地公司之间是一种委托代理关系。作为委托方，国家石油储备中心要付出代理费用，承储企业因承揽石油储备保管业务而获得相应的代理储备费用。在竞争压力下，承储企业会以最小的储存成本保证经营和管理好国家石油储备。因此，国家石油储备应面向全社会招标，实行国家石油储备代理制，只要符合储存条件和要求的石油企业都可以参与投标竞争。应允许民营企业成立石油储备基地公司并积极参与竞标。在保证可控制的储备总量前提下，允许国家石油储备中心利用国内、国际两个市场，现货、期货两种交易带来的有利机会，通过国内国际现货、期货的反向操作和对等交易等方式，适当增加石油储备的流动性。在保证储备功能的同时，提高石油储备的效益，减轻国家财政负担。国家可通过对石油储备中心非市场化行为的准确估价和补偿以保证其应有的效率[203]。

国家石油储备的储存分为石油购买和入库保管两部分。国家石油储备中心根据石油储备的总体规划和国际、国内的石油供需情况，制订政府石油储备的采购计划，报国务院能源主管部门批准后下达。政府石油储备的采购计划由国家石油储备中心负责实施，可以自行在国际市场采购，也可以委托国家石油储备基地公司进行采购，还可以采用政府采购的形式进行招标。同时，以合同的形式委托国家石油储备基地公司进行储备石油的具体入库和日常管理维护工作。企业法定储备或机构储备（储备联盟）的储存由企业或联盟根据法律规定自行实施，由国家石油储备中心进行监督。

国家石油储备的动用分为正常的倒库轮换和库存动用两种方式[204]。正常的倒库轮换根据技术要求进行，但库存总量并不减少。国务院能源主管部门会同国务院财政部门建立政府储备石油的轮换机制，规定轮换条件和程序。国家石油储备单位根据轮换机制，按照保证质量、节约成本、提高效率的原则，拟定石油储备轮换方案，向国务院能源主管部门报备后组织实施。在过渡期，应优先动用政府储备；在过渡期后，应优先动用机构储备。每次最大动用量不得超过实际储存量的2/3，且必须在规定的时间内动用完毕。除正常的倒库轮换和库存动用外，还可以对储备石油进行主动调整：一是根据石油市场的季节性消费状况进行倒库；二是当国际石油市场处于相对低风险状态而储备石油量又比较大时，可以出库一部分储备石油，这样既可弥补财政收支的不平衡又可降低储存费用。主动调整的方案由国家石油储备中心或储备联盟提出，由国家石油储备办公室决定[205]。

9.4.4 中国石油储备管理体制和运行机制存在的问题

我国石油储备建设落后于规划目标，石油储备法律法规缺位，体制机制还存在不完善或有待改进之处，地方政府、建设企业、运营管理企业等各类主体的积极性还有待进一步调动和激发。

（1）石油应急法律制度建设缓慢

我国尚没有颁布施行一部能源储备方面的应急法律法规，主要是根据相关政府部门的文件和要求精神，开展储备项目的建设、运营和管理，相关工作还不能做到依法开展。

2016年5月31日，国家能源局发布《国家石油储备条例（征求意见稿）》，向社会公开征求意见。从法律制度来看，这应该是公开可知的最主要的能源应急法律制度。从公开征求意见至今，这部条例一直没有下文。2020年4月3日，国家能源局发布《中华人民共和国能源法（征求意见稿）》并向社会公开征求意见，《中华人民共和国能源法（征求意见稿）》第六条是“安全储备和应急”，第六章“能源安全”中有三条分别谈到了“安全储备”（第七十四条）、“储备动用”（第七十五条）、“能源应急”（第七十七条）。2020年5月9日，公开征求意见结束后，官方还未公布有关能源法的最新进展。

（2）管理体系有待进一步理顺和改革

从管理层面来看，2018年，按照党中央决策部署，原隶属不同部门的国家原油和成品油储备职能调整至国家粮食和物资储备局管理。这样，国家战略原油储备和战略成品油储备归属一个部门管理。但在实际运行中仍存在决策效率不高等问题。国家原油储备和成品油储备管理计划制订分散在多个部门，多头领导、职能交叉的问题较为突出，协调难度大、政策决策滞后，不利于应对急需和把握时机[206]。

从执行层面来看，经国务院批准，2007 年 12 月 18 日，国家石油储备中心正式成立。国家石油储备中心是中国石油储备管理体系中的执行层，宗旨是为维护国家经济安全提供石油储备保障；职责是行使出资人权力，负责国家石油储备基地建设和管理。

以往国家对于石油市场的调节主要通过行政手段进行，但在市场全球化的今天，单纯行政手段已经不能适应。而建立国家石油储备中心的根本目的，就是利用市场手段，调节石油市场。但是，从实际运行效果来看，国家石油储备中心的定位和职能并未完全实现机构成立的初衷，其职能不够明晰，运行无法实现市场化，缺少市场化的激励约束机制和业绩考核。可以说，在老问题没有解决的情况下，又产生了新问题。比如，国家石油储备中心似乎是个行政机构，实际却是一期国储基地公司的出资人；二期国储基地公司又抛开了国家石油储备中心，由受托中国石油、中国石化集团公司注册成立，受托央企似乎成了它们的出资人[207]。

（3）地方对建设国家石油储备库及附属设施积极性不高

国家石油储备库及附属设施为国家战略项目，盈利能力不强，地方难以直接获益，对建设国家石油储备库及附属设施积极性不高。且国家石油储备库及附属设施的建设用地为政府划拨，占用地方政府建设用地指标，大多数地方年度建设用地指标都较为紧张，不愿把宝贵的土地指标拨付给盈利能力不强的石油储备库及附属设施建设。由于群众对国家石油储备库的安全性等普遍不了解，对工作生活在储备基地周围有所担忧，国家石油储备库建设可能会干扰到周边土地市场价值，地方政府土地出让收入可能会受影响。因此，地方政府对石油储备项目建设多采取能拖则拖的消极态度，甚至出现想方设法阻拦的现象，国家石油储备库三期工程建设落后于规划目标，地方政府积极性、配合度不高是一个重要原因[207]。

（4）轮换动用制度尚不完善

目前，我国石油储备总体较为注重“存进去”，较为忽视“动起来”，石油储备管理总体仍为静态管理，尚未实现动态管理。我国吸放储的机制政策设计仍不完善，吸放储策略也不明确，根据国际石油市场变化确定吸放储时机的经验仍然不足，至今仍未开展轮换动用的实际操作。这导致三个方面的问题：一是石油储备对宏观经济的调控作用无法发挥，当国际石油价格出现剧烈波动时，石油储备可通过吸放储进行对冲，熨平外部冲击影响，但该机制尚未形成；二是石油储备可以通过轮换动用实现盈利以降低收储石油的成本，单纯的静态存储丧失了通过盈利补贴建设运营的机会，致使石油储备建设运营基本只能依靠财政，客观上加大了财政压力[208]；三是未实际打通轮换动用石油储备的各环节和整个流程，现在一期国家战略储备已经到了需要更新和轮换的时刻，虽然各基地公司和代储企业制定了一些轮换动用石油储备的操作规范及应对预案，但亟须国家层面制定细化明确的管理办法和体制机制，指导企业开展相关工作，并尽快开展应急演练，以保证落实“调得快”的要求。

（5）财政资金保障难度大

我国石油储备基地建设主要采取财政投资，中国石油、中国石化、中国海油、中化集团等企业负责承建和管理的模式，该模式对财政依赖度高，财政部门投资强度大[209]。从石油储备基地公司实际运营情况来看，财政部门延期付款、拖欠资金现象较为普遍，很多石油储备基地公司亏损运营，中国石油、中国石化、中国海油、中化集团等公司被迫垫资维护储备基地公司运行。

国务院国资委对国有企业的盈利能力进行考核，国有企业在建设运营国家石油储备基地中出现的亏损并未从考核中剔除，国有企业参与国家石油储备库建设运营的积极性受到影响。由于财政保障难度大、项目回款较为困难，一些民营企业、社会资本不愿参与到国家石油储备基地建设中来。此外，我国石油储备保管费用标准也偏低，对于石油储备原油的保管费用采用单一标准制度，并未考虑到石油储备的不同地理特征和石油储量规模因素，也影响到了企业的积极性。随着一、二期国家石油储备库逐步建成和运行时限的增加，国家石油储备库维护保养费用会不断攀升，可能会进一步增加财政压力。

除了国家石油储备基地，还租用部分企业仓储设施存储国储原油和成品油，这部分仓储费用标准之前为 100 元/（吨・年），后上调为 130 元/（吨・年），该标准远低于签订协议时 16 元/（吨・月）以及 22 元/（吨・月）的市场价［约合 192 元/（吨・年）和 264 元/（吨・年）］，对比上海原油期货交割库容的仓储费用约 533 元/（吨・年）（未上调前）差别巨大，在当前市场行情下，代储费没有吸引力，代储企业没有积极性扩大代储规模。

（6）管理中存在权责不清问题

在石油储备管理中，一些领域较为依赖行政手段，一些公司或资产的所有权、使用权、管理权交叉重叠，还存在权责不清问题。比如，根据《国家石油储备条例（征求意见稿）》，从事与石油相关业务的企业需建立义务储备，义务储备的所有权归属企业，但储备的使用权受限，并未明确什么条件下企业可动用储备，所有权和使用权出现分离。如国家石油储备基地公司所有权明确属于国家，受托企业只是代管，但二期工程国家石油储备基地公司由受托企业中国石油、中国石化注资成立，出资人责任不清。又如，国家石油储备基地公司都是依据《中华人民共和国公司法》注册设立的有限责任公司，应当自主经营、自负盈亏，然而，它们实际上只是受托管理政府战略原油储备的执行单位，难以市场化经营，自负盈亏较难实现[207]。

第 10 章 “双碳”目标下国际油价波动趋势

10.1 “双碳”发展趋势

党的二十大报告指出：“实现碳达峰碳中和是一场广泛而深刻的经济社会系统性变革。”实现“双碳”目标是党中央统筹国内、国际两个大局做出的重大战略决策，具有紧迫性和艰巨性。推进“双碳”目标是对生产生活方式的颠覆性转变，关系广大人民群众的根本利益，必须顺应以低碳为特征的全球新一轮能源和产业革命趋势，稳妥有序地推动经济社会发展。

要实现碳中和目标下的碳减排，基本上可分为五个方向：一是资源增效减碳，在未来 40 年里，在“双碳”行动的指引下，达到同样的经济目标，可以少用资源、少用能源，即循环经济、节能等措施；二是能源结构降碳，这是未来减少碳排放的主体措施，即非化石能源比例越来越高；三是地质空间存碳，通过碳捕集、利用与封存技术，解决未来能源系统中保留的小比例化石能源产生的二氧化碳；四是生态系统固碳，通过前面三项措施实现碳减排后，最终剩下的碳由生态系统碳汇吸收，达到排碳和固碳基本持平；五是市场机制融碳，通过市场机制把各种技术在不同的时间、空间合理配置到减碳体系中，并发挥重要作用[210]。

未来，我国“双碳”支持政策体系将更加完善，不同地区和行业的碳达峰路径将进一步差异化、明细化，工作推进将更加务实。下一步，需把握先立后破、有序推进的总体要求，加快规划建设新型能源体系，大力推进煤炭资源清洁高效利用，着力推动煤炭与新能源优化组合，实现新能源大规模发展。加快推动产业结构转型，有序发展高载能新兴产业和绿色低碳产业，全面加强能源资源节约与循环利用，加大需求侧管理力度。健全“双碳”制度和政策体系，差异化推进国际合作，为实现“双碳”目标构建良好的内外部环境[211]。

在资源增效减碳方面，我国在节能和提高资源效率上已取得长足进步，但未来还有很大的潜力，存在很大的发展空间。现在讲“无废城市”，“无废”意味着减碳，未来的“无废”要从目前的固废发展到固废、废水、废气和废热，“四废”打通，废碳打通，都是未来重要的发展方向。能源结构降碳的核心是要大幅提升可再生能源或者非化石能源的比例，典型的非化石能源是风能、太阳能、水能、核能。其中，风能、太阳能将来占的比例会更大。“双碳”计划在未来会催生很多新产业，如虚拟电厂，把以化石能源为主体的“以需定供”电力系统，建设成以风光能源为主体的“以供调需”新型电力系统，在这个过程中，电动车会扮演分布式储能的重要角色。地质空间存碳需要探索未来产业集群碳捕集与地质空间之间的匹配。2021 年 7 月 16 日，全国碳市场正式启动上线交易。目前，电力行业已被纳入全国碳市场，预计后续还会纳入建材、冶金、石油、化工等多个行业，并且覆盖个人的碳足迹，100% 覆盖各种碳的排放领域。要实现碳中和目标，技术是关键。IEA2021 年的报告显示，在全球能源行业的路线图里，2050 年实现净零排放的关键技术中，目前 50% 尚未成熟，需要进一步研发提升。由此可见，走向技术依赖型的经济发展模式对科技创新的需求更加迫切[210]。

10.2 “双碳”目标下国际原油价格将缓慢下降

“双碳”目标中的碳，是指包括石油在内的能源消耗时产生的二氧化碳，作为碳排放大户，原油加工品在交通出行、工业生产等领域需求中可谓举足轻重。其中，石油制品的使用更是产生了多达 33% 的二氧化碳排放量，根据 Barclays Research 的油品消耗数据，仅交通出行和石化产品两个环节就拉动了约 70% 的总需求。由于中、美、欧三方的原油消耗占比近 50%，于是我们重点考虑这三方在交通出行和工业生产两个方面的原油需求。其中，仅交通出行一项就拉动了 60% 左右的原油需求，因而交通出行成为削减石油消耗量、实现碳中和的重中之重[212]。

截至 2023 年 8 月 25 日，当周油价震荡下跌，Brent、WTI 油价分别下降至 84 美元/桶、80 美元/桶。相较于 2022 年的价格高位，这一价格已下滑 1/3 左右。这反映了国际油价的基本走势，即由地缘政治引发的高位油价逐步回落的态势。

原油供应方面。美国、OPEC、俄罗斯三方的态度决定了全球原油大部分供给。虽然沙特阿拉伯和俄罗斯等国持续减产，但是美国带领的“OPEC +”以外的产油国增产将持续抵消相关减产努力。2023 年 7 月底起，美国原油产量从 1220 万桶/日逐步上涨至 1280 万桶/日，升至近 3 年新高，原油出口也保持着高位运行。IEA 数据显示，2023 年 7 月，“OPEC +”以外产油国产量增加了 31 万桶/日，增至 502 万桶/日。8 月，来自伊朗、委内瑞拉的原油加速流入国际原油市场的消息也进一步加重了国际油价的承压下行[213]。

原油成本方面。产油国“OPEC +”产量调节政策持续发挥作用，俄罗斯原油出口量表现刚性，美国页岩油则保持平稳态势。但 2023 年下半年全球宏观环境或保持对风险资产的压制，美联储仍有继续加息的打算，欧洲通胀高企，欧央行加息进程仍未结束，全球经济衰退风险并未解除，对原油市场有一定的压制作用，国际油市面临挑战。

原油库存方面。IEA 预测 2023 年下半年原油库存将下降，其中，第三季度、第四季度预计分别下降 220 万桶/日、120 万桶/日，将为油价提供一定的支撑。但针对 2024 年，IEA 预计原油库存会小幅增加，进而给 2024 年的油价带来一定的下行压力。

原油需求方面。受益于新能源经济环保政策的推行和全球主要政府的补贴与支持，更多的消费者选择了新能源汽车作为出行的首要选择，因而，传统燃油车保有总量大趋势将下行，那么未来油价的关键点就在于新能源汽车对传统燃油车的替代程度[214]。IEA 发布的《2023 年全球电动车市场分析与展望》显示，全球范围内的新能源汽车渗透率得到大幅提升，2018—2022 年，新能源汽车在我国及超过 10 个欧洲国家的市场渗透率已经超过 20%。2022 年，中国消费者可选择新能源车型已超过 300 款。根据工业和信息化部规划，截至 2030 年，中国新能源汽车保有量预计将达到 6420 万辆，新能源汽车的保有量占比将从 2020 年的 1.75% 跃升至 17.1%。依据欧盟委员会设立的 2030 年电动车保有量达到 3000 万辆的目标，欧盟新能源汽车市场渗透率将在 2030 年达到 8.1%。美国、日本、韩国等国也在努力提升新能源汽车市场渗透率。新兴国家新能源汽车销量表现出强劲的增长势头，2022 年，印度、泰国和印度尼西亚的新能源汽车销量达到 8 万辆。其中，泰国新能源汽车市场渗透率超过 3%，印度、印度尼西亚新能源汽车市场渗透率约为 1.5%。需求端的总体情况，可总结为燃油车需求将逐步下降[215]。

基于以上对供需层面的预测，诸多机构认为，虽然当前油价回调，但处于年内区间较高位置，且各方对于全球经济增速放缓和制造业萎缩的预期渐趋强烈，若供给层面无明确支撑利好因素，则国际油价未来上行空间相对有限，下行压力将保持高位。在未来对原油需求下降的“双碳”背景下，国际原油价格可能会缓慢下降。

10.3 “双碳”目标下国际原油价格波动对中国的影响

国际原油价格波动会对中国的社会经济和油气企业造成较大影响。国际原油价格波动下，我国成品油走势分化，2023 年上半年，国内汽油价格走势上涨，涨幅达到 13.4%，其中，1 月汽油涨幅较大。1 月，原油市场价格走高，俄罗斯原油虽然受到西方国家限价的影响，但整体出口量仍保持增加，加之 OPEC 产量政策调节，为油价提供了支撑。中国 1 月由春节假期支撑汽油需求，汽油市场大幅走高，伴随中国需求复苏的利好推动，支撑油价维持高位运行。2—6 月，原油价格走势下滑，但受需求支撑，汽油抗跌性较强，由清明、五一、端午等节假日支撑汽油需求。6 月，随着气温升高，汽车空调使用增加保证了汽油需求，因此，虽然此阶段原油价格大幅走低，但是汽油市场价格受需求支撑跌幅受限。2023 年上半年，国内柴油价格走势下滑，主要原因有四个：第一，原油市场价格下滑，上半年国际原油宽幅震荡，总体下跌；第二，柴油产量有所增加，2023 年 1—5 月，柴油产量累计值达到 9823 万吨，柴油产量累计增长 10.05%，产量增加利空国内柴油市场价格；第三，柴油库存不断升高，柴油市场受到压制；第四，需求面较为疲软，主要表现在基建工矿上，主要受资金缺乏影响，基建工矿新开工项目不足，加之随着气温升高，户外开工也受到限制，而物流方面由于运费较低表现不佳，也是柴油需求不佳的一大利空因素。

供需方面。国内市场不断复苏，出口政策愈加灵活，下半年汽、柴油仍有 1100 万吨的出口空间，仍对市场起到一定的利好支撑作用。汽油方面，从短期来看，在暑期效应及“金九银十”出行旺季支撑下，汽油需求面继续向好发展，下半年随着居民出行增加，汽油需求得到一定支撑，但 11 月、12 月随着节假日效应减弱及天气变冷，汽油需求会有所下滑。从中长期来看，由于节能减排措施的实施，消费者购买和使用燃油汽车的积极性下降，汽车销售大不如前，高价油将促使企业和消费者节能降耗，促进产业结构的调整和经济生产方式的转变，降低经济发展对石油等化石燃料的依赖。柴油方面，7 月、8 月，国内高温、多雨天气持续，抑制柴油需求，柴油价格维持低位弱势。随着柴油纳入危化品管理政策愈加规范，可能陷入短暂低迷[216]。

进口方面。受能源需求增加和炼油厂扩建的影响，中国原油进口占比呈增长态势，2023 年，我国原油对外依存度仍达 73%，严重威胁我国能源安全。与此同时，“双碳”目标已经成为我国未来化石能源使用的关键外部因素，这对我国石化行业实现低碳供应提出了新的要求。2023 年，国内油气勘探投资超过 900 亿元，同比增长 10%；原油产量超过 20800 万吨，呈持续增长态势。然而，油气开采过程中会产生大量的二氧化碳排放，因此，短期供应安全与长期低碳供应之间的权衡成为关键问题。预计在全部采用低碳技术的情况下，2050 年，油气供应的碳减排潜力可达 1671 万吨。因此，迫切需要开发高效利用和节能的油气供应技术。

总体来说，中国油气市场面临着低碳转型压力加大、供需不匹配加剧、外部环境风险增加等诸多挑战。在确保能源供应安全的同时，迫切需要加快低碳转型，这是数量和质量的双重要求[217]。

第 11 章　中国应对国际原油价格波动的建议

国际油价下降后，虽不会造成中国油价较大的震荡，但由于超低国际油价水平在中长期来看难以维持，企业应当把握国际原油市场大震荡的良好机遇，多措并举，稳定增长的同时加快能源转型的步伐，更好地实现“双碳 ” 目标。

11.1　稳定国内原油期货市场，力争人民币石油定价权

抓住国际油市剧变背景下多方激烈博弈的有利契机，推动我国竞争人民币石油定价权的战略运作。我国作为世界原油最大进口方，必须摆脱以往作为国际原油市场“参与者”的被动姿态，避免成为国际油价操纵博弈的受害者。因此，我国要强化原油期货市场管理，扩充原油期货交割仓库库容，加快完善石油期货市场，确保期货的价格发现功能在原油贸易定价中作用的发挥。推动上海原油期货成为亚洲原油定价基准，提高与国际原油期货市场的融合程度，积极参与国际原油市场博弈。同时，要注重通过与世界各国携手抗击疫情过程中搭建的深厚友谊，提升全球对我国的信任度与依赖度，增强我国在提升国际石油定价权方面的话语权与国际影响力。

11.2 发展国内石油期货市场，完善国内能源金融系统

石油作为工业基础原材料商品，属于国际大宗交易商品，具备金融属性，特定需求因素将在金融市场被放大，从而扩大国际油价的涨幅波动对中国经济的负面影响。因此，需要全面认识石油的金融属性特征，加强国内原油期货市场建设，完善国内能源金融系统。依托上海国际能源交易中心，加强石油行业的风险管理，为石油生产和消费主体提供套期保值、规避风险的交易渠道，缓解和降低国际石油市场波动的外部风险。同时，搭建反映国际石油市场供需关系的石油价格体系，构建“互联网＋大数据”的国际油价监测体系和国际油价预警机制。

及时、精准、科学、全面地采集和发布国际石油市场的信息数据，建立基于数据信息的油价发现研究模型，科学判断油价走势，引导市场形成价格预期，协调石油市场参与主体积极应对国际油价波动风险。

11.3 原油采购期货与现货相结合

原油供应既要求稳定的货源，又要求有竞争力的原油价格。借鉴国外经验，购买期货原油可以较好地解决稳定供应的问题，而现货原油提供了一些市场机会，有利于调整产品结构和加工负荷，优化炼油厂加工方案，实现市场的快速反应。期货与现货的比例控制因对预期资源可获取性、供求关系变化、现货市场强弱等因素的判断以及经营习惯的不同而存在差异，西方国家炼油厂原油期货比例一般保持在60%左右。因为，期货是一手资源，价格是官价（OSP），在确定其比例时，有必要对未来的供应关系做一个基本判断，当原油供应相对紧张、价格持续看涨时，期货比例应略高一些；反之亦然。

11.4 加强与主要产油国的交流，积极投资海外优良资产

国际油价下跌，致使国际石油公司面临一定经营风险和压力，可能出

现抛售资产，寻求融资或出现被收购意向等动态，国家应当积极实施相关政策，“护航”中国企业进行理性海外投资，逐步壮大中国油企实力。例如，拓宽企业了解全球油气行业经营状况的信息渠道，重点聚焦与中国油企行业发展规划吻合度较高的海外资产，搭建相关平台助力企业及时追踪海外油企经营动态，令投资更加有主动性和前瞻性。同时，要帮助企业注意总结分析以往海外资产收购的失败教训，谨慎规划，积极抓住时机，争取收购海外优质资产的利益最大化[217]。

11.5 研发生产利用技术降低能耗，大力发展新能源业务

把握国际油价较低提供的机遇，企业可以加强油气生产技术、油气利用技术的研发。虽然中国当前的能源利用效率较低，但通过加大研发投入，成功减少企业生产过程需要的石油和天然气用量，也将促进企业节能减排。低油价阶段可以缓解由能源结构调整造成企业生产率损失带来的行业阵痛。中国加快发展的新能源产业中，能源互联网和新能源汽车将对石油公司的业务产生直接影响，2023 年，国家发展改革委与国家能源局联合发布《关于加快推进充电基础设施建设：更好支持新能源汽车下乡和乡村振兴的实施意见》，宣布了多项农村地区购买电动汽车的优惠政策，更好地支持新能源汽车下乡和乡村振兴，健全新能源二手车评估体系，鼓励企业面向农村地区市场提供优质新能源二手车，进一步扩大电动汽车用户群体。由于现有加油站数量众多，辐射面广，大部分基础设施齐全，如增立充电桩，可快速建立起电力充能网络，为新能源汽车提高续航能力。因此，国有石油公司可利用自身优势，进入新业务领域并引领相关产业发展，企业发展在整体层面上降低化石能源的技术依赖程度，也将有利于未来国家的能源安全与环境保护。

11.6 积极研究能源趋势，增强应对风险能力

国际石油巨头如壳牌、BP 等都有定期发布中长期全球能源展望报告的

能力，它们对2035年甚至更远的全球经济、能源发展趋势进行情景分析，并基于此制定战略对策，不仅有效统一了内部意见，还能对外扩大影响力。中国石油公司也可以在能源发展趋势研究领域加大投入，采取诸如与国内外研究机构合作、完善能源数据库、构建中长期能源发展预测模型等措施，提高应对外部环境发生重大变化情况下的适应能力；也可以积极主动地发布关于能源，特别是油气行业的中长期趋势预测分析报告，提升行业影响力和话语权。

11.7　推进天然气更大规模开发利用，规避国际减碳压力

2021年，石油巨头壳牌收到了海牙法院的判决，该判决勒令其必须在2030年前将净碳排放量在2019年的基础上削减45%，这与壳牌自己制定的“到2030年前将在2016年基础上减排20%”的目标水平相差巨大，很可能迫使壳牌每年减产约100万桶/日，每年付出的资金额甚至可能高达数十亿美元；董事会“变天”的埃克森美孚也将遭到来自投资人和社会更严格减碳标准的监督。这都表明，国际环境中对于传统能源公司碳排放量的审视会越来越严格，单一减少石油产量的做法难以达到长期的减碳目标，立足中国资源现状，国有石油企业可继续加大国内天然气勘探开发投资，坚持常规与非常规天然气开发并举，进一步推进天然气更大规模的利用。交通运输方面，提高加气站业务市场占有率，积极推动天然气动力车船发展；工业方面，扩大气电及煤改气范围。与此同时，深入研判全球天然气发展趋势和国内市场形势，配合相关体制改革，完善天然气管理制度，制定基于国际化视野的天然气发展战略；抓住俄罗斯战略东移契机，稳步推进与俄罗斯的天然气合作，适时推进与北极、东西伯利亚和远东地区天然气的合作开发项目。

11.8　规划员工职业培训，提前应对能源转型趋势

世界能源转型这一趋势会颠覆能源行业，将给整个经济社会带来冲

击，也会给传统油气企业带来更多的问题。除了面临获取原料成本增加、市场规模逐步萎缩等一些经营困境，还应当看到人员升级方面的问题。面对不可逆转的能源转型趋势，企业可以尽快对相关员工进行培训，使他们获得新技能，引导其顺利再就业于其他经济部门、新开发的新能源部门等。

参考文献

[1] 宋翠．供求理论性图书馆服务变革[J]．河南科技，2014 (22).

[2] 危洁．凯恩斯市场经济理论研究[J]．中国市场，2017(24).

[3] 江世银．资本市场预期理论评介[J]．经济学动态，2004(4).

[4] 刘希宋，陈蕊．石油价格对国民经济波及效应研究[J]．经济师，2004 (3).

[5] HOTELLING H. The economics of exhaustible resources[J]. Journal of political economy, 1931, 39(2): 137 –175.

[6] HAMILTON J D. Causes and Consequences of the Oil Shock of 2007 –08[R]. National Bureau of Economic Research, 2009.

[7] KILIAN L. Not all oil price shocks are alike: disentangling demand and supply shocks in the crude oil market[J]. American economic review, 2009, 99(3): 69 –1053.

[8] HAMILTON J D. What is an oil shock? [J]. Journal of econometrics, 2003, 113(2): 363 –398.

[9] KILIAN L, LEE T K. Quantifying the speculative component in the real price of oil: the role of global oil inventories[J]. Journal of international money and finance, 2014, 42: 71 –87.

[10] LI J, XIE C, LONG H. The roles of inter – fuel substitution and inter – market contagion in driving energy prices: evidences from China' s coal

market[J]. Energy economics, 2019, 84: 104525.

[11] MIAO H, RAMCHANDER S, WANG T, et al. Influential factors in crude oil price forecasting[J]. Energy economics, 2017, 68: 77-88.

[12] HUANG S, AN H, WEN S, et al. Revisiting driving factors of oil price shocks across time scales[J]. Energy, 2017, 139: 617-629.

[13] PERRON P. The great crash, the oil price shock, and the unit root hypothesis[J]. Econometrica: journal of the econometric society, 1989: 1361-1401.

[14] GONG X, GUAN K, CHEN L, et al. What drives oil prices? —A Markov switching VAR approach[J]. Resources policy, 2021, 74: 102316.

[15] CHAI J, GUO J E, MENG L, et al. Exploring the core factors and its dynamic effects on oil price: an application on path analysis and BVAR-TVP model[J]. Energy policy, 2011, 39(12): 8022-8036.

[16] DEES S, KARADELOGLOU P, KAUFMANN R K, et al. Modelling the world oil market: assessment of a quarterly econometric model[J]. Energy policy, 2007, 35(1): 178-191.

[17] CALDARA D, CAVALLO M, IACOVIELLO M. Oil price elasticities and oil price fluctuations[J]. Journal of monetary economics, 2019, 103: 1-20.

[18] WU C, WANG X, LUO S, et al. Influencing factors analysis of crude oil futures price volatility based on mixed-frequency data[J]. Applied sciences, 2020, 10(23): 8393.

[19] 李建，赵继强. 油价关键影响因素分析[J]. 中国经贸导刊(理论版)，2017(20)：61-64.

[20] CHANG Y, WONG J F. Oil price fluctuations and singapore economy [J]. Energy policy, 2003, 31(11): 1151-1165.

[21] AYADI O F. Oil price fluctuations and the nigerian economy[J]. OPEC review, 2005, 29(3): 199-217.

［22］ELTONY M N，AL－AWADI M. Oil price fluctuations and their impact on the macroeconomic variables of Kuwait：a case study using a VAR model［J］. International journal of energy research，2001，25（11）：939－959.

［23］GUPTA P，GOYAL A. Impact of oil price fluctuations on indian economy［J］. OPEC energy review，2015，39（2）：141－161.

［24］MORANA C. A semiparametric approach to short－term oil price forecasting［J］. Energy economics，2001，23（3）：325－338.

［25］陈双，冯成骁．基于 GARCH 族模型的国际石油价格波动性分析［J］. 统计与决策，2014（9）：139－143.

［26］丁静之，闵骐，林怡．ARIMA 模型在石油价格预测中的应用［J］. 物流技术，2008（10）：156－159.

［27］KANG S H，KANG S M，YOON S M. Forecasting volatility of crude oil markets［J］. Energy economics，2009，31（1）：119－125.

［28］HOU A，SUARDI S. A nonparametric GARCH model of crude oil price return volatility［J］. Energy economics，2012，34（2）：618－626.

［29］梁琳琳．国际原油价格波动跳跃性特征的实证分析［J］. 数理统计与管理，2011，30（3）：388－396.

［30］NARAYAN P K，NARAYAN S. Modelling oil price volatility［J］. Energy policy，2007，35（12）：6549－6553.

［31］BENHMAD F. Modeling nonlinear granger causality between the oil price and US dollar：a wavelet based approach［J］. Economic modelling，2012，29（4）：1505－1514.

［32］彭澎．美元指数和国际原油价格波动的联动性研究［J］. 价格理论与实践，2016（2）：124－127.

［33］XU Y，HAN L，WAN L，et al. Dynamic link between oil prices and exchange rates：a non－linear approach［J］. Energy economics，2019，84：104488.

［34］MENSI W，REHMAN M U，AL－YAHYAEE K H. Time－frequency

co - movements between oil prices and interest rates: evidence from a wavelet - based approach [J]. The North American journal of economics and finance, 2020, 51: 100836.

[35] HAMEED Z, SHAFI K, NADEEM A. Volatility spillover effect between oil prices and foreign exchange markets [J]. Energy strategy reviews, 2021, 38: 100712.

[36] ZHOU J, SUN M, HAN D, et al. Analysis of oil price fluctuation under the influence of crude oil stocks and US dollar index—Based on time series network model[J]. Physica A: statistical mechanics and its applications, 2021, 582: 126218.

[37] 蒲志仲. 国际原油价格波动长周期现象探讨[J]. 国际石油经济, 2006(6): 21 - 25,75.

[38] 管清友. 国际原油价格波动的周期模型及其政策含义[J]. 国际石油经济, 2008(1): 25 - 31,87.

[39] ÖZBEK L, ÖZLALE Ü. Analysis of real oil prices via trend - cycle decomposition[J]. Energy policy, 2010, 38(7): 3676 - 3683.

[40] NACCACHE T. Oil price cycles and wavelets[J]. Energy economics, 2011, 33(2): 338 - 352.

[41] 何小明, 成思危, 董纪昌, 等. 国际原油价格的长周期波动性[J]. 系统工程理论与实践, 2011, 31(10): 1825 - 1836.

[42] ZELLOU A M, CUDDINGTON J T. Is there evidence of supercycles in oil prices? [J]. SPE economics & management, 2012, 4(3): 171 - 181.

[43] 雷闪, 殷进垠. 基于 ACF - BP 滤波的国际原油价格长周期测定(1861—2016 年)[J]. 国际石油经济 ,2018, 26(2): 64 - 69.

[44] 谢慧. 国际石油价格周期性波动及其对中国石油企业的影响[D]. 长春:吉林大学, 2020.

[45] GUPTA R,WOHAR M. Forecasting oil and stock returns with a Qual VAR using over 150 years off data[J]. Energy economics,2017,62:181 - 186.

［46］吴玉梅．国际石油价格波动性分析及预测方法研究［D］．大连：东北财经大学，2019.

［47］张跃军，张晗，王金丽．考虑结构变化和长记忆性的国际原油价格波动率预测研究［J］．中国管理科学，2021，29(9)：54－64.

［48］SAFARI A，DAVALLOU M. Oil price forecasting using a hybrid model［J］．Energy，2018，148：49－58.

［49］高海翔，胡瑜，余乐安．基于分解集成的LSTM神经网络模型的油价预测［J］．计算机应用与软件，2021，38(10)：78－83.

［50］HE M，ZHANG Y，WEN D，et al. Forecasting crude oil prices：a scaled PCA approach［J］．Energy economics，2021，97：105189.

［51］YIN L，WANG Y. Forecasting the oil prices：what is the role of skewness risk？［J］．Physica A：statistical mechanics its applications，2019，534：120600.

［52］张耀杰，王玉东．原油价格预测：近30年研究回顾和未来展望［J］．系统管理学报，2022，31(6)：1169－1189.

［53］YIN L，YANG Q. Predicting the oil prices：do technical indicators help？［J］．Energy economics，2016，56：338－350.

［54］HUANG D，JIANG F，LI K，et al. Scaled PCA：a new approach to dimension reduction［J］．Management science，2022，68(3)：1678－1695.

［55］WEN D，HE M，LIU L，et al. Forecasting crude oil prices：do technical indicators need economic constraints？［J］．Quantitative finance，2022，22(8)：1545－1559.

［56］WEN D，LIU L，WANG Y，et al. Forecasting crude oil market returns：enhanced moving average technical indicators［J］．Resources policy，2022，76：102570.

［57］ZHANG Y，MA F，WANG Y. Forecasting crude oil prices with a large set of predictors：can LASSO select powerful predictors？［J］．Journal of empirical finance，2019，54：97－117.

［58］范丽伟，代杰，尹俊超．基于改进型小波神经网络的油价预测［J］．统计与决策，2017(12)：85－88.

［59］范秋枫，王涛，张智峰．量子粒子群智能算法在国际布伦特原油价格预测中的应用［J］．模糊系统与数学，2017，31(4)：84－90.

［60］李建立，万勇韬，张志刚．基于多因素SVM的油价预测模型研究［J］．数学的实践与认识，2014，44(6)：61－67.

［61］FAN L，PAN S，LI Z，et al. An ICA－based support vector regression scheme for forecasting crude oil prices［J］. Technological forecasting and social change，2016，112：245－253.

［62］LIN L，JIANG Y，XIAO H，et al. Crude oil price forecasting based on a novel hybrid long memory GARCH－M and wavelet analysis model［J］. Physica A：statistical mechanics and its applications，2020，543：123532.

［63］ABDOLLAHI H，EBRAHIMI S B. A new hybrid model for forecasting Brent crude oil price［J］. Energy，2020，200：117520.

［64］施国良，景志刚，范丽伟．基于Lasso和Xgboost的油价预测研究［J］．工业技术经济，2018，37(7)：31－37.

［65］王书平，朱艳云．基于多尺度分析的国际原油价格预测方法研究［J］．价格月刊，2015(10)：1－5.

［66］DING Y. A novel decompose－ensemble methodology with AIC－ANN approach for crude oil forecasting［J］. Energy，2018，154.

［67］耿倪．基于小波变换和时间序列模型的Brent原油期货价格预测［J］．中国商论，2018(5)：36－37.

［68］UROLAGIN S，SHARMA N，DATTA T K. A combined architecture of multivariate LSTM with Mahalanobis and Z－Score transformations for oil price forecasting［J］. Energy，2021，231：120963.

［69］ZHANG Y，MA F，SHI B，et al. Forecasting the prices of crude oil：an iterated combination approach［J］. Energy economics，2018，70：472－483.

［70］赵兴，王星惠，杨梦梦．CEEMDAN－ARIMA－GARCH模型及其

在国际原油价格预测中的应用[J]. 西安石油大学学报(社会科学版), 2022, 31(6): 1 - 10,55.

[71] 周浩, 张逸飞, 王震, 等. 一种改进的原油价格组合预测优化策略研究[J]. 系统工程理论与实践, 2021, 41(10): 2660 - 2668.

[72] 杨静凌, 唐国强, 张建文. 基于 CEEMD - Elman - Adaboost 组合模型的国际原油价格预测研究[J]. 重庆理工大学学报(自然科学版), 2021, 35(3): 260 - 267.

[73] 高海翔, 胡瑜, 余乐安. 基于分解集成的 LSTM 神经网络模型的油价预测[J]. 计算机应用与软件, 2021, 38(10): 78 - 83.

[74] 国关记. 时政|俄乌冲突时间线[EB/OL]. (2022 - 03 - 14)[2023 - 03 - 15]. https://mp. weixin. qq. com/s/L - 3Si9DcimvFVzk4wv71OQ.

[75] 保建云. 百年变局下的俄乌冲突与世界格局演变:马克思主义国际政治经济学视角的分析[J]. 当代世界与社会主义, 2022(4): 14 - 20.

[76] 樊建武, 晁博红. 俄乌冲突对全球原油贸易的影响及中国对策研究[J]. 价格月刊, 2022(11): 81 - 86.

[77] 中宏国研经济研究院. 中美贸易摩擦对油气企业的影响及建议[EB/OL]. (2019 - 09 - 23)[2023 - 03 - 11]. https://mp. weixin. qq. com/s/eWxY0VWRwccruAoCCyxcyw.

[78] 陆如泉. 近半个世纪以来中东地区石油政治透析[J]. 国际石油经济, 2019, 27(7): 95 - 100,105.

[79] 赵曦, 乔慧. 透视伊拉克的地缘政治[J]. 世界地理研究, 2003(3): 73 - 77.

[80] 汪宁, 高哈尔 · K. 哈萨克斯坦:地缘政治交叉点上的博弈[J]. 国际观察, 2017(3): 116 - 128.

[81] 史洺宇, 齐梅, 易成高, 等. 中亚 - 里海地区油气管道战略前景及对中国能源安全的影响[J]. 油气储运, 2018, 37(12): 1321 - 1328.

[82] 黄飞洋, 刘保磊, 王恺, 等. 委内瑞拉油气资源现状及石油危机影响分析[J]. 当代化工,2020, 49(4): 649 - 653.

[83] 赵重阳. 21 世纪以来委内瑞拉对外关系的发展及其影响:基于地缘政治的角度[J]. 西南科技大学学报(哲学社会科学版), 2019, 36(6): 7 - 12.

[84] 李伟, 王宇纯. 委内瑞拉与美国断交对全球原油市场的影响[J]. 北方经贸, 2019(6): 13 - 14,21.

[85] CALDARA D, IACOVIELLO M. Measuring geopolitical risk[J]. American economic review, 2022, 112(4): 1194 - 1225.

[86] 车圣保. 地缘政治影响国际原油价格的机理分析[J]. 价格月刊, 2015(11): 23 - 25.

[87] 宋晨. 石油美元: 综述[J]. 西安电子科技大学学报(社会科学版), 2014, 24(4): 71 - 75.

[88] 陈宇. 石油美元体系脆弱性研究[D]. 长春:吉林大学, 2018.

[89] 谢英晖, 刘宝龙. 我国国家石油储备安全管理体制与运行机制的研究[J]. 中国公共安全(学术版), 2015(4): 1 - 5.

[90] 金三林. 我国石油储备管理体制和运行机制的构建[J]. 开放导报, 2007(5).

[91] 刘彬, 张懿, 朱甜甜. 中国与"一带一路"沿线国家能源合作问题探究[J]. 东南亚纵横, 2018(5): 10 - 21.

[92] 陈沫. 国际石油市场变化与中沙能源合作[J]. 国际石油经济, 2021, 29(2): 92 - 98.

[93] 高大统. "页岩气革命":美国进一步接近"能源独立"目标[J]. 资源与人居环境, 2017(11): 71 - 75.

[94] 徐洪峰, 李扬. 国际油价综合分析:影响因素、均衡点与中俄能源合作[J]. 俄罗斯东欧中亚研究, 2021(2): 52 - 74,151 - 152.

[95] 高健. 页岩油革命使全球石油供应形成三足鼎立格局[J]. 中国石化, 2020(1): 80.

[96] 何鸿. 岩油革命与国际原油市场供给新格局[J]. 中国矿业, 2020, 29(S1): 12 - 15.

[97] 李雪静．全球炼化行业发展动向及启示[J]．石化技术与应用，2018，36(2)：75－82.

[98] 加璐，张建华．美国页岩革命给全球油气和石化产业带来冲击[J]．当代石油石化，2017，25(7)：7－13.

[99] 张正刚．从太阳能发电行业再思考石油公司发展新能源的探索[J]．国际石油经济，2018，26(10)：86－97.

[100] 张蒙丽，岳小文．国际石油公司发展新能源业务的启示[J]．国际石油经济，2019，27(4)：66－70.

[101] 戚鸣，张皓洁．大型石油石化公司全球发展经验及启示[J]．国际石油经济，2021，29(5)：9－18.

[102] 徐双庆，戚永颖．浅议能源发展趋势和石油石化企业转型[J]．国际石油经济，2019，27(4)：54－65.

[103] 赵俊平，吴思龙．基于TOPSIS法的上市石油企业综合转型能力评价[J]．科技和产业，2022，22(1)：169－176.

[104] 徐东，陈明卓，胡俊卿，等．国际石油公司能源转型回顾与展望[J]．油气与新能源，2022，34(2)：1－7.

[105] 安琪．后疫情时期全球能源发展趋势展望：IEA《世界能源展望2020》评述及对我国启示[J]．中国经贸导刊，2020(21)：57－60.

[106] 张抗，张立勤．世界油气格局新特点及其影响分析[J]．国际石油经济，2017，25(5)：1－9.

[107] 牛犁，王柏苍，闫敏，等．替代能源发展对我国石油需求影响分析[J]．石油科技论坛，2017，36(3)：7－15.

[108] 王金成．我国原油期货国际定价权研究[D]．成都：西南财经大学，2020.

[109] 鲁春义，陈炳宜．大宗商品金融化的价值本质和价格特征：基于波动率视角的实证研究[J]．征信，2020，38(9)：71－79.

[110] 罗长青，刘澜，朱慧明，等．基于多尺度信息份额模型的原油市场定价能力动态演变研究[J]．中国管理科学，2024，32(6)：1－12.

［111］李英良．国内外原油期货市场的动态相关性研究：基于DCC－GARCH模型［J］．中国商论，2021(7)：19－23.

［112］刘冬．变迁中的国际能源秩序与中东的角色［J］．西亚非洲，2022(4)：32－50,156－157.

［113］萧月，李心丹，陈丽阳，等．多元不确定性冲击下国际油价波动风险研究［J］．国际金融研究，2021(10)：46－55.

［114］陈君，常清．我国期货市场国际定价影响力研究［J］．技术经济，2010，29(3)：106－113.

［115］姚林．我国商品期货国际定价影响力研究［J］．价格理论与实践，2018(11)：83－86.

［116］赖安宁．我国商品期货国际定价影响力分类比较研究［J］．经贸实践，2017(6)：119－120.

［117］李自学，常清．我国商品期货国际定价影响力分类比较研究［J］．金融理论与实践，2014(2)：1－6.

［118］贺辉辉，郭睿淇，叶周璟．国际大宗商品定价权的影响因素和策略研究［J］．价格月刊，2022(9)：38－43.

［119］闫文娜，刘慧芳，汪安佑．国际石油价格形成机制对我国的启示［J］．资源与产业，2011，13(5)：23－30.

［120］肖艳玲，刘欣瑜，李可．我国成品油零售价格构成研究［J］．价格理论与实践，2020(2)：132－134.

［121］黄卓，陈威，鄢萍．WTI－Brent原油价差的成因及影响研究［J］．价格理论与实践，2012(11)：64－65.

［122］褚王涛，徐召辉．WTI和Brent原油价格倒挂的原因及其影响［J］．国际石油经济，2011，19(9)：7－14,108.

［123］刘春，万阳．从WTI/BRENT价差管窥美国原油市场［J］．国际石油经济，2014，22(5)：47－54,79,111.

［124］佘建跃，董丹丹．美国原油出口解禁重塑跨大西洋基准原油价格关系［J］．国际石油经济，2016，24(3)：25－31.

［125］高铁梅. 计量经济分析方法与建模：EViews 应用及实例［M］. 北京:清华大学出版社，2006.

［126］丁睿. 试论指数 HP 滤波分析法的应用［N］. 期货日报，2014－11－26(3).

［127］戴洪德，李娟，景博，等. 基于 HP 滤波与非线性维纳过程的退化建模与失效分布研究［J］. 仪器仪表学报，2018，39(8)：63－71.

［128］HODRICK R J，PRESCOTT E C. Postwar US business cycles：an empirical investigation［J］. Journal of money，credit，and banking，1997：1－16.

［129］MATTILA P. On the hausdorff dimension and capacities of intersections［J］. Mathematika，1985，32(2)：213－217.

［130］COULTER P B. Measuring the inequity of urban public services methodological discussion with applications［J］. Policy studies journal，1980，8(5)：683－698.

［131］马志刚. 基于小波分析的车辆噪声特征提取方法研究［J］. 电子设计工程，2010，18(1)：1－2.

［132］赵烨华，张仲荣，石星宏，等. 一种新的基于小波分析理论的组合预测方法［J］. 鲁东大学学报(自然科学版)，2011(4)：305－309.

［133］李建平，唐远炎. 小波分析方法的应用［M］. 重庆：重庆大学出版社，1999.

［134］BACKUS D K，KEHOE P J. International evidence on the historical properties of business cycles［J］. The American economic review，1992：864－888.

［135］刘满芝，高晓峰，屈传智，等. 中国煤炭需求波动规律研究［J］. 资源科学，2013，35(4)：681－689.

［136］刘树成. 论中国经济周期波动的新阶段［J］. 经济研究，1996(11)：3－10.

［137］BAXTER M，KING R G. Measuring business cycles：approximate band – pass filters for economic time series[J]. Review of economics and statistics, 1999, 81(4): 575 – 593.

[138] 谢品杰，谭忠富，尚金成，等．基于小波分析与广义自回归条件异方差模型的短期电价预测[J]. 电网技术，2008(16): 96 – 100.

[139] 王辉龙．《共产党宣言》中的经济学思想[J]. 经济学家，2013，11(11): 14 – 24.

[140] 李建伟．传统的经济周期理论及其局限性[J]. 重庆理工大学学报（社会科学版），2015,29(11):1 – 8.

[141] 杨森，雷家骕．基于熊彼特创新周期理论的科技创新驱动经济增长景气机理研究[J]. 经济学家，2019，6(6): 23 – 32.

[142] LINDENBERG M. World economic cycles and Central American political instability[J]. World politics, 1990, 42(3): 397 – 421.

[143] 施发启．中国经济周期实证分析[J]. 统计研究，2000(7): 59 – 62.

[144] 姚敏，周潮．中国经济周期波动的特征和影响因素研究[J]. 经济问题探索，2013(7): 5 – 9.

[145] 刘恒，陈述云．中国经济周期波动的新态势[J]. 管理世界，2003(3): 5 – 16,154.

[146] 董进．宏观经济波动周期的测度[J]. 经济研究，2006(7): 41 – 48.

[147] 李业嘉．对我国宏观经济波动周期的探讨[J]. 中国经贸导刊，2010(11): 94.

[148] 连平，吴金友．中国经济周期波动研究(1978—2009 年)[J]. 世界经济研究，2011(9): 3 – 9,87.

[149] 周佰成，方炬．中美宏观经济波动周期比较分析[J]. 社会科学战线，2007(3): 273 – 277.

[150] 王悦．世界经济周期主导国变动研究[J]. 经济问题探索，2010(9): 8 – 14.

［151］田素华，谢智勇．中美两国经济周期波动的差异性与协同性研究［J］．世界经济研究，2020(3)：72－94,136－137.

［152］徐禾慧．国际石油价格的影响因素分析［D］．北京:北京外国语大学,2019.

［153］谭小芬，张峻晓，李玥佳．国际原油价格驱动因素的广义视角分析：2000—2015——基于TVP－FAVAR模型的实证分析［J］．中国软科学，2015(10)：47－59.

［154］李齐．中国能源安全现状与矛盾转变［J］．国际石油经济，2018，26(4)：18－26.

［155］王磊．世界原油库存与油价的关系［J］．国际石油经济,2002(10):18－21.

［156］张平．中国宏观经济叙事的转变与展望(1978—2025)：历史演进、共识逻辑和政策机制［J］．北京工业大学学报(社会科学版),2023,23(5):93－110.

［157］倪弘，钟弥嘉，张超．美元走势对国际油价的新影响［J］．价格理论与实践,2017(11):21－24.

［158］田郁溟，琚宜太，周尚国．我国战略矿产资源安全保障若干问题的思考［J］．地质与勘探，2022，58(1)：217－228.

［159］王彧嫣，樊大磊,李文博．2020年国内外油气资源形势分析及展望［J］．中国矿业，2021，30(1)：18－23.

［160］李扬．国际石油市场中的欧佩克与美国:从互补性共生到竞争性共生［J］．当代世界，2019(8)：68－74.

［161］廖华，张彤，王萱．OPEC生产配额调整能否影响油价走势？基于动态不一致性视角［J］．计量经济学报，2022，2(3)：681－702.

［162］江冰．国际油价变化趋势分析及对策建议［J］．宏观经济管理，2009(10)：34－36.

［163］何晓伟，郭红．国际原油价格影响因素分析及对策研究［J］．全球化，2016(4)：39－50,132.

[164] 李坤泽．沙特阿拉伯的欧佩克政策:基于理性选择制度主义的阐释[J]．阿拉伯世界研究，2022(6)：93－109,157.

[165] 孙仁金，刘绪康，李涛．机构言论和关键事件对国际油价的波及效应研究[J]．国际石油经济，2021，29(11)：83－91.

[166] 冯玉军，庞昌伟，许勤华,等．俄罗斯在国际能源战略格局变化中的地位及中俄能源合作[J]．欧亚经济，2018(3)：1－69,125,127.

[167] 汪制邦，刘满平．美国能源政策转变对全球能源市场的影响及我国对策[J]．价格理论与实践,2023(7):24－29.

[168] 田野．美页岩油气盛宴谢幕？[J]．中国石油企业，2020(4)：16－22,110.

[169] 舟丹．美国页岩油增产潜力大[J]．中外能源，2020，25(4)：18.

[170] 孙王敏，刘建英，姜洪殿,等．我国炼油企业能源效率评价方法研究[J]．石油科学通报，2018，3(1)：113－124.

[171] 蔡立亚，郭剑锋，石川,等．“双碳”目标下中国能源供需演变路径规划模拟研究[J]．气候变化研究进展,2023,19(5):616－633.

[172] 叶佳乐，周丰婕．新能源汽车产业的发展探究[J]．交通节能与环保,2023,19(5):7－10.

[173] 卢江，许凌云，梁梓璇．世界经济格局新变化与全球经济治理模式创新研究[J]．政治经济学评论，2022，13(3)：118－143.

[174] 刘强．推进期货市场高质量发展加快高标准市场体系建设[J]．宏观经济管理，2022(11):12－18,28.

[175] 谭小芬，王欣康．“大流行”后的全球通胀：成因、风险与中国应对[J]．国际金融，2022(7)：3－16.

[176] 钱兴坤，陈蕊．需求推动与投机炒作联合作用下的国际油价:石油的商品属性和金融属性对油价走势的影响辨析[J]．中国石油和化工经济分析，2010(11)：52－55.

[177] 边卫红，郝毅，蔡思颖．石油美元环流的新特点及其对石油人民

币发展的启示[J]. 金融论坛, 2018, 23(10): 18 – 27.

[178] 王盼盼. 石油金融化、投资者预期与“石油 – 美元”机制的结构变动:基于原油双重属性视角的研究[J]. 系统科学与数学, 2021, 41(6): 1585 – 1609.

[179] 任秀峰. 大宗商品国际贸易价格作用机制与应对措施:基于中国对外贸易高质量发展背景[J]. 价格月刊,2023(10):30 – 37.

[180] 张珣, 余乐安, 黎建强, 等. 重大突发事件对原油价格的影响[J]. 系统工程理论与实践, 2009, 29(3): 10 – 15.

[181] 张继海, 刘雅玫. 我国股票市场投资者情绪与市场收益研究:基于个人与机构的比较分析[J]. 山东社会科学, 2020(2): 81 – 86.

[182] 谢军, 杨春鹏. 投资者情绪影响下资本资产定价的区制性[J]. 系统工程, 2015, 33(1): 24 – 30.

[183] 李晨, 於欢, 张悦雯, 等. 公允价值与投资者情绪研究[J]. 合作经济与科技, 2016(7): 152 – 155.

[184] 陆长平, 万小艺, 张凯. 金融危机与新冠疫情中的美联储非常规货币政策:对比、经验与启示[J]. 江西社会科学, 2021, 41(2): 49 – 60,254.

[185] 隋建利, 杨庆伟, 刘金全. 极端事件冲击下的价格联动、风险传染与风险溯源:来自国际原油市场与中美金融市场的新发现[J]. 世界经济研究, 2022(4): 47 – 62,136.

[186] 卢磊. 基于多元回归与技术分析的组合股票价格预测[J]. 上海应用技术学院学报(自然科学版), 2014, 14(3): 274 – 276.

[187] 李生彪. 基于 MRA 的兰州市商品房价格分析及预测[J]. 时代金融, 2014(7): 84 – 88.

[188] 郭书生, 朱江梅, 王世越, 等. 基于 MRA 的钻头前方地层速度预测方法[J]. 中国海上油气, 2022, 34(3): 49 – 54.

[189] 谭伟华. 基于多元回归和神经网络的江西省物流需求预测研究[D]. 南昌:江西财经大学, 2020.

[190] 张新顺，王红军，马锋，等．基于 MRA 的致密油可采资源评价方法[J]．石油与天然气地质，2018，39(6)：1323－1335.

[191] 许人，石张镇，张文龙，等．Logistic 多元回归和人工神经网络在判断进展期胃癌淋巴结转移中的应用[J]．中国老年学杂志，2016，36(16)：3980－3982.

[192] 肖利芳，王浩，段梅．基于后验差检验法的灰色模型 GM(1,1)优化组合方法[J]．数学的实践与认识，2021，51(12)：1－10.

[193] 贾敏，张永彬，韩子斌．基于岭回归的城市建成区面积预测研究[J]．华北理工大学学报(自然科学版)，2019，41(4)：19－24.

[194] 余兰，岳建平．改进的 BP 小波神经网络预测模型应用研究[J]．甘肃科学学报，2016，28(5)：38－41.

[195] 苏银法，孙建枢，白学敏．后验差检验法在药物体外溶出模型拟合优度检验中的应用[J]．数理医药学杂志，2000(2):119.

[196] 金三林．我国石油储备管理体制和运行机制的构建[J]．开放导报，2007(5):65－69.

[197] 张平．中国经济绿色转型的路径、结构与治理[J]．社会科学战线,2022(8):69－81,281.

[198] 刘强，王恰．中国的能源革命:供给侧改革与结构优化(2017—2050)[J]．国际石油经济，2017，25(8)：1－14.

[199] 曹湘洪，袁晴棠，邹劲松．我国与“一带一路”沿线国家炼化产业合作研究[J]．中国工程科学，2019，21(4)：27－32.

[200] 康金红．全球能源贸易格局变化下我国能源贸易的前景、挑战及对策[J]．价格理论与实践，2021(7)：87－90.

[201] 江河，陈建荣．放宽准入　完善机制　加强监管:2017 年中国油气政策综述[J]．国际石油经济，2018，26(2)：15－21.

[202] 唐珏岚．“大储备”：国家战略物资储备体系的重构[J]．治理研究，2021，37(1)：109－116.

[203] 金三林，米建国．我国石油储备管理体制和运行机制[J]．天然

气技术，2007(5)：7－11,93.

［204］杨子健，李威．中国石油储备体系的发展现状与建议［J］．国际石油经济，2015，23(9)：69－77.

［205］李斌，张意翔．关于建立国家石油储备的几点思考［J］．特区经济，2006(7)：12－13.

［206］王仲颖，白泉，苏铭，等．建设现代能源体系　做好“十四五”能源发展和改革工作［J］．宏观经济管理，2021(5)：46－53.

［207］彭元正．我国石油储备现状及体系构建的政策建议［J］．中国石油企业，2015(7)：21－28.

［208］尹嘉宁．简论我国战略石油储备运营制度相关法律问题［J］．能源研究与管理，2021(1)：74－77,93.

［209］刘青山．扛鼎半壁圆梦千年：国资央企决战脱贫攻坚纪实［J］．国资报告，2020(10)：26－47.

［210］贺克斌．“双碳”行动如何影响未来四十年？［EB/OL］．(2022－08－08)［2023－11－16］．https://www.env.tsinghua.edu.cn/info/1251/7587.htm.

［211］中国国际经济交流中心．中国碳达峰碳中和进展报告(2022)［R］．北京：国家电力投资集团有限公司，2022.

［212］张鹏程，陈嘉茹，兰孟彤，等．能源行业的转折点：迈向碳中和——“2021 国际能源发展高峰论坛”综述［J］．国际石油经济，2021，29(1)：9－14.

［213］陈佳睿，张婧，刘子悦．2021 年四季度及 2022 年石油市场分析［J］．国际石油经济，2021，29(10)：90－97.

［214］田慧芳．碳中和背景下中欧气候合作的潜力与挑战［J］．欧亚经济，2022(5)：78－101,126.

［215］郭晓丹，邴昕煜，蒲光宇．需求侧财政补贴、市场增长与技术变迁：来自新能源乘用车市场的证据［J］．财贸经济，2022，43(8)：119－134.

［216］秦龙，姚锐．低油价下的油气改革大势［J］．国企管理，2016

(4)：96 –99.

［217］本刊编辑部，孙明华，王继勇，等. 冲出石油圈［J］. 国企管理，2021(20)：28 –54.